科学出版社“十三五”普通高等教育本科规划教材
普通高等教育工程数学系列教材

向量分析与场论

李景和　赵娇云　主编

科学出版社
北　京

内 容 简 介

本书是为工科类专业本科生的“向量分析与场论”课编写的教材，内容包括向量分析，数量场的方向导数与梯度，向量场的通量与散度、环量与旋度、环量面密度，三种特殊形式的向量场，即保守场、管形场和调和场，平面向量场，正交曲线坐标系等. 每节均配有练习题，每章还配有习题，可供读者掌握教材中的基本知识和拓宽知识面使用，在书末附有练习题和习题的参考答案. 附录对书中介绍的哈密顿算子的相关性质作了总结，便于读者复习哈密顿算子的相关内容.

本书可作为工科类专业本科生的基础课教材，也可供相关工程技术人员参考阅读.

图书在版编目(CIP)数据

向量分析与场论 / 李景和，赵娇云主编. —北京：科学出版社，2017.6

科学出版社“十三五”普通高等教育本科规划教材　普通高等教育工程数学系列教材

ISBN 978-7-03-053184-1

Ⅰ. ①向…　Ⅱ. ①李…　②赵…　Ⅲ. ①向量分析-高等学校-教材　②场论-高等学校-教材　Ⅳ. ①O183.1　②O412.3

中国版本图书馆 CIP 数据核字(2017)第 128181 号

责任编辑：胡云志　孙翠勤 / 责任校对：郑金红

责任印制：赵　博 / 封面设计：华路天然工作室

科学出版社 出版

北京东黄城根北街 16 号

邮政编码：100717

http://www.sciencep.com

三河市骏杰印刷有限公司印刷

科学出版社发行　各地新华书店经销

*

2017 年 7 月第　一　版　开本：720 × 1000　1/16

2024 年 7 月第九次印刷　印张：9 1/4

字数：186 000

定价：27.00 元

(如有印装质量问题，我社负责调换)

前　言

“向量分析与场论”是工科类专业本科生的一门公共基础课。编者从事该课程教学多年，在不断积累教学经验的同时，也在不断深化和丰富对所用教材的认识和理解. 为进一步提高该课程的教学效果，并使教材更加完善，我们在参考原教材和其他权威教材的基础上编写本教材.

本书从学生的实际情况和具体的教学时数出发，力求条理清楚，深入浅出，通俗易懂，便于阅读；同时，还充分考虑到本课程与高等数学的衔接，在符号的使用和叙述方式上尽量与之保持一致.

本书的第 1～4 章及附录由李景和编写，第 5，6 章由赵娇云编写，全书由李景和统稿并定稿.

何华教授、杨永发教授对本书的编写给予了大力支持和帮助，徐勇教授在百忙中仔细阅读了全书，并提出了许多宝贵的建议，编者在此一并表示衷心的感谢!

由于编者水平有限，书中尚有许多不足之处，恳请各位读者批评指正.

编　者

2017 年 2 月

目　　录

第 1 章　向量分析……1
1.1　向量及其运算……1
1.1.1　向量的基本知识……1
1.1.2　向量的运算……3
1.2　向量函数……7
1.2.1　向量函数的概念……7
1.2.2　矢端曲线……8
1.2.3　向量函数的极限和连续……9
1.3　向量函数的导数与微分……10
1.3.1　向量函数的导数及其几何意义……10
1.3.2　向量函数的导数公式……12
1.3.3　向量函数的微分及其几何意义……14
1.3.4　向量函数导数的物理意义……16
1.4　向量函数的积分……17
1.4.1　向量函数的不定积分……17
1.4.2　向量函数的定积分……19
习题 1……20
第 2 章　数量场……22
2.1　数量场的等值面……23
2.2　数量场的方向导数和梯度……24
2.2.1　方向导数……24
2.2.2　梯度……29
2.2.3　哈密顿算子……32
习题 2……35
第 3 章　向量场……38
3.1　向量场的向量线……38
3.2　向量场的扩散特性……41
3.2.1　通量……42

3.2.2 散度 …… 45
3.2.3 高斯定理 …… 50
3.3 向量场的旋转特性 …… 53
3.3.1 环量 …… 53
3.3.2 环量面密度和旋度 …… 56
3.3.3 斯托克斯定理 …… 63
3.4 梯度、散度、旋度的关系 …… 64
习题 3 …… 67
第 4 章 三种特殊形式的向量场 …… 70
4.1 保守场 …… 71
4.2 管形场 …… 82
4.3 调和场 …… 87
习题 4 …… 91
第 5 章 平面向量场 …… 93
5.1 平面向量场的通量和环量 …… 93
5.2 平面调和场 …… 98
5.2.1 平面调和场的调和函数 …… 98
5.2.2 表征平面调和场的解析函数 …… 101
习题 5 …… 105
第 6 章 正交曲线坐标系 …… 107
6.1 正交曲线坐标系的定义 …… 107
6.2 正交曲线坐标系中的基向量 …… 110
6.3 正交曲线坐标系中的微分运算 …… 113
6.4 梯度、散度、旋度和调和量在正交曲线坐标系中的表示式 …… 116
6.4.1 梯度 …… 116
6.4.2 散度 …… 118
6.4.3 旋度 …… 119
6.4.4 梯度、散度、旋度及调和量在柱面坐标系和球面坐标系中的表示式 …… 121
习题 6 …… 122
练习题和习题参考答案 …… 124
参考文献 …… 138
附录 哈密顿算子 …… 139

第 1 章　向 量 分 析

有些物理量是标量，如温度、长度、面积、体积、频率等；有些物理量是向量，如位移、速度、电场强度、力、动量等. 标量只有大小，没有方向；而向量既有大小，又有方向. 本章主要内容是向量及其运算、向量函数及其微分和积分等，该部分内容是场论的基础知识，同时也是研究其他许多学科的有力工具.

1.1　向量及其运算

1.1.1　向量的基本知识

在三维空间 $\mathbf{R}^3$ 中，任取一点为原点 O, 建立空间直角坐标系，以 $\boldsymbol{i}, \boldsymbol{j}, \boldsymbol{k}$ 分别表示 x 轴，y 轴，z 轴正向的单位向量. 设 M_1, M_2 是 $\mathbf{R}^3$ 中的任意两点，这两点的坐标分别为 (x_1, y_1, z_1), (x_2, y_2, z_2), 记

$$a_x = x_2 - x_1, \quad a_y = y_2 - y_1, \quad a_z = z_2 - z_1,$$

则以 M_1 为起点，M_2 为终点的向量

$$\boldsymbol{a} = \overrightarrow{M_1M_2} = a_x\boldsymbol{i} + a_y\boldsymbol{j} + a_z\boldsymbol{k}, \tag{1.1}$$

称 a_x, a_y, a_z 为向量 $\boldsymbol{a}$ 的坐标或分量，也常将向量 $\boldsymbol{a}$ 表示为

$$\boldsymbol{a} = [a_x, a_y, a_z]^{\mathrm{T}} = \begin{bmatrix} a_x \\ a_y \\ a_z \end{bmatrix}, \tag{1.2}$$

(1.1) 式和 (1.2) 式称为向量 $\boldsymbol{a}$ 的坐标表示式.

对 $\mathbf{R}^3$ 中的任意点 M, 称以原点 O 为起点，M 为终点的向量 $\overrightarrow{OM}$ 为点 M 的**向径向量**(**或位置向量**)，记作 $\boldsymbol{r}$ (图 1.1). 显然，若 M 的坐标为 (x, y, z), 则点 M 的向径向量的坐标表示式为

$$\boldsymbol{r}=x\boldsymbol{i}+y\boldsymbol{j}+z\boldsymbol{k}=[x,y,z]^{\mathrm{T}}. \tag{1.3}$$

设M_1的向径向量是$\boldsymbol{r}_1$，M_2的向径向量是$\boldsymbol{r}_2$（图 1.2），则

$$\boldsymbol{a}=\overrightarrow{M_1M_2}=\boldsymbol{r}_2-\boldsymbol{r}_1. \tag{1.4}$$

向量$\boldsymbol{a}$的长度称为$\boldsymbol{a}$的模，记作$|\boldsymbol{a}|$，由(1.2)式知

$$|\boldsymbol{a}|=\sqrt{a_x^2+a_y^2+a_z^2}. \tag{1.5}$$

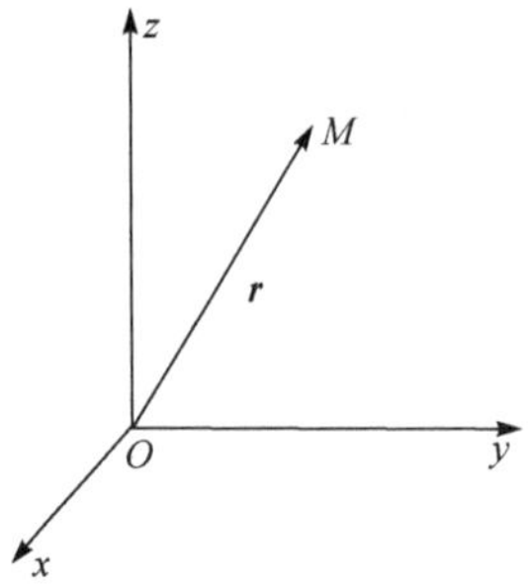

图 1.1

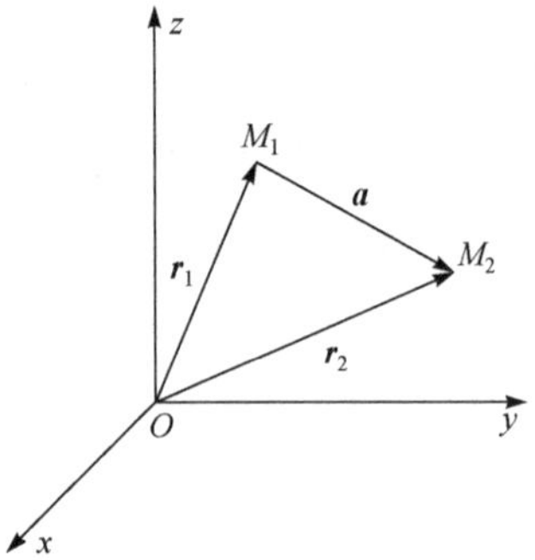

图 1.2

向径向量$\boldsymbol{r}$的模为

$$r=|\boldsymbol{r}|=\sqrt{x^2+y^2+z^2}. \tag{1.6}$$

记$\boldsymbol{a}^0=\dfrac{\boldsymbol{a}}{|\boldsymbol{a}|}$，$\boldsymbol{a}^0$称为$\boldsymbol{a}$的**单位向量**，有

$$\boldsymbol{a}=|\boldsymbol{a}|\boldsymbol{a}^0. \tag{1.7}$$

设向量$\boldsymbol{a}$与Ox轴，Oy轴，Oz轴的夹角分别为α,β,γ，则称$\cos\alpha,\cos\beta,\cos\gamma$为向量$\boldsymbol{a}$的**方向余弦**. 因为

$$\cos\alpha=\frac{a_x}{|\boldsymbol{a}|}=\frac{a_x}{\sqrt{a_x^2+a_y^2+a_z^2}},$$

$$\cos\beta=\frac{a_y}{|\boldsymbol{a}|}=\frac{a_y}{\sqrt{a_x^2+a_y^2+a_z^2}},$$

$$\cos\gamma=\frac{a_z}{|\boldsymbol{a}|}=\frac{a_z}{\sqrt{a_x^2+a_y^2+a_z^2}},$$

故有

$$\boldsymbol{a}^0=\frac{\boldsymbol{a}}{|\boldsymbol{a}|}=\frac{1}{\sqrt{a_x^2+a_y^2+a_z^2}}(a_x\boldsymbol{i}+a_y\boldsymbol{j}+a_z\boldsymbol{k})$$

$$=\frac{a_x}{\sqrt{a_x^2+a_y^2+a_z^2}}\boldsymbol{i}+\frac{a_y}{\sqrt{a_x^2+a_y^2+a_z^2}}\boldsymbol{j}+\frac{a_z}{\sqrt{a_x^2+a_y^2+a_z^2}}\boldsymbol{k}$$

$$=\cos\alpha\boldsymbol{i}+\cos\beta\boldsymbol{j}+\cos\gamma\boldsymbol{k}=[\cos\alpha,\cos\beta,\cos\gamma]^{\mathrm{T}},$$

即$\boldsymbol{a}$的方向余弦是其单位向量$\boldsymbol{a}^0$的三个坐标，可以用来表示$\boldsymbol{a}^0$，有

$$\boldsymbol{a}^0=[\cos\alpha,\cos\beta,\cos\gamma]^{\mathrm{T}}. \tag{1.8}$$

我们所讲的向量均为**自由向量**，即当两个向量的模和方向都相同时，就认为这两个向量是相等的.

例 1.1 已知点$M(3,2,-1)$，写出点M的向径向量$\boldsymbol{r}$，并求出$\boldsymbol{r}$的模r，$\boldsymbol{r}$的方向余弦和$\boldsymbol{r}$的单位向量$\boldsymbol{r}^0$.

解 $\boldsymbol{r}=3\boldsymbol{i}+2\boldsymbol{j}-\boldsymbol{k}$，$r=|\boldsymbol{r}|=\sqrt{3^2+2^2+(-1)^2}=\sqrt{14}$，$\boldsymbol{r}$的方向余弦为

$$\cos\alpha=\frac{3}{\sqrt{14}},\quad \cos\beta=\frac{2}{\sqrt{14}},\quad \cos\gamma=-\frac{1}{\sqrt{14}},$$

故

$$\boldsymbol{r}^0=\left[\frac{3}{\sqrt{14}},\frac{2}{\sqrt{14}},-\frac{1}{\sqrt{14}}\right]^{\mathrm{T}}.$$

练习 1.1 设$M_1(1,1,3)$，$M_2(4,-1,6)$，写出以M_1为起点，M_2为终点的向量$\boldsymbol{a}$，并求出$\boldsymbol{a}$的模、$\boldsymbol{a}$的方向余弦和$\boldsymbol{a}$的单位向量$\boldsymbol{a}^0$.

1.1.2 向量的运算

利用向量的坐标表示式，可以得到向量运算的坐标表示式.

(1) **加法** 设向量$\boldsymbol{a}=[a_x,a_y,a_z]^{\mathrm{T}}$，$\boldsymbol{b}=[b_x,b_y,b_z]^{\mathrm{T}}$，则向量$\boldsymbol{a}$与$\boldsymbol{b}$的加法为

$$\boldsymbol{a}+\boldsymbol{b}=[a_x+b_x,a_y+b_y,a_z+b_z]^{\mathrm{T}}. \tag{1.9}$$

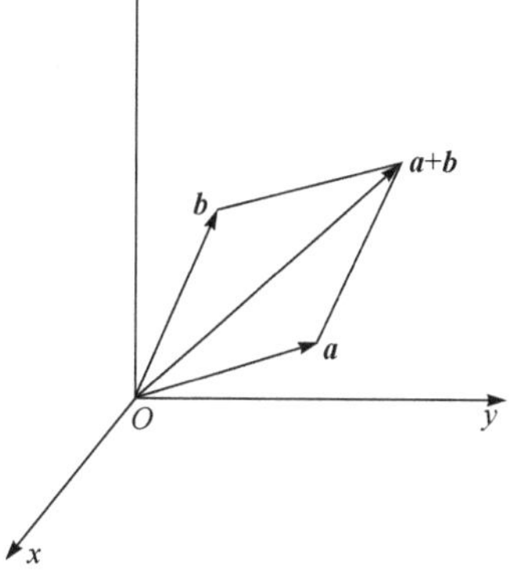

图 1.3

几何上，$\boldsymbol{a}+\boldsymbol{b}$表示以向量$\boldsymbol{a}$和$\boldsymbol{b}$为邻边的平行四边形的对角线向量

(图 1.3)

(2) **数乘**　设向量 $\boldsymbol{a}=[a_x,a_y,a_z]^{\mathrm{T}}$, k 为常数，则数 k 与向量 $\boldsymbol{a}$ 的乘积为

$$k\boldsymbol{a}=[ka_x,ka_y,ka_z]^{\mathrm{T}}. \tag{1.10}$$

几何上，$k\boldsymbol{a}$ 表示一个与 $\boldsymbol{a}$ 平行的向量.当 $k>0$ 时，$k\boldsymbol{a}$ 与 $\boldsymbol{a}$ 同向；当 $k<0$ 时，$k\boldsymbol{a}$ 与 $\boldsymbol{a}$ 反向.

(3) **数量积**　设向量 $\boldsymbol{a}=[a_x,a_y,a_z]^{\mathrm{T}},\boldsymbol{b}=[b_x,b_y,b_z]^{\mathrm{T}}$，则向量 $\boldsymbol{a}$ 与 $\boldsymbol{b}$ 的数量积表示为

$$\boldsymbol{a}\cdot\boldsymbol{b}=a_xb_x+a_yb_y+a_zb_z. \tag{1.11}$$

两个向量 $\boldsymbol{a}$ 与 $\boldsymbol{b}$ 的数量积是一个数. 利用数量积，向量 $\boldsymbol{a}$ 的模可以表示为

$$|\boldsymbol{a}|=\sqrt{\boldsymbol{a}\cdot\boldsymbol{a}}=\sqrt{a_x^2+a_y^2+a_z^2}. \tag{1.12}$$

设 θ 为向量 $\boldsymbol{a}$ 与 $\boldsymbol{b}$ 的夹角，则 $\boldsymbol{a}$ 与 $\boldsymbol{b}$ 的数量积也表示为

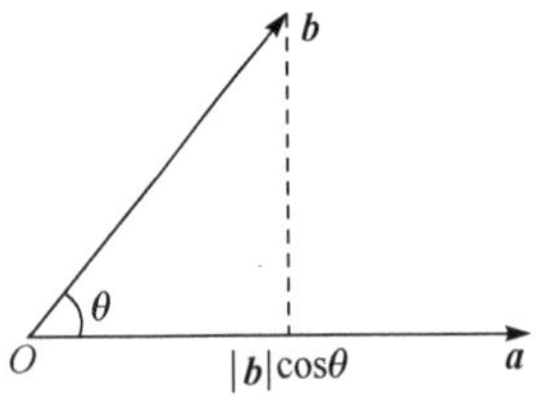

图 1.4

$$\boldsymbol{a}\cdot\boldsymbol{b}=|\boldsymbol{a}||\boldsymbol{b}|\cos\theta, \tag{1.13}$$

其中 $|\boldsymbol{b}|\cos\theta$ 称为向量 $\boldsymbol{b}$ 在 $\boldsymbol{a}$ 上的**投影**(图 1.4)，通常记为 $\boldsymbol{b}_{\boldsymbol{a}}$.

由(1.13)式知，当 $\theta=\dfrac{\pi}{2}$ 时，$\boldsymbol{a}\cdot\boldsymbol{b}=0$，此时称向量 $\boldsymbol{a}$ 与 $\boldsymbol{b}$ **正交**. 显然，$\boldsymbol{a}$ 与 $\boldsymbol{b}$ 的数量积还可以表示为矩阵相乘的形式，有 $\boldsymbol{a}\cdot\boldsymbol{b}=\boldsymbol{a}^{\mathrm{T}}\boldsymbol{b}$.

(4) **向量积**　设向量 $\boldsymbol{a}=[a_x,a_y,a_z]^{\mathrm{T}},\boldsymbol{b}=[b_x,b_y,b_z]^{\mathrm{T}}$，则向量 $\boldsymbol{a}$ 与 $\boldsymbol{b}$ 的向量积表示为

$$\boldsymbol{a}\times\boldsymbol{b}=(a_yb_z-a_zb_y)\boldsymbol{i}-(a_xb_z-a_zb_x)\boldsymbol{j}+(a_xb_y-a_yb_x)\boldsymbol{k},$$

利用行列式，可将上式写为

$$\boldsymbol{a}\times\boldsymbol{b}=\begin{vmatrix}\boldsymbol{i} & \boldsymbol{j} & \boldsymbol{k}\\ a_x & a_y & a_z\\ b_x & b_y & b_z\end{vmatrix}. \tag{1.14}$$

向量 $\boldsymbol{a}$ 与 $\boldsymbol{b}$ 的向量积 $\boldsymbol{a}\times\boldsymbol{b}$ 是一个向量，与向量 $\boldsymbol{a}$, $\boldsymbol{b}$ 均正交，因此

$\boldsymbol{a}\times\boldsymbol{b}$垂直于$\boldsymbol{a}$与$\boldsymbol{b}$所确定的平面. 当$\boldsymbol{a}$与$\boldsymbol{b}$平行时，有

$$\boldsymbol{a}\times\boldsymbol{b}=\boldsymbol{0}.$$

交换向量$\boldsymbol{a}$与$\boldsymbol{b}$的顺序，向量积改变符号，有

$$\boldsymbol{a}\times\boldsymbol{b}=-\boldsymbol{b}\times\boldsymbol{a}.$$

仍然设θ为向量$\boldsymbol{a}$与$\boldsymbol{b}$的夹角，则$\boldsymbol{a}\times\boldsymbol{b}$的模满足

$$|\boldsymbol{a}\times\boldsymbol{b}|=|\boldsymbol{a}||\boldsymbol{b}|\sin\theta.$$

(5) **混合积**　设$\boldsymbol{a},\boldsymbol{b},\boldsymbol{c}$是三个向量，称

$$(\boldsymbol{a}\times\boldsymbol{b})\cdot\boldsymbol{c}$$

为三个向量$\boldsymbol{a},\boldsymbol{b},\boldsymbol{c}$的**混合积**，记为$[\boldsymbol{abc}]$，即

$$[\boldsymbol{abc}]=(\boldsymbol{a}\times\boldsymbol{b})\cdot\boldsymbol{c}. \tag{1.15}$$

设向量$\boldsymbol{a}=[a_x,a_y,a_z]^{\mathrm{T}},\boldsymbol{b}=[b_x,b_y,b_z]^{\mathrm{T}}$，$\boldsymbol{c}=[c_x,c_y,c_z]^{\mathrm{T}}$，则由(1.11)式和(1.14)式，可以得到

$$[\boldsymbol{abc}]=\begin{vmatrix} a_x & a_y & a_z \\ b_x & b_y & b_z \\ c_x & c_y & c_z \end{vmatrix}. \tag{1.16}$$

由行列式的性质，可以看到，三个向量$\boldsymbol{a},\boldsymbol{b},\boldsymbol{c}$的混合积具有循环轮换性，即

$$(\boldsymbol{a}\times\boldsymbol{b})\cdot\boldsymbol{c}=(\boldsymbol{b}\times\boldsymbol{c})\cdot\boldsymbol{a}=(\boldsymbol{c}\times\boldsymbol{a})\cdot\boldsymbol{b}, \tag{1.17}$$

也可记为(图 1.5)

$$[\boldsymbol{abc}]=[\boldsymbol{bca}]=[\boldsymbol{cab}].$$

混合积的几何意义是以$\boldsymbol{a},\boldsymbol{b},\boldsymbol{c}$为棱的平行六面体的体积，且$\boldsymbol{a},\boldsymbol{b},\boldsymbol{c}$按右手系排列时，$[\boldsymbol{abc}]$为正；$\boldsymbol{a},\boldsymbol{b},\boldsymbol{c}$按左手系排列时，$[\boldsymbol{abc}]$为负(图 1.6).

(6) **三重向量积**　设$\boldsymbol{a},\boldsymbol{b},\boldsymbol{c}$是三个向量，称

$$(\boldsymbol{a}\times\boldsymbol{b})\times\boldsymbol{c} \tag{1.18}$$

为三个向量$\boldsymbol{a},\boldsymbol{b},\boldsymbol{c}$的**三重向量积**.

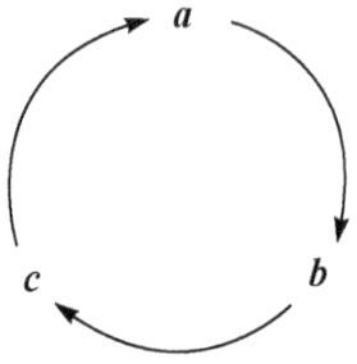

图 1.5

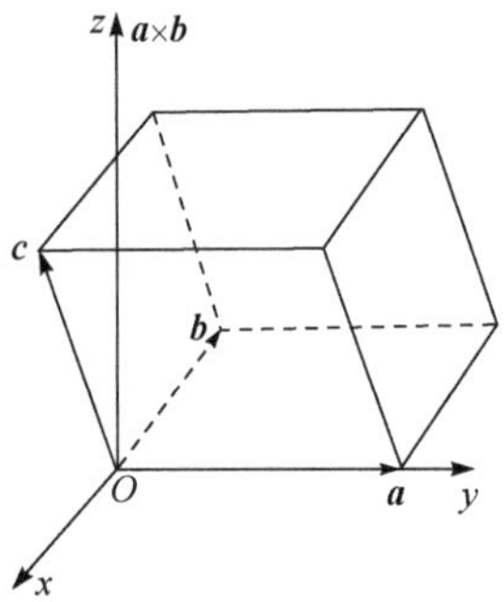

图 1.6

由向量积的定义，$(\boldsymbol{a}\times\boldsymbol{b})\times\boldsymbol{c}$ 垂直于向量 $\boldsymbol{a}\times\boldsymbol{b}$，故 $(\boldsymbol{a}\times\boldsymbol{b})\times\boldsymbol{c}$ 位于向量 $\boldsymbol{a}$ 和 $\boldsymbol{b}$ 所确定的平面上.

定理 1.1 设 $\boldsymbol{a},\boldsymbol{b},\boldsymbol{c}$ 是三个向量，则

$$(\boldsymbol{a}\times\boldsymbol{b})\times\boldsymbol{c}=(\boldsymbol{c}\cdot\boldsymbol{a})\boldsymbol{b}-(\boldsymbol{c}\cdot\boldsymbol{b})\boldsymbol{a}.$$

定理 1.1 表明，三重向量积 $(\boldsymbol{a}\times\boldsymbol{b})\times\boldsymbol{c}$ 可以表示为向量 $\boldsymbol{a}$ 和 $\boldsymbol{b}$ 的线性组合. 定理 1.1 的证明从略.

例 1.2 设电流 I 沿半径为 R 的圆柱体轴线通过，电流密度 $\delta=\dfrac{I}{\pi R^2}$ 为常数，根据物理学中的定律，电流 I 形成的磁场强度 $\boldsymbol{H}$ 的模为

$$|\boldsymbol{H}|=\begin{cases}\dfrac{1}{2}\delta r, & r\leqslant R,\\ \dfrac{1}{2r}\delta R^2, & r>R,\end{cases}$$

其中 r 为磁场中任意点 M 到圆柱体轴线的距离，$r=\sqrt{x^2+y^2}$，求磁场强度 $\boldsymbol{H}$.

解 选取坐标系 $Oxyz$，使 Oz 轴与圆柱体轴线方向一致，指向电流 I 的方向(图 1.7)，设 $M(x,y,z)$ 为磁场中一点，取 $\boldsymbol{r}$ 为圆柱体轴线指向 M 的向量，$\boldsymbol{r}=x\boldsymbol{i}+y\boldsymbol{j}$，因磁场强度 $\boldsymbol{H}$ 与电流 I 的方向按右手法则确定，故 $\boldsymbol{H}$ 与向量

$$\boldsymbol{k}\times\boldsymbol{r}=\begin{vmatrix}\boldsymbol{i} & \boldsymbol{j} & \boldsymbol{k}\\ 0 & 0 & 1\\ x & y & 0\end{vmatrix}=-y\boldsymbol{i}+x\boldsymbol{j}$$

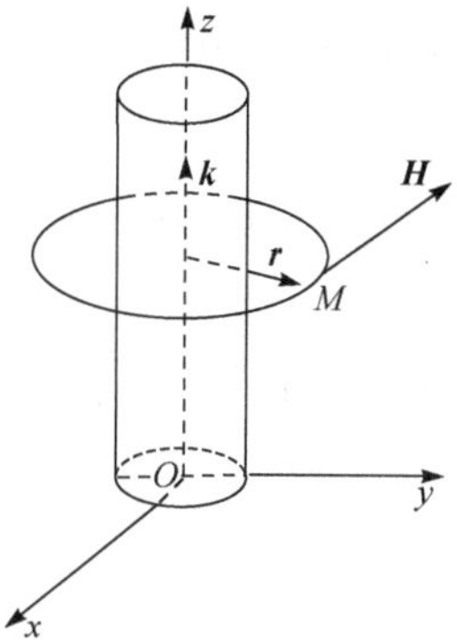

图 1.7

的方向一致，故

$$\boldsymbol{H}^0=\frac{\boldsymbol{k}\times\boldsymbol{r}}{|\boldsymbol{k}\times\boldsymbol{r}|}=\frac{1}{r}(-y\boldsymbol{i}+x\boldsymbol{j}),$$

于是

$$\boldsymbol{H}=|\boldsymbol{H}|\boldsymbol{H}^0=\begin{cases}\dfrac{1}{2}\delta(-y\boldsymbol{i}+x\boldsymbol{j}), & r\leqslant R,\\ \dfrac{1}{2r^2}\delta R^2(-y\boldsymbol{i}+x\boldsymbol{j}), & r>R.\end{cases}$$

练习 1.2　设 $\boldsymbol{a}=[2,-1,-3]^{\mathrm{T}}$，$\boldsymbol{b}=[1,1,-1]^{\mathrm{T}}$，$\boldsymbol{c}=[1,1,-1]^{\mathrm{T}}$，(1) 求 $3\boldsymbol{a}-\boldsymbol{b},\boldsymbol{a}\cdot\boldsymbol{b},\boldsymbol{a}\times\boldsymbol{b}$；(2)设向量 $\boldsymbol{a},\boldsymbol{b},\boldsymbol{c}$ 的起点均在同一点，证明它们的终点在同一平面.

练习 1.3　证明向量 $\boldsymbol{a}=\left[3,-\frac{1}{3},2\right]^{\mathrm{T}}$ 与 $\boldsymbol{b}=[4,6,-5]^{\mathrm{T}}$ 正交.

练习 1.4　证明向量 $\boldsymbol{a}=[4,10,6]^{\mathrm{T}}$ 与 $\boldsymbol{b}=[8,20,12]^{\mathrm{T}}$ 平行.

1.2　向量函数

1.2.1　向量函数的概念

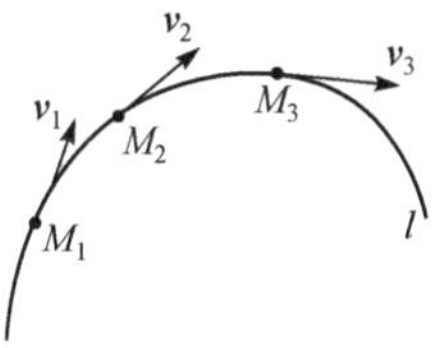

图 1.8

向量分为常向量和变向量. 我们把模和方向都不变的向量称为常向量(零向量的方向是任意的，可视为一个特殊的常向量)，把模和方向或其中之一改变的向量称为变向量. 例如，当质点 M 沿曲线 l 运动时，其速度 $\boldsymbol{v}$ 就是一个变向量(图 1.8).

下面引进向量函数的概念.

定义 1.1　设有实变量 t 和变向量 $\boldsymbol{F}$，如果对于 t 在某个范围 G 内的每一个数值，$\boldsymbol{F}$ 都有一个确定的向量与之对应，则称 $\boldsymbol{F}$ 为实变量 t 的**向**

量函数，记为

$$\boldsymbol{F}=\boldsymbol{F}(t), \tag{1.19}$$

并称 G 为向量函数 $\boldsymbol{F}(t)$ 的**定义域**.

向量函数 $\boldsymbol{F}(t)$ 在直角坐标系 $Oxyz$ 中的三个坐标都是 t 的函数：$F_x(t), F_y(t), F_z(t)$, 从而向量函数 $\boldsymbol{F}(t)$ 的坐标表示式为

$$\boldsymbol{F}(t)=F_x(t)\boldsymbol{i}+F_y(t)\boldsymbol{j}+F_z(t)\boldsymbol{k} \tag{1.20}$$

或

$$\boldsymbol{F}(t)=[F_x(t),F_y(t),F_z(t)]^{\mathrm{T}}, \tag{1.21}$$

其中 $\boldsymbol{i},\boldsymbol{j},\boldsymbol{k}$ 是沿 x,y,z 三个坐标轴正向的单位向量. 可见，一个向量函数 $\boldsymbol{F}(t)$ 与三个有序的实数量函数 $F_x(t), F_y(t), F_z(t)$ 建立了一一对应的关系.

1.2.2　矢端曲线

为了直观地表示向量函数 $\boldsymbol{F}(t)$ 的变化状态，我们把 $\boldsymbol{F}(t)$ 的起点放在坐标原点. 这样当 t 变化时，$\boldsymbol{F}(t)$ 的终点 M 就描绘出一条曲线 l（图 1.9），曲线 l 称为向量函数 $\boldsymbol{F}(t)$ 的**矢端曲线**, 也称为向量函数 $\boldsymbol{F}(t)$ 的图形，同时称 (1.20) 式和 (1.21) 式为此曲线的**向量方程**.

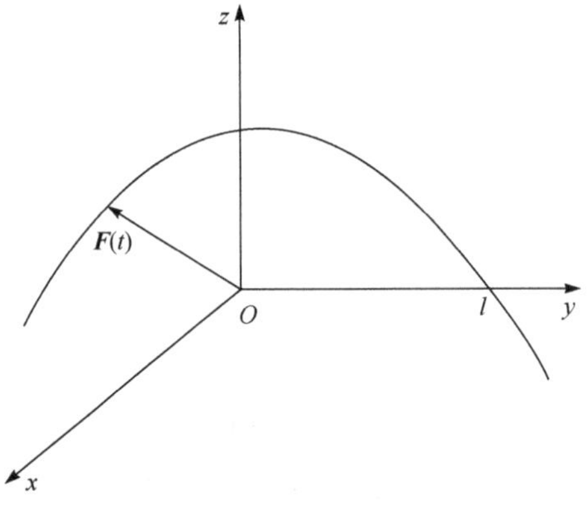

图 1.9

当我们把向量函数 $\boldsymbol{F}(t)$ 的起点放在坐标原点时，$\boldsymbol{F}(t)$ 就是其终点 M 的向径向量，$\boldsymbol{F}(t)$ 的三个坐标 $F_x(t), F_y(t), F_z(t)$ 恰好等于其终点 M 的三个坐标 x,y,z ，即有

$$x=F_x(t),\quad y=F_y(t),\quad z=F_z(t), \tag{1.22}$$

(1.22) 式是曲线 l 以 t 为参数的**参数方程**.

显然，曲线 l 的向量方程 (1.20) 或 (1.21) 与曲线 l 的参数方程 (1.22) 有着一一对应的关系，只要知道其中一个，就可以写出另外一个.

例 1.3　平面曲线 l 的参数方程为

$$x = a\cos t,\quad y = b\sin t,$$

则 l 的向量方程为

$$\boldsymbol{r} = a\cos t\,\boldsymbol{i} + b\sin t\,\boldsymbol{j},$$

该曲线是 xOy 平面上的椭圆.

例 1.4　已知圆柱螺旋线(图 1.10)的参数方程为

$$x = a\cos\theta,\quad y = a\sin\theta,\quad z = b\theta,$$

则其向量方程为

$$\boldsymbol{r} = a\cos\theta\boldsymbol{i} + a\sin\theta\boldsymbol{j} + b\theta\boldsymbol{k}.$$

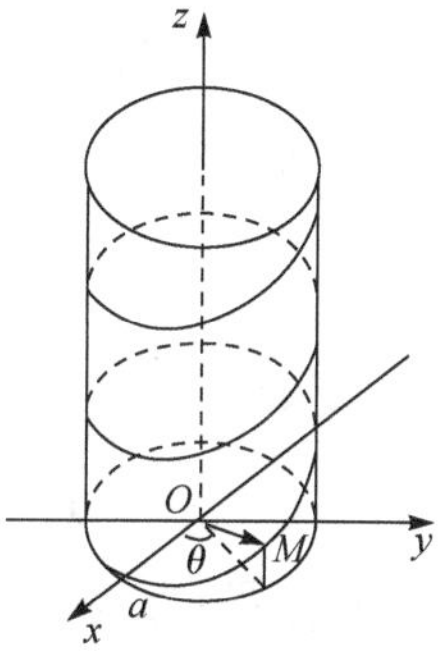

图 1.10

1.2.3　向量函数的极限和连续

定义 1.2　设向量函数 $\boldsymbol{F}(t)$ 在 t_0 的某个去心邻域内有定义，$\boldsymbol{F}_0$ 是一个常向量，若对任意给定的 $\varepsilon > 0$，存在 $\delta > 0$，使得当 $0 < |t - t_0| < \delta$ 时，有

$$\left|\boldsymbol{F}(t) - \boldsymbol{F}_0\right| < \varepsilon,$$

则称 $\boldsymbol{F}_0$ 是向量函数 $\boldsymbol{F}(t)$ 当 $t \to t_0$ 时的**极限**，记为

$$\lim_{t\to t_0}\boldsymbol{F}(t) = \boldsymbol{F}_0. \tag{1.23}$$

这个定义与数量函数的极限定义完全类似，因此，向量函数也有类似于数量函数中的一些极限运算法则，例如

$$\lim_{t\to t_0}u(t)\boldsymbol{F}(t) = \lim_{t\to t_0}u(t)\lim_{t\to t_0}\boldsymbol{F}(t), \tag{1.24}$$

$$\lim_{t\to t_0}[\boldsymbol{F}(t) \pm \boldsymbol{G}(t)] = \lim_{t\to t_0}\boldsymbol{F}(t) \pm \lim_{t\to t_0}\boldsymbol{G}(t), \tag{1.25}$$

$$\lim_{t\to t_0}[\boldsymbol{F}(t)\cdot\boldsymbol{G}(t)] = \lim_{t\to t_0}\boldsymbol{F}(t)\cdot\lim_{t\to t_0}\boldsymbol{G}(t), \tag{1.26}$$

$$\lim_{t\to t_0}[\boldsymbol{F}(t)\times\boldsymbol{G}(t)] = \lim_{t\to t_0}\boldsymbol{F}(t)\times\lim_{t\to t_0}\boldsymbol{G}(t), \tag{1.27}$$

其中 $u(t)$ 是数量函数，$\boldsymbol{F}(t), \boldsymbol{G}(t)$ 均是向量函数，而且当 $t \to t_0$ 时，$u(t), \boldsymbol{F}(t), \boldsymbol{G}(t)$ 的极限均存在. 又由

$$\boldsymbol{F}(t) = F_x(t)\boldsymbol{i} + F_y(t)\boldsymbol{j} + F_z(t)\boldsymbol{k},$$

根据(1.25)式和(1.24)式，有

$$\lim_{t\to t_0}\boldsymbol{F}(t)=\lim_{t\to t_0}F_x(t)\boldsymbol{i}+\lim_{t\to t_0}F_y(t)\boldsymbol{j}+\lim_{t\to t_0}F_z(t)\boldsymbol{k}, \tag{1.28}$$

此式将向量函数的极限转化为三个数量函数的极限.

定义 1.3　设向量函数 $\boldsymbol{F}(t)$ 在 t_0 的某个邻域内有定义，如果有

$$\lim_{t\to t_0}\boldsymbol{F}(t)=\boldsymbol{F}(t_0), \tag{1.29}$$

则称 $\boldsymbol{F}(t)$ 在 t_0 处**连续**.

显然，$\boldsymbol{F}(t)$ 在 t_0 处连续的充分必要条件是其三个坐标函数 $F_x(t), F_y(t), F_z(t)$ 在 t_0 处连续.

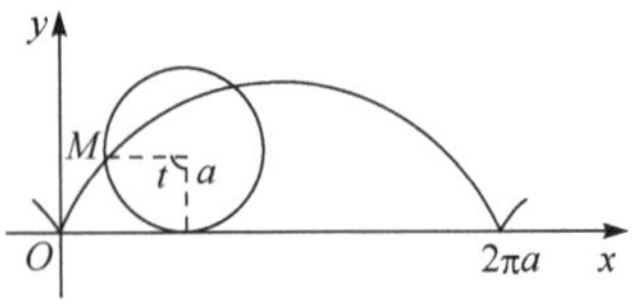

图 1.11

若向量函数 $\boldsymbol{F}(t)$ 在某个区间内的每一点处连续，则称它在**该区间内连续**.

练习 1.5　已知摆线(图 1.11)的参数方程为

$$x=a(t-\sin t),\quad y=a(1-\cos t),$$

求其向量方程.

练习 1.6　已知 $\boldsymbol{F}(t)=t^3\boldsymbol{i}+(3t-2)\boldsymbol{j}+(t+t^2)\boldsymbol{k}$，计算 $\lim\limits_{t\to 2}\boldsymbol{F}(t)$.

1.3　向量函数的导数与微分

1.3.1　向量函数的导数及其几何意义

设有起点在坐标原点 O 的向量函数 $\boldsymbol{F}(t)$，当 t 在其定义域内从 t 变到 $t+\Delta t$ $(\Delta t\neq 0)$ 时，对应的向量分别为 $\boldsymbol{F}(t)=\overrightarrow{OM}$，$\boldsymbol{F}(t+\Delta t)=\overrightarrow{ON}$ (图 1.12)，则

$$\boldsymbol{F}(t+\Delta t)-\boldsymbol{F}(t)=\overrightarrow{MN},$$

称为向量函数 $\boldsymbol{F}(t)$ 的**增量**，记作 $\Delta\boldsymbol{F}$，即

$$\Delta\boldsymbol{F}=\boldsymbol{F}(t+\Delta t)-\boldsymbol{F}(t).$$

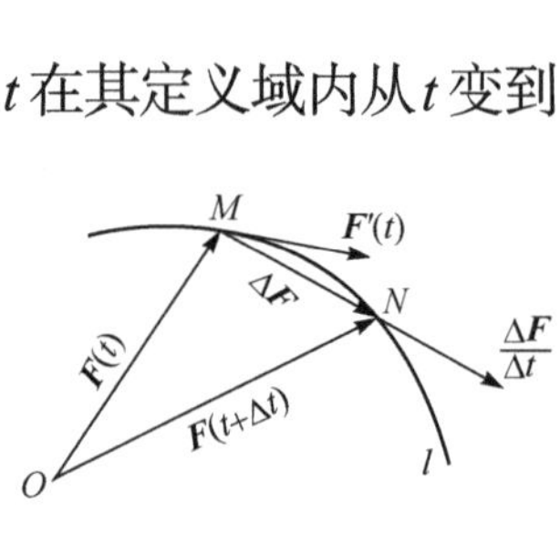

图 1.12

由此，我们给出向量函数 $\boldsymbol{F}(t)$ 导数的定义.

定义 1.4　设向量函数 $\boldsymbol{F}(t)$ 在 t 的某个邻域内有定义，并设 $t+\Delta t$ 也在这个邻域内，$\boldsymbol{F}(t)$ 对应于 Δt 的增量 $\Delta\boldsymbol{F}=\boldsymbol{F}(t+\Delta t)-\boldsymbol{F}(t)$，若极限

$$\lim_{\Delta t\to 0}\frac{\Delta \boldsymbol{F}}{\Delta t}=\lim_{\Delta t\to 0}\frac{\boldsymbol{F}(t+\Delta t)-\boldsymbol{F}(t)}{\Delta t}$$

存在,则称此极限为向量函数 $\boldsymbol{F}(t)$ 在 t 处的**导数**(简称**导矢**),记作 $\frac{\mathrm{d}\boldsymbol{F}}{\mathrm{d}t}$ 或 $\boldsymbol{F}'(t)$,即

$$\frac{\mathrm{d}\boldsymbol{F}}{\mathrm{d}t}=\lim_{\Delta t\to 0}\frac{\Delta \boldsymbol{F}}{\Delta t}=\lim_{\Delta t\to 0}\frac{\boldsymbol{F}(t+\Delta t)-\boldsymbol{F}(t)}{\Delta t}. \tag{1.30}$$

如图 1.12 所示,l 是 $\boldsymbol{F}(t)$ 的矢端曲线,$\frac{\Delta \boldsymbol{F}}{\Delta t}$ 是在 l 的割线 MN 上的一个向量,$\Delta \boldsymbol{F}=\overrightarrow{MN}$. 当 $\Delta t>0$ 时,$\Delta \boldsymbol{F}$ 的方向与 t 值增大的方向一致;而当 $\Delta t<0$ 时(图 1.13),$\Delta \boldsymbol{F}$ 的方向与 t 值增大的方向相反,即指向 t 值减少的方向,这样 $\frac{\Delta \boldsymbol{F}}{\Delta t}$ 总是指向 t 值增大的方向. 当 $\Delta t\to 0$ 时,割线 MN 的极限位置是曲线 l 在 M 处的切线,所以 $\boldsymbol{F}'(t)$(当其不为零时)是曲线 l 在 M 处的切线向量,指向对应 t 值增大的一方.

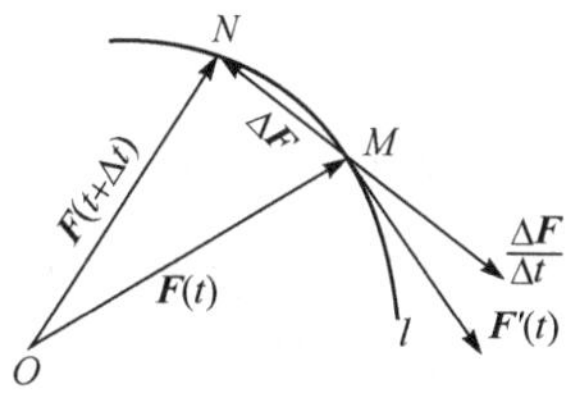

图 1.13

若 $\boldsymbol{F}(t)=F_x(t)\boldsymbol{i}+F_y(t)\boldsymbol{j}+F_z(t)\boldsymbol{k}$,且 $F_x(t), F_y(t), F_z(t)$ 均可导,则

$$\frac{\Delta \boldsymbol{F}}{\Delta t}=\frac{\Delta F_x(t)}{\Delta t}\boldsymbol{i}+\frac{\Delta F_y(t)}{\Delta t}\boldsymbol{j}+\frac{\Delta F_z(t)}{\Delta t}\boldsymbol{k},$$

令 $\Delta t\to 0$,得到 $\boldsymbol{F}'(t)$ 的坐标表示式:

$$\boldsymbol{F}'(t)=F_x'(t)\boldsymbol{i}+F_y'(t)\boldsymbol{j}+F_z'(t)\boldsymbol{k}, \tag{1.31}$$

此式将向量函数的导数转化为三个数量函数的导数.

例 1.5 已知圆柱螺旋线的向量方程为

$$\boldsymbol{r}(\theta)=a\cos\theta\,\boldsymbol{i}+a\sin\theta\,\boldsymbol{j}+b\theta\,\boldsymbol{k},$$

求 $\boldsymbol{r}'(\theta)$.

解 $\boldsymbol{r}'(\theta)=(a\cos\theta)'\boldsymbol{i}+(a\sin\theta)'\boldsymbol{j}+(b\theta)'\boldsymbol{k}=-a\sin\theta\boldsymbol{i}+a\cos\theta\boldsymbol{j}+b\boldsymbol{k}$.

例 1.6 曲线 l 的参数方程为 $l: x=t^2,\ y=2t-1,\ z=t^2-5t$,求曲线 l 在 $t=3$ 处的单位切线向量 $\boldsymbol{\tau}$.

解　曲线l的向量方程为$\boldsymbol{r}(t)=t^2\,\boldsymbol{i}+(2t-1)\,\boldsymbol{j}+(t^2-5t)\,\boldsymbol{k}$，对应于$t$值处的切线向量为

$$\boldsymbol{r}'(t)=2t\,\boldsymbol{i}+2\,\boldsymbol{j}+(2t-5)\,\boldsymbol{k},$$

当$t=3$时，$\boldsymbol{r}'(3)=6\,\boldsymbol{i}+2\,\boldsymbol{j}+\boldsymbol{k}$，$|\boldsymbol{r}'(3)|=\sqrt{6^2+2^2+1^2}=\sqrt{41}$，故

$$\boldsymbol{\tau}=\frac{\boldsymbol{r}'(3)}{|\boldsymbol{r}'(3)|}=\frac{1}{\sqrt{41}}(6\boldsymbol{i}+2\,\boldsymbol{j}+\boldsymbol{k}).$$

例 1.7　设$\boldsymbol{e}(\varphi)=\cos\varphi\,\boldsymbol{i}+\sin\varphi\,\boldsymbol{j}$，$\boldsymbol{e}_1(\varphi)=-\sin\varphi\,\boldsymbol{i}+\cos\varphi\,\boldsymbol{j}$，试证明

$$\boldsymbol{e}'(\varphi)=\boldsymbol{e}_1(\varphi),\quad \boldsymbol{e}_1'(\varphi)=-\boldsymbol{e}(\varphi)\text{且}\boldsymbol{e}(\varphi)\perp\boldsymbol{e}_1(\varphi).$$

证　$\boldsymbol{e}'(\varphi)=(\cos\varphi)'\,\boldsymbol{i}+(\sin\varphi)'\,\boldsymbol{j}=-\sin\varphi\,\boldsymbol{i}+\cos\varphi\,\boldsymbol{j}=\boldsymbol{e}_1(\varphi)$,

$$\boldsymbol{e}_1'(\varphi)=(-\sin\varphi)'\,\boldsymbol{i}+(\cos\varphi)'\boldsymbol{j}=-\cos\varphi\,\boldsymbol{i}-\sin\varphi\,\boldsymbol{j}=-\boldsymbol{e}(\varphi),$$

又有$\boldsymbol{e}(\varphi)\cdot\boldsymbol{e}_1(\varphi)=\cos\varphi\,(-\sin\varphi)+\sin\varphi\cos\varphi=0$，所以$\boldsymbol{e}(\varphi)\perp\boldsymbol{e}_1(\varphi)$.

显然，$\boldsymbol{e}(\varphi)$和$\boldsymbol{e}_1(\varphi)$均是单位向量，其矢端曲线为单位圆，因此称之为**圆函数**.

1.3.2　向量函数的导数公式

设向量函数$\boldsymbol{F}=\boldsymbol{F}(t)$，$\boldsymbol{G}=\boldsymbol{G}(t)$及数量函数$u=u(t)$在$t$的某个范围内可导，则下列公式在该范围内成立.

(1) $\dfrac{\mathrm{d}}{\mathrm{d}t}\boldsymbol{C}=\boldsymbol{0}$（$\boldsymbol{C}$是常向量）；

(2) $\dfrac{\mathrm{d}}{\mathrm{d}t}(\boldsymbol{F}\pm\boldsymbol{G})=\dfrac{\mathrm{d}\boldsymbol{F}}{\mathrm{d}t}\pm\dfrac{\mathrm{d}\boldsymbol{G}}{\mathrm{d}t}$；

(3) $\dfrac{\mathrm{d}}{\mathrm{d}t}(k\boldsymbol{F})=k\dfrac{\mathrm{d}\boldsymbol{F}}{\mathrm{d}t}$（$k$为常数）；

(4) $\dfrac{\mathrm{d}}{\mathrm{d}t}(u\boldsymbol{F})=\dfrac{\mathrm{d}u}{\mathrm{d}t}\boldsymbol{F}+u\dfrac{\mathrm{d}\boldsymbol{F}}{\mathrm{d}t}$；

(5) $\dfrac{\mathrm{d}}{\mathrm{d}t}(\boldsymbol{F}\cdot\boldsymbol{G})=\boldsymbol{F}\cdot\dfrac{\mathrm{d}\boldsymbol{G}}{\mathrm{d}t}+\dfrac{\mathrm{d}\boldsymbol{F}}{\mathrm{d}t}\cdot\boldsymbol{G}$，特别地$\dfrac{\mathrm{d}}{\mathrm{d}t}(\boldsymbol{F}\cdot\boldsymbol{F})=2\boldsymbol{F}\cdot\dfrac{\mathrm{d}\boldsymbol{F}}{\mathrm{d}t}$（也将$\boldsymbol{F}\cdot\boldsymbol{F}$记为$\boldsymbol{F}^2$）；

(6) $\dfrac{\mathrm{d}}{\mathrm{d}t}(\boldsymbol{F}\times\boldsymbol{G})=\boldsymbol{F}\times\dfrac{\mathrm{d}\boldsymbol{G}}{\mathrm{d}t}+\dfrac{\mathrm{d}\boldsymbol{F}}{\mathrm{d}t}\times\boldsymbol{G}$；

(7) 复合函数求导：若 $\boldsymbol{F}=\boldsymbol{F}(u)$，$u=u(t)$，则 $\dfrac{\mathrm{d}\boldsymbol{F}}{\mathrm{d}t}=\dfrac{\mathrm{d}\boldsymbol{F}}{\mathrm{d}u}\dfrac{\mathrm{d}u}{\mathrm{d}t}$.

例 1.8 一质点做曲线运动，其向径向量 $\boldsymbol{r}$ 随时间 t 变化，有

$$\boldsymbol{r}(t)=\boldsymbol{a}\mathrm{e}^{\omega t}+\boldsymbol{b}\mathrm{e}^{-\omega t},$$

其中 $\boldsymbol{a},\boldsymbol{b}$ 为常向量，ω 为常数，证明

$$\frac{\mathrm{d}^2\boldsymbol{r}}{\mathrm{d}t^2}-\omega^2\boldsymbol{r}=\boldsymbol{0}.$$

证 由导数公式(1)，(2)和(4)，有

$$\frac{\mathrm{d}\boldsymbol{r}}{\mathrm{d}t}=\omega\boldsymbol{a}\mathrm{e}^{\omega t}-\omega\boldsymbol{b}\mathrm{e}^{-\omega t},$$

$$\frac{\mathrm{d}^2\boldsymbol{r}}{\mathrm{d}t^2}=\omega^2\boldsymbol{a}\mathrm{e}^{\omega t}+\omega^2\boldsymbol{b}\mathrm{e}^{-\omega t}=\omega^2(\boldsymbol{a}\mathrm{e}^{\omega t}+\boldsymbol{b}\mathrm{e}^{-\omega t})=\omega^2\boldsymbol{r},$$

故

$$\frac{\mathrm{d}^2\boldsymbol{r}}{\mathrm{d}t^2}-\omega^2\boldsymbol{r}=\boldsymbol{0}.$$

例 1.9 设 $\boldsymbol{F}=t^2\boldsymbol{i}-t\boldsymbol{j}+(2t+1)\boldsymbol{k}$，$\boldsymbol{G}=(2t-3)\boldsymbol{i}+\boldsymbol{j}-t\boldsymbol{k}$. 求

$$\frac{\mathrm{d}}{\mathrm{d}t}(\boldsymbol{F}+\boldsymbol{G}),\quad \frac{\mathrm{d}}{\mathrm{d}t}(\boldsymbol{F}\cdot\boldsymbol{G}),\quad \frac{\mathrm{d}}{\mathrm{d}t}(\boldsymbol{F}\times\boldsymbol{G}).$$

解 $\dfrac{\mathrm{d}\boldsymbol{F}}{\mathrm{d}t}=2t\boldsymbol{i}-\boldsymbol{j}+2\boldsymbol{k}$，$\dfrac{\mathrm{d}\boldsymbol{G}}{\mathrm{d}t}=2\boldsymbol{i}-\boldsymbol{k}$，

$$\frac{\mathrm{d}}{\mathrm{d}t}(\boldsymbol{F}+\boldsymbol{G})=\frac{\mathrm{d}\boldsymbol{F}}{\mathrm{d}t}+\frac{\mathrm{d}\boldsymbol{G}}{\mathrm{d}t}=(2t+2)\boldsymbol{i}-\boldsymbol{j}+\boldsymbol{k};$$

$$\frac{\mathrm{d}}{\mathrm{d}t}(\boldsymbol{F}\cdot\boldsymbol{G})=\boldsymbol{F}\cdot\frac{\mathrm{d}\boldsymbol{G}}{\mathrm{d}t}+\frac{\mathrm{d}\boldsymbol{F}}{\mathrm{d}t}\cdot\boldsymbol{G}=6t^2-10t-2;$$

$$\frac{\mathrm{d}}{\mathrm{d}t}(\boldsymbol{F}\times\boldsymbol{G})=\boldsymbol{F}\times\frac{\mathrm{d}\boldsymbol{G}}{\mathrm{d}t}+\frac{\mathrm{d}\boldsymbol{F}}{\mathrm{d}t}\times\boldsymbol{G}=(2t-2)\boldsymbol{i}+(3t^2+8t-4)\boldsymbol{j}+(6t-3)\boldsymbol{k}.$$

例 1.10 证明：向量函数 $\boldsymbol{F}=\boldsymbol{F}(t)$ 的模为常数的充要条件是

$$\boldsymbol{F}\cdot\frac{\mathrm{d}\boldsymbol{F}}{\mathrm{d}t}=0.$$

证 必要性. 设 $\boldsymbol{F}(t)$ 的模为常数 C，即有 $|\boldsymbol{F}|=C$，则

$$\boldsymbol{F}^2=\boldsymbol{F}\cdot\boldsymbol{F}=|\boldsymbol{F}|^2=C^2,$$

两端对t求导数(由导数公式(5)的特例)，得

$$\boldsymbol{F}\cdot\frac{\mathrm{d}\boldsymbol{F}}{\mathrm{d}t}=0.$$

充分性. 若$\boldsymbol{F}\cdot\frac{\mathrm{d}\boldsymbol{F}}{\mathrm{d}t}=0$，则

$$\frac{\mathrm{d}}{\mathrm{d}t}(\boldsymbol{F}\cdot\boldsymbol{F})=\frac{\mathrm{d}}{\mathrm{d}t}\boldsymbol{F}^2=0,$$

从而$\boldsymbol{F}^2=\boldsymbol{F}\cdot\boldsymbol{F}=|\boldsymbol{F}|^2$是常数，所以$|\boldsymbol{F}(t)|$是常数.

从该例题可看到，模为常数的向量$\boldsymbol{F}(t)$与其导矢$\boldsymbol{F}'(t)$是相互垂直的.比如例1.7中的圆函数$\boldsymbol{e}(\varphi)$，其模$|\boldsymbol{e}(\varphi)|$是常数1，其导矢$\boldsymbol{e}'(\varphi)=\boldsymbol{e}_1(\varphi)$，满足$\boldsymbol{e}(\varphi)\perp\boldsymbol{e}_1(\varphi)$.

再举一个实际的例子，我们知道，一质点做曲线运动时，速度$\boldsymbol{v}$的方向沿着曲线的切线方向，而质点做匀速运动(即$|\boldsymbol{v}|$为常数)的充要条件是在曲线上任一点处只有法向的加速度，即加速度$\boldsymbol{a}=\frac{\mathrm{d}\boldsymbol{v}}{\mathrm{d}t}$总是垂直曲线的切线，也就是$\boldsymbol{v}$满足$\boldsymbol{v}\cdot\boldsymbol{a}=\boldsymbol{v}\cdot\frac{\mathrm{d}\boldsymbol{v}}{\mathrm{d}t}=0$.

1.3.3 向量函数的微分及其几何意义

定义 1.5 设有向量函数$\boldsymbol{F}=\boldsymbol{F}(t)$，称

$$\mathrm{d}\boldsymbol{F}=\boldsymbol{F}'(t)\mathrm{d}t\quad(\mathrm{d}t=\Delta t)\tag{1.32}$$

为向量函数$\boldsymbol{F}(t)$在t处的**微分**.

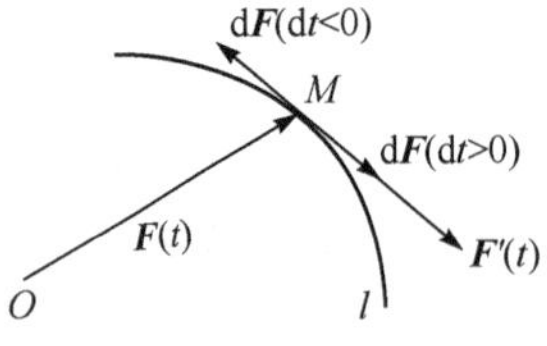

图 1.14

由于微分$\mathrm{d}\boldsymbol{F}$是导矢$\boldsymbol{F}'(t)$与增量Δt的乘积，所以它是一个向量，而且和$\boldsymbol{F}'(t)$一样，也在M点处与$\boldsymbol{F}(t)$的矢端曲线l相切. 当$\mathrm{d}t>0$时，$\mathrm{d}\boldsymbol{F}$与$\boldsymbol{F}'(t)$的方向一致；当$\mathrm{d}t<0$时，$\mathrm{d}\boldsymbol{F}$与$\boldsymbol{F}'(t)$的方向相反(图 1.14).

若$\boldsymbol{F}(t)=F_x(t)\boldsymbol{i}+F_y(t)\boldsymbol{j}+F_z(t)\boldsymbol{k}$，则

$$\mathrm{d}\boldsymbol{F}=\boldsymbol{F}'(t)\mathrm{d}t=F_x'(t)\mathrm{d}t\boldsymbol{i}+F_y'(t)\mathrm{d}t\boldsymbol{j}+F_z'(t)\mathrm{d}t\boldsymbol{k}\tag{1.33}$$

或

$$\mathrm{d}\boldsymbol{F}=\mathrm{d}F_x(t)\boldsymbol{i}+\mathrm{d}F_y(t)\boldsymbol{j}+\mathrm{d}F_z(t)\boldsymbol{k}. \tag{1.34}$$

$\mathrm{d}\boldsymbol{F}$ 的模为

$$|\mathrm{d}\boldsymbol{F}|=\sqrt{(\mathrm{d}F_x)^2+(\mathrm{d}F_y)^2+(\mathrm{d}F_z)^2}. \tag{1.35}$$

例 1.11 已知 $\boldsymbol{r}(\theta)=a\cos\theta\boldsymbol{i}+b\sin\theta\boldsymbol{j}$，求 $\mathrm{d}\boldsymbol{r}$ 及 $|\mathrm{d}\boldsymbol{r}|$.

解
$$\begin{aligned}\mathrm{d}\boldsymbol{r}&=\mathrm{d}(a\cos\theta)\,\boldsymbol{i}+\mathrm{d}(b\sin\theta)\boldsymbol{j}=-a\sin\theta\mathrm{d}\theta\boldsymbol{i}+b\cos\theta\mathrm{d}\theta\boldsymbol{j}\\&=(-a\sin\theta\boldsymbol{i}+b\cos\theta\boldsymbol{j})\mathrm{d}\theta.\end{aligned}$$

$$|\mathrm{d}\boldsymbol{r}|=\sqrt{(-a\sin\theta\mathrm{d}\theta)^2+(b\cos\theta\mathrm{d}\theta)^2}=\sqrt{a^2\sin^2\theta+b^2\cos^2\theta}\,|\mathrm{d}\theta|.$$

将向量函数 $\boldsymbol{F}(t)=F_x(t)\boldsymbol{i}+F_y(t)\boldsymbol{j}+F_z(t)\boldsymbol{k}$ 看成其终点 $M(x,y,z)$ 的向径函数,即对 M 的向径向量 $\boldsymbol{r}=[x,y,z]^{\mathrm{T}}$，有 $x=F_x(t)$, $y=F_y(t)$, $z=F_z(t)$，(1.34)式又可写为

$$\mathrm{d}\boldsymbol{r}=\mathrm{d}x\boldsymbol{i}+\mathrm{d}y\boldsymbol{j}+\mathrm{d}z\boldsymbol{k},$$

其模为

$$|\mathrm{d}\boldsymbol{r}|=\sqrt{(\mathrm{d}x)^2+(\mathrm{d}y)^2+(\mathrm{d}z)^2}, \tag{1.36}$$

对于向量函数 $\boldsymbol{F}(t)$ 的矢端曲线 l，总是取 t 值增大的一方为 l 的正向.在规定了正向的曲线 l 上取定一点 M_0 作为计算弧长 s 的起点，并把 l 的正向取为 s 增大的方向，则在 l 上任意一点 M 处的弧微分为

$$\mathrm{d}s=\pm\sqrt{(\mathrm{d}x)^2+(\mathrm{d}y)^2+(\mathrm{d}z)^2}. \tag{1.37}$$

按如下方法取(1.37)式右端的符号(图 1.15)：以点 M 为界，当 $\mathrm{d}s$ 位于 s 增大一方时取正号；反之，取负号. 由此可知

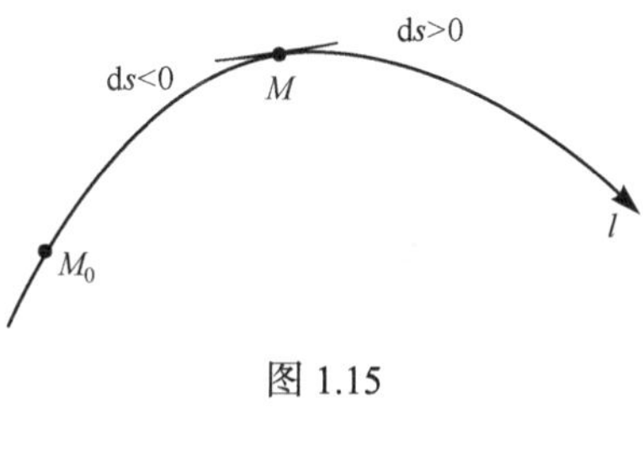

图 1.15

$$|\mathrm{d}\boldsymbol{r}|=|\mathrm{d}s|, \tag{1.38}$$

即向量函数微分的模等于其矢端曲线弧微分的绝对值，从而有

$$\left|\frac{\mathrm{d}\boldsymbol{r}}{\mathrm{d}s}\right|=\frac{|\mathrm{d}\boldsymbol{r}|}{|\mathrm{d}s|}=1, \tag{1.39}$$

由此可知，向量函数对(其矢端曲线的)弧长 s 的导数 $\dfrac{\mathrm{d}\boldsymbol{r}}{\mathrm{d}s}$ 是一个**单位切向向量**，指向 s 增大的方向.

显然，若曲线 l 的参数方程为 $x=x(s),\ y=y(s),\ z=y(s)$，即将参数 t 取为弧长 s，则根据(1.39)式有

$$x'(s)=\cos\alpha,\quad y'(s)=\cos\beta,\quad z'(s)=\cos\gamma,$$

这里 $\cos\alpha,\ \cos\beta,\ \cos\gamma$ 是曲线 l 切线向量的方向余弦.

1.3.4　向量函数导数的物理意义

设质点 M 在空间运动，其向径 $\boldsymbol{r}=\boldsymbol{r}(t)$，其中 t 是时间变量，M 的运动轨迹是矢端曲线 l，又设从 $t=0$ 到 $t=t$ 时刻，点 M 在 l 上所经过的路程为 $s=s(t)$，这样点 M 的向径 $\boldsymbol{r}$ 显然是路程 s 的函数，而 s 又是时间 t 的函数，从而可以将 $\boldsymbol{r}=\boldsymbol{r}(t)$ 看作 $\boldsymbol{r}$ 通过中间变量 s 而成为时间 t 的一个复合函数，于是由复合函数的求导公式(7)有

$$\frac{\mathrm{d}\boldsymbol{r}}{\mathrm{d}t}=\frac{\mathrm{d}\boldsymbol{r}}{\mathrm{d}s}\frac{\mathrm{d}s}{\mathrm{d}t},\tag{1.40}$$

如前段所述，该式中 $\dfrac{\mathrm{d}\boldsymbol{r}}{\mathrm{d}s}$ 是曲线 l 在点 M 处的单位切向向量，指向 s 增大的方向，表示 M 处质点的运动方向，记 $\boldsymbol{\tau}=\dfrac{\mathrm{d}\boldsymbol{r}}{\mathrm{d}s}$；而式中 $\dfrac{\mathrm{d}s}{\mathrm{d}t}$ 是路程 s 对时间 t 的变化率，表示 M 处质点的运动速度的大小，记 $v=\dfrac{\mathrm{d}s}{\mathrm{d}t}$，所以(1.40)式中的 $\dfrac{\mathrm{d}\boldsymbol{r}}{\mathrm{d}t}$ 表现出质点 M 运动速度的大小和方向，从而它就是质点 M 运动的**速度向量** $\boldsymbol{v}$，即有

$$\boldsymbol{v}=\frac{\mathrm{d}\boldsymbol{r}}{\mathrm{d}t}=v\,\boldsymbol{\tau}=|\boldsymbol{v}|\,\boldsymbol{v}^0,$$

其中 $\boldsymbol{\tau}$ 是速度向量 $\boldsymbol{v}$ 的单位向量 $\boldsymbol{v}^0$；而 v 是速度向量 $\boldsymbol{v}$ 的模 $|\boldsymbol{v}|$.

类似地可知，质点 M 运动的**加速度向量** $\boldsymbol{a}=\dfrac{\mathrm{d}}{\mathrm{d}t}\left(\dfrac{\mathrm{d}\boldsymbol{r}}{\mathrm{d}t}\right)=\dfrac{\mathrm{d}^2\boldsymbol{r}}{\mathrm{d}t^2}$.

练习 1.7　已知 $\boldsymbol{F}(t)=(2t-t^3)\boldsymbol{i}+3t^2\boldsymbol{j}+(2t+t^2)\boldsymbol{k}$，计算 $\dfrac{\mathrm{d}\boldsymbol{F}(t)}{\mathrm{d}t}$.

练习 1.8 求曲线 $x=a\sin^2 t,\ y=a\sin 2t$，$z=a\cos t$ 在 $t=\dfrac{\pi}{4}$ 处的切线向量.

1.4 向量函数的积分

1.4.1 向量函数的不定积分

定义 1.6 若在 t 的某个区间 I 上，有 $\boldsymbol{G}'(t)=\boldsymbol{F}(t)$，则称 $\boldsymbol{G}(t)$ 为 $\boldsymbol{F}(t)$ 在此区间上的一个**原函数**. 在区间 I 上，$\boldsymbol{F}(t)$ 的原函数的全体称为 $\boldsymbol{F}(t)$ 在 I 上的**不定积分**，记作

$$\int \boldsymbol{F}(t)\mathrm{d}t. \tag{1.41}$$

该定义与数量函数不定积分的定义完全类似，从而数量函数有关不定积分的结论和性质对向量函数同样成立.向量函数的不定积分有如下结论和性质：

(1) 若 $\boldsymbol{G}(t)$ 为 $\boldsymbol{F}(t)$ 在区间上 I 的一个原函数，则 $\int \boldsymbol{F}(t)\mathrm{d}t=\boldsymbol{G}(t)+\boldsymbol{C}$；

(2) $\int k\boldsymbol{F}(t)\mathrm{d}t=k\int \boldsymbol{F}(t)\mathrm{d}t$；

(3) $\int [\boldsymbol{F}(t)+\boldsymbol{G}(t)]\mathrm{d}t=\int \boldsymbol{F}(t)\mathrm{d}t+\int \boldsymbol{G}(t)\mathrm{d}t$；

(4) $\int u(t)\boldsymbol{a}\mathrm{d}t=\boldsymbol{a}\int u(t)\mathrm{d}t$；

(5) $\int \boldsymbol{a}\cdot\boldsymbol{F}(t)\mathrm{d}t=\boldsymbol{a}\cdot\int \boldsymbol{F}(t)\mathrm{d}t$；

(6) $\int \boldsymbol{a}\times\boldsymbol{F}(t)\mathrm{d}t=\boldsymbol{a}\times\int \boldsymbol{F}(t)\mathrm{d}t$.

上面各式中，$\boldsymbol{C}$ 是任意常向量，k 为非零常数，$\boldsymbol{a}$ 是非零常向量.

若 $\boldsymbol{F}(t)=F_x(t)\boldsymbol{i}+F_y(t)\boldsymbol{j}+F_z(t)\boldsymbol{k}$，则

$$\int \boldsymbol{F}(t)\mathrm{d}t=\boldsymbol{i}\int F_x(t)\mathrm{d}t+\boldsymbol{j}\int F_y(t)\mathrm{d}t+\boldsymbol{k}\int F_z(t)\mathrm{d}t. \tag{1.42}$$

此式将向量函数的不定积分转化为三个数量函数的不定积分，这样数量函数的不定积分的计算方法都适用于向量函数.

注意，数量函数的换元积分法与分部积分法均适用于向量函数，但

由于两个向量的向量积服从负交换律，即 $\boldsymbol{F}\times\boldsymbol{G}=-\boldsymbol{G}\times\boldsymbol{F}$，故有

$$\int\boldsymbol{F}\times\boldsymbol{G}'\mathrm{d}t=\boldsymbol{F}\times\boldsymbol{G}+\int\boldsymbol{G}\times\boldsymbol{F}'\mathrm{d}t.$$

例 1.12 计算 $\int 2\varphi\,\boldsymbol{e}(\varphi^2+1)\mathrm{d}\varphi$.

解 令 $u=\varphi^2+1$，则 $\int 2\varphi\,\boldsymbol{e}(\varphi^2+1)\mathrm{d}\varphi=\int\boldsymbol{e}(u)\mathrm{d}u=-\boldsymbol{e}_1(u)+\boldsymbol{C}=-\boldsymbol{e}_1(\varphi^2+1)+\boldsymbol{C}$.

本例中利用了换元积分法.

例 1.13 一质点做变速运动，其向径向量 $\boldsymbol{r}(t)=x\boldsymbol{i}+y\boldsymbol{j}+z\boldsymbol{k}$，加速度与时间的关系为

$$\frac{\mathrm{d}^2\boldsymbol{r}}{\mathrm{d}t^2}=\boldsymbol{a}t+\boldsymbol{b},$$

其中 $\boldsymbol{a},\boldsymbol{b}$ 为常向量. 已知 $t=0$ 时，$\boldsymbol{r}=0$，$\frac{\mathrm{d}\boldsymbol{r}}{\mathrm{d}t}=\boldsymbol{0}$，即质点的起点在原点，初速度为 $\boldsymbol{0}$，求 $\boldsymbol{r}(t)$.

解 由 $\frac{\mathrm{d}^2\boldsymbol{r}}{\mathrm{d}t^2}=\boldsymbol{a}t+\boldsymbol{b}$ 积分，得

$$\frac{\mathrm{d}\boldsymbol{r}}{\mathrm{d}t}=\frac{1}{2}\boldsymbol{a}t^2+\boldsymbol{b}t+\boldsymbol{c}_1,$$

因 $t=0$ 时，$\frac{\mathrm{d}\boldsymbol{r}}{\mathrm{d}t}=\boldsymbol{0}$，故 $\boldsymbol{c}_1=\boldsymbol{0}$，即有

$$\frac{\mathrm{d}\boldsymbol{r}}{\mathrm{d}t}=\frac{1}{2}\boldsymbol{a}t^2+\boldsymbol{b}t.$$

对此式再积分，得

$$\boldsymbol{r}=\frac{1}{6}\boldsymbol{a}t^3+\frac{1}{2}\boldsymbol{b}t^2+\boldsymbol{c}_2,$$

又由 $t=0$ 时，$\boldsymbol{r}=0$，故 $\boldsymbol{c}_2=\boldsymbol{0}$. 于是

$$\boldsymbol{r}(t)=\frac{1}{6}\boldsymbol{a}t^3+\frac{1}{2}\boldsymbol{b}t^2.$$

例 1.14　求$\int \boldsymbol{F}(t)\times\boldsymbol{F}''(t)\mathrm{d}t$.

解　$\int \boldsymbol{F}(t)\times\boldsymbol{F}''(t)\mathrm{d}t = \boldsymbol{F}(t)\times\boldsymbol{F}'(t) + \int \boldsymbol{F}'(t)\times\boldsymbol{F}'(t)\mathrm{d}t = \boldsymbol{F}(t)\times \boldsymbol{F}'(t)+\boldsymbol{C}$.

本例中利用了分部积分法.

1.4.2　向量函数的定积分

定义 1.7　设向量函数$\boldsymbol{F}(t)$在区间$[a,b]$上连续，则$\boldsymbol{F}(t)$在区间$[a,b]$上的定积分为

$$\int_a^b \boldsymbol{F}(t)\mathrm{d}t = \lim_{\lambda\to 0}\sum_{i=0}^{n}\boldsymbol{F}(\zeta_i)\Delta t_i, \tag{1.43}$$

其中$a=t_0<t_1<t_2<\cdots<t_n=b$，$\zeta_i$为区间$[t_{i-1},t_i]$上的任一点，$\Delta t_i=t_i-t_{i-1}$，$\lambda=\max\Delta t_i$，$i=1,2,\cdots,n$.

可以看出，向量函数定积分的定义和数量函数的定积分完全类似，因此，有关数量函数定积分的性质和计算方法都适用于向量函数.

若$\boldsymbol{G}(t)$为连续向量函数$\boldsymbol{F}(t)$在区间$[a,b]$上的一个原函数，则有

$$\int_a^b \boldsymbol{F}(t)\mathrm{d}t = \boldsymbol{G}(b)-\boldsymbol{G}(a).$$

此外，向量函数的定积分也可转化为三个数量函数的定积分，即有

$$\int_a^b \boldsymbol{F}(t)\mathrm{d}t = \boldsymbol{i}\int_a^b F_x(t)\mathrm{d}t+\boldsymbol{j}\int_a^b F_y(t)\mathrm{d}t+\boldsymbol{k}\int_a^b F_z(t)\mathrm{d}t. \tag{1.44}$$

例 1.15　已知$\boldsymbol{F}(t)=t^2\boldsymbol{i}-t\boldsymbol{j}+(t+1)\boldsymbol{k}$，求$\int_0^1 \boldsymbol{F}(t)\mathrm{d}t$.

解　$\int_0^1 \boldsymbol{F}(t)\mathrm{d}t=\boldsymbol{i}\int_0^1 t^2\mathrm{d}t-\boldsymbol{j}\int_0^1 t\mathrm{d}t+\boldsymbol{k}\int_0^1(t+1)\mathrm{d}t=\frac{1}{3}\boldsymbol{i}-\frac{1}{2}\boldsymbol{j}+\frac{3}{2}\boldsymbol{k}$.

例 1.16　求$\int_0^{\sqrt{\pi}}(\boldsymbol{i}\varphi\cos\varphi^2+\boldsymbol{j}\varphi\sin\varphi^2)\mathrm{d}\varphi$.

解　$\int_0^{\sqrt{\pi}}(\boldsymbol{i}\varphi\cos\varphi^2+\boldsymbol{j}\varphi\sin\varphi^2)\mathrm{d}\varphi=\frac{1}{2}\int_0^{\sqrt{\pi}}(\boldsymbol{i}\cos\varphi^2+\boldsymbol{j}\sin\varphi^2)\mathrm{d}\varphi^2$，令$t=\varphi^2$，则

$$\text{原式}=\frac{1}{2}\int_0^{\pi}(\boldsymbol{i}\cos t+\boldsymbol{j}\sin t)\mathrm{d}t=\frac{1}{2}(\boldsymbol{i}\sin t-\boldsymbol{j}\cos t)\Big|_0^{\pi}=\boldsymbol{j}.$$

本章讨论了单变量向量函数 $\boldsymbol{F}(t)$ 的定义、极限、连续、导数、微分和积分，对于多变量向量函数的定义、极限、连续、导数和微分的相关问题可进行类似的讨论，一些结论和概念可由单变量向量函数的情况类比推广. 例如，第 3 章中向量函数 $\boldsymbol{F}(M)=\boldsymbol{F}(x,y,z)$ 是三个变量 x,y,z 的函数，设

$$\boldsymbol{F}(x,y,z)=P(x,y,z)\boldsymbol{i}+Q(x,y,z)\boldsymbol{j}+R(x,y,z)\boldsymbol{k},$$

则 $\boldsymbol{F}(x,y,z)$ 在 (x_0,y_0,z_0) 的极限和连续等价于 $P(x,y,z),Q(x,y,z),R(x,y,z)$ 在 (x_0,y_0,z_0) 的极限和连续. $\boldsymbol{F}=\boldsymbol{F}(x,y,z)$ 对 x 的偏导数定义为

$$\frac{\partial\boldsymbol{F}}{\partial x}=\lim_{\Delta x\to 0}\frac{\boldsymbol{F}(x+\Delta x,y,z)-\boldsymbol{F}(x,y,z)}{\Delta x},$$

同理定义 $\dfrac{\partial\boldsymbol{F}}{\partial y},\dfrac{\partial\boldsymbol{F}}{\partial z}$，对 $\dfrac{\partial\boldsymbol{F}}{\partial x}$ 有

$$\frac{\partial\boldsymbol{F}}{\partial x}=\frac{\partial P(x,y,z)}{\partial x}\boldsymbol{i}+\frac{\partial Q(x,y,z)}{\partial x}\boldsymbol{j}+\frac{\partial R(x,y,z)}{\partial x}\boldsymbol{k},\tag{1.45}$$

$\dfrac{\partial\boldsymbol{F}}{\partial y},\dfrac{\partial\boldsymbol{F}}{\partial z}$ 也有类似于(1.45)式的表达式.

向量函数 $\boldsymbol{F}(M)=\boldsymbol{F}(x,y,z)$ 的曲线积分和曲面积分将在第 3 章中给出.

练习 1.9 已知 $\boldsymbol{F}(t)=(2t-t^3)\boldsymbol{i}+3t^2\boldsymbol{j}+(2t+t^3)\boldsymbol{k}$，计算下列积分

(1) $\int\boldsymbol{F}(t)\mathrm{d}t$；(2) $\int_0^1\boldsymbol{F}(t)\mathrm{d}t$.

练习 1.10 计算 $\int\varphi^2\,\boldsymbol{e}(\varphi)\mathrm{d}\varphi$.

习 题 1

1.1 一质点绕原点 O 沿曲线 C: $x=\cos\theta$, $y=\sin\theta$, $z=0$ 作圆周运动，角速度的大小为 ω，写出质点在圆周上任一点的速度向量函数，并求出在定点 $\theta=\dfrac{\pi}{4}$ 处的速度 $\boldsymbol{v}$ 以及 $|\boldsymbol{v}|$.

1.2　写出曲线$C: x=3\sin t,\ y=4\sin t,\ z=3\cos t$的向量方程，并说明$C$是何种曲线.

1.3　求曲线$x=t,\ y=t^2,\ z=\frac{2}{3}t^3$的单位切线向量$\boldsymbol{\tau}$.

1.4　(1)证明$\boldsymbol{e}(\varphi)\times\boldsymbol{e}_1(\varphi)=\boldsymbol{k}$；

(2)证明$\boldsymbol{e}(\varphi+\alpha)=\boldsymbol{e}(\varphi)\cos\alpha+\boldsymbol{e}_1(\varphi)\sin\alpha$.

1.5　设$\boldsymbol{F}(t)=t^2\boldsymbol{i}-\frac{1}{2}t^2\boldsymbol{j}+(2t+1)\boldsymbol{k}$，求当$t=0$时，$\frac{\mathrm{d}\boldsymbol{F}}{\mathrm{d}t}$，$\frac{\mathrm{d}^2\boldsymbol{F}}{\mathrm{d}t^2}$，$\left|\frac{\mathrm{d}\boldsymbol{F}}{\mathrm{d}t}\right|$，$\left|\frac{\mathrm{d}^2\boldsymbol{F}}{\mathrm{d}t^2}\right|$的值.

1.6　求曲线$\boldsymbol{r}=t\boldsymbol{i}+t^2\boldsymbol{j}+t^3\boldsymbol{k}$上这样的点，使该点的切线平行于平面$x+2y+z=4$.

1.7　一质点沿曲线$x=\mathrm{e}^t,\ y=2\cos 3t,\ z=\sin 3t$运动，$t$为时间参数，求

(1)任意时刻的速度$\boldsymbol{v}$和加速度$\boldsymbol{a}$；(2)$t=0$的速度$\boldsymbol{v}$和加速度$\boldsymbol{a}$.

1.8　求等速圆周运动$\boldsymbol{r}=R\cos\omega t\boldsymbol{i}+R\sin\omega t\boldsymbol{j}$的速度向量$\boldsymbol{v}$和加速度向量$\boldsymbol{a}$，并讨论它们与$\boldsymbol{r}$的关系.

1.9　证明：圆柱螺旋线$\boldsymbol{r}=a\boldsymbol{e}(\theta)+b\theta\boldsymbol{k}$的切线与$z$轴成定角.

1.10　设$\boldsymbol{A},\boldsymbol{B},\boldsymbol{C}$均为$t$的可微函数，计算

(1)$\frac{\mathrm{d}}{\mathrm{d}t}[\boldsymbol{A}\cdot(\boldsymbol{B}\times\boldsymbol{C})]$；(2)$\frac{\mathrm{d}}{\mathrm{d}t}[\boldsymbol{A}\times(\boldsymbol{B}\times\boldsymbol{C})]$.

1.11　已知$\boldsymbol{F}=t\boldsymbol{i}-2t\boldsymbol{j}+\ln t\boldsymbol{k},\ \boldsymbol{G}=\mathrm{e}^t\boldsymbol{i}+\sin t\boldsymbol{j}-3t\boldsymbol{k}$，试计算积分$\int\boldsymbol{F}\cdot\boldsymbol{G}'\mathrm{d}t$.

1.12　已知$\boldsymbol{F}(t)$有二阶连续导数，$\boldsymbol{G}(t)=2\boldsymbol{F}'(t)$，求$\int\boldsymbol{F}(t)\times\boldsymbol{G}'(t)\mathrm{d}t$.

第 2 章　数　量　场

在物理学中，一个物理量在空间某一区域上的分布，称为一个场. 例如，空间某物体上各点的温度确定该物体所在区域的一个温度场；质点在空间某一区域内受到一个力的作用，因而在不同的点具有不同的势能，质点的势能确定该区域内的一个势能场；又质点在空间各点所受的力确定该区域内的一个力场；空间某区域内流动的流体，在各点流动的速度确定一个速度场，等等. 温度、势能是数量，相应的场叫数量场；力、速度是向量，相应的场叫向量场.

若一个物理量在空间某一区域内每一点都有一个确定的值，我们称该物理量在这个区域内确定一个**场**，该物理量叫做**场量**. 从数学的观点来看，确定了空间区域 D 内的一个场，就是在空间区域 D 内定义了一个位置点 M 和时间变量 t 的函数 $\boldsymbol{f}(M,t)$, $\boldsymbol{f}(M,t)$ 也称为**场函数**. 当 $D\subset\mathbf{R}^3$ 时，$\boldsymbol{f}$ 称为**空间场**. 当 $D\subset\mathbf{R}^2$ 时，$\boldsymbol{f}$ 称为**平面场**；当 $\boldsymbol{f}$ 和时间变量 t 无关时，$\boldsymbol{f}=\boldsymbol{f}(M)$ 称为**稳定场**，当 $\boldsymbol{f}$ 和时间变量 t 有关时，$\boldsymbol{f}=\boldsymbol{f}(M,t)$ 称为**不稳定场**（本书只讨论稳定场）；当 $\boldsymbol{f}$ 是一个向量时，$\boldsymbol{f}$ 称为**向量场**，当 $\boldsymbol{f}$ 是一个数量时，$\boldsymbol{f}$ 称为**数量场**.

本书主要讨论空间数量场和向量场，对平面场的情形做一些简单的介绍，本书通常记数量场为

$$u=u(M)=u(x,y,z)\,, \tag{2.1}$$

记向量场为

$$\boldsymbol{F}=\boldsymbol{F}(M)=P(x,y,z)\boldsymbol{i}+Q(x,y,z)\boldsymbol{j}+R(x,y,z)\boldsymbol{k}, \tag{2.2}$$

其中 (2.1) 式和 (2.2) 式中的 M 均指场中的任意点，$M(x,y,z)\in D$. 本书中还将 (2.2) 式经常简写为

$$\boldsymbol{F}=\boldsymbol{F}(M)=P\boldsymbol{i}+Q\boldsymbol{j}+R\boldsymbol{k}=[P,Q,R]^{\mathrm{T}}\,, \tag{2.3}$$

其中 $P=P(x,y,z),Q=Q(x,y,z),R=R(x,y,z)$ ，即 P,Q,R 均为 x,y,z 的三

元函数.

通过对场函数特性的研究，揭示物理量在空间分布的变化规律. 例如，场函数的导数可以表示物理量的局部变化规律，而场函数的积分可以描述物理量的整体分布特征.

2.1 数量场的等值面

为了直观地表示一个数量场在场中的分布状况，我们引入数量场等值面的概念.

定义 2.1 设数量场$u=u(M)=u(x,y,z)$，$(x,y,z)\in D$，使$u(x,y,z)$取值为常数C的各点在空间中形成的曲面

$$u(x,y,z)=C \tag{2.4}$$

称为u的一个**等值面**.

由隐函数存在定理知，当函数u单值，具有一阶连续偏导数，且各连续偏导数不全为零时，u的等值面一定存在.

在(2.4)式中，C取不同的值时，便得到不同的等值面. 过场中任何一点M^0都有一个等值面

$$u(x,y,z)=u(M^0)$$

通过，并且由于函数u单值，故M^0只能位于一个等值面上，因此等值面充满了场所存在的空间，且彼此互不相交.

例 2.1 设置在坐标原点的点电荷q在空间形成一个电位场，求电位场的等值面.

解 电位值为$u=\dfrac{q}{4\pi\varepsilon}\dfrac{1}{r}$，其中$r=|\boldsymbol{r}|=\sqrt{x^2+y^2+z^2}$，$\varepsilon$是介电常数，于是电位场的等值面为

$$u=\frac{q}{4\pi\varepsilon}\frac{1}{r}=C,$$

即为

$$x^2+y^2+z^2=r^2,\quad R=\frac{q}{4\pi\varepsilon C},$$

这是一族以原点为心的同心球面，每一球面上各点的电位值相等，半径 r 越大，电位越低.

$u=u(x,y)$ 确定的场为**平面数量场**. 在平面数量场中，曲线族

$$u(x,y)=C \tag{2.5}$$

称为**等值线**.例如，地图上的等高线，地面气象图上的等温线、等压线等，都是平面数量场等值线的例子.

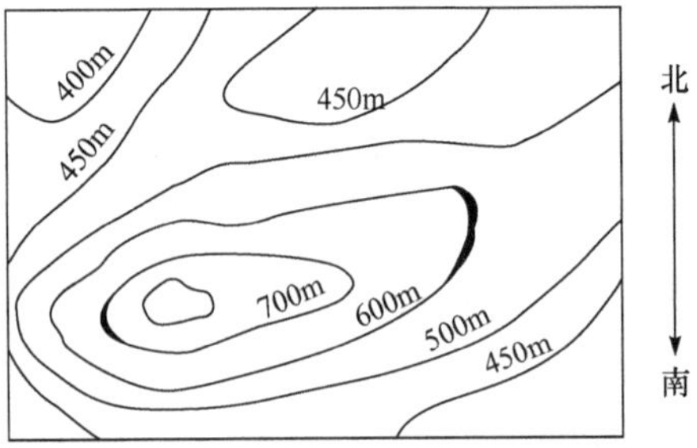

图 2.1

数量场的等值面或等值线，可以直观地帮助我们了解场中物理量的分布状况. 例如，根据地形图上的等高线及其标出的海拔(图 2.1)，我们就能了解到该地区的地势的高低情况. 坡度变化较陡的地方，等高线的分布较密；坡度变化较平缓的地方，等高线的分布较稀疏. 从图 2.1 可看出，该地区西北部偏低，东北部较平缓，而西南部则偏高且陡峭.

练习 2.1　求下列数量场的等值面：

(1) $u=\sqrt{x^2+y^2+z^2}$；(2) $u=\arcsin\dfrac{z}{\sqrt{x^2+y^2}}$.

练习 2.2　画出数量场 $u=y^2-x$ 过 $(0,0),(-1,0),(-2,0)$ 的等值线.

练习 2.3　求数量场 $u=x^2+y^2-4z$ 在点 $M(2,-4,5)$ 处的等值面在 M 点处的法线向量，并求出该等值面在 M 点处的切平面方程.

2.2　数量场的方向导数和梯度

2.2.1　方向导数

由前节已知，可以借助于等值面或等值线来了解数量场 $u=u(M)$ 的分布情况，但这种了解只能是大致了解数量场总的分布情况，是一种整体性的了解. 而研究数量场的另一个重要方面，就是还要对它作

局部性的了解，考察数量场在各个点处的邻域内沿每一方向的变化趋势，为此我们引入方向导数的概念.

定义 2.2　有数量场 $u=u(M)$，$M^0(x_0,y_0,z_0)$ 是场中的一点，$\boldsymbol{l}$ 是方向向量，M 是以 $\boldsymbol{l}$ 为方向，M^0 为起点的射线 L 上的任一点(图 2.2)，$\overline{MM^0}$ 是连接 M 和 M^0 两点线段的长，若极限

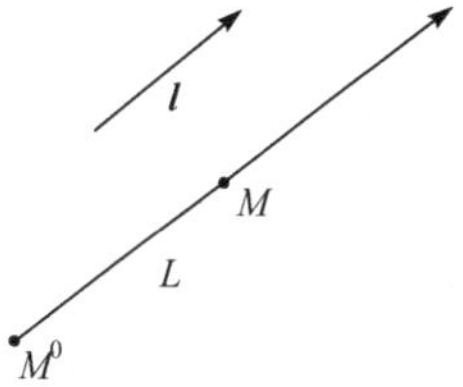

图 2.2

$$\lim_{M\to M^0}\frac{u(M)-u(M^0)}{\overline{MM^0}}$$

存在，则称其为 u 在 M^0 处沿方向 $\boldsymbol{l}$ 的**方向导数**，记为 $\frac{\partial u(M^0)}{\partial \boldsymbol{l}}$ 或 $\left.\frac{\partial u}{\partial \boldsymbol{l}}\right|_{M^0}$，即

$$\frac{\partial u(M^0)}{\partial \boldsymbol{l}}=\left.\frac{\partial u}{\partial \boldsymbol{l}}\right|_{M^0}=\lim_{M\to M^0}\frac{u(M)-u(M^0)}{\overline{MM^0}}.$$

由定义可以看出，$\frac{\partial u(M^0)}{\partial \boldsymbol{l}}$ 就是 $u(M)$ 在 M^0 处沿方向 $\boldsymbol{l}$ 对距离的变化率. 若 $\frac{\partial u(M^0)}{\partial \boldsymbol{l}}>0$，则沿 $\boldsymbol{l}$ 方向，$u(M)$ 的值增加；若 $\frac{\partial u(M^0)}{\partial \boldsymbol{l}}<0$，则沿 $\boldsymbol{l}$ 方向，$u(M)$ 的值减少；而当 $\boldsymbol{l}$ 为过 M^0 的等值面 $u(M)=u(M^0)$ 的切平面上的向量时，有 $\frac{\partial u(M^0)}{\partial \boldsymbol{l}}=0$.

在直角坐标系下，方向导数有如下定理给出的计算公式.

定理 2.1　设函数 $u=u(x,y,z)$ 在 $M^0(x_0,y_0,z_0)$ 可微，则 u 在 M^0 处沿任何方向的方向导数存在，且有

$$\frac{\partial u(M^0)}{\partial \boldsymbol{l}}=\frac{\partial u(M^0)}{\partial x}\cos\alpha+\frac{\partial u(M^0)}{\partial y}\cos\beta+\frac{\partial u(M^0)}{\partial z}\cos\gamma,\qquad(2.6)$$

这里 $\cos\alpha,\cos\beta,\cos\gamma$ 是 $\boldsymbol{l}$ 的方向余弦.

证　设 $M(x,y,z)$ 是以 $\boldsymbol{l}$ 为方向，M^0 为起点的射线 L 上的任一点，记

$$\Delta x=x-x_0,\quad \Delta y=y-y_0,\quad \Delta z=z-z_0,$$

则

$$t=\overline{M^0M}=\sqrt{\Delta x^2+\Delta y^2+\Delta z^2}\ ,$$

从而

$$\cos\alpha=\frac{\Delta x}{t},\quad \cos\beta=\frac{\Delta y}{t},\quad \cos\gamma=\frac{\Delta z}{t}.$$

因u在M^0可微，故有

$$\Delta u=u(M)-u(M^0)=\frac{\partial u(M^0)}{\partial x}\Delta x+\frac{\partial u(M^0)}{\partial y}\Delta y+\frac{\partial u(M^0)}{\partial z}\Delta z+o(t),\quad (2.7)$$

在(2.7)式两端除以t，并令$t\to 0$，得

$$\begin{aligned}\lim_{t\to 0}\frac{\Delta u}{t}&=\lim_{t\to 0}\frac{u(M)-u(M^0)}{t}\\&=\lim_{t\to 0}\left[\frac{\partial u(M^0)}{\partial x}\frac{\Delta x}{t}+\frac{\partial u(M^0)}{\partial y}\frac{\Delta y}{t}+\frac{\partial u(M^0)}{\partial z}\frac{\Delta z}{t}+\frac{o(t)}{t}\right]\\&=\frac{\partial u(M^0)}{\partial x}\cos\alpha+\frac{\partial u(M^0)}{\partial y}\cos\beta+\frac{\partial u(M^0)}{\partial z}\cos\gamma,\end{aligned}$$

从而(2.6)式得证.

当$\boldsymbol{l}$是x轴正向时，$\alpha=0,\beta=\frac{\pi}{2},\gamma=\frac{\pi}{2}$，得$\cos\alpha=1,\cos\beta=\cos\gamma=0$，此时$\frac{\partial u(M^0)}{\partial \boldsymbol{l}}=\frac{\partial u(M^0)}{\partial x}$；当$\boldsymbol{l}$是$x$轴负向时，$\alpha=\pi,\ \beta=\frac{\pi}{2},\ \gamma=\frac{\pi}{2}$，得$\cos\alpha=-1,\cos\beta=\cos\gamma=0$，此时$\frac{\partial u(M^0)}{\partial \boldsymbol{l}}=-\frac{\partial u(M^0)}{\partial x}$.

对于平面数量场$u=u(x,y)$，设$M^0(x_0,y_0)$，$\boldsymbol{l}$的单位向量$\boldsymbol{l}^0=\cos\alpha\,\boldsymbol{i}+\cos\beta\,\boldsymbol{j}$，则有

$$\frac{\partial u(M^0)}{\partial \boldsymbol{l}}=\frac{\partial u(x_0,y_0)}{\partial x}\cos\alpha+\frac{\partial u(x_0,y_0)}{\partial y}\cos\beta,$$

因为$\beta=\frac{\pi}{2}-\alpha$（图 2.3），故

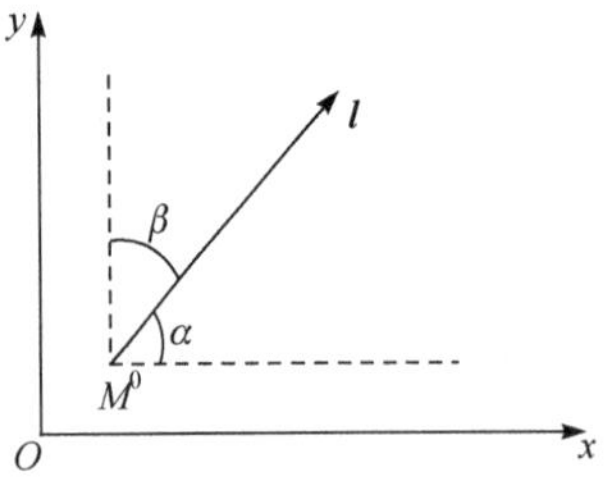

图 2.3

$$\frac{\partial u(M^0)}{\partial \boldsymbol{l}}=\frac{\partial u(x_0,y_0)}{\partial x}\cos\alpha+\frac{\partial u(x_0,y_0)}{\partial y}\sin\alpha. \tag{2.8}$$

例 2.2 设 $u=xy^2+yz+zx^2$，求 u 在点 $M(1,1,2)$ 处沿方向 $\boldsymbol{l}=2\boldsymbol{i}-2\boldsymbol{j}+\boldsymbol{k}$ 的方向导数 $\dfrac{\partial u(M)}{\partial \boldsymbol{l}}$.

解 显然 u 在 M 可微，且可以算出

$$\frac{\partial u(M)}{\partial x}=5,\quad \frac{\partial u(M)}{\partial y}=4,\quad \frac{\partial u(M)}{\partial z}=2.$$

又由 $|\boldsymbol{l}|=\sqrt{2^2+(-2)^2+1^2}=3$, 得

$$\cos\alpha=\frac{2}{3},\quad \cos\beta=-\frac{2}{3},\quad \cos\gamma=\frac{1}{3},$$

故

$$\begin{aligned}\frac{\partial u(M)}{\partial \boldsymbol{l}}&=\frac{\partial u(M)}{\partial x}\cos\alpha+\frac{\partial u(M)}{\partial y}\cos\beta+\frac{\partial u(M)}{\partial z}\cos\gamma\\&=5\cdot\frac{2}{3}+4\cdot\left(-\frac{2}{3}\right)+2\cdot\frac{1}{3}=\frac{4}{3}.\end{aligned}$$

例 2.3 设 $u=x^2-xy+y^2$, 求 u 在点 $M(1,1)$ 处沿方向 $\boldsymbol{l}=[\cos\alpha,\sin\alpha]^{\mathrm{T}}$ 的方向导数. 并问 u 在点 $M(1,1)$ 处沿哪个方向的方向导数最大、最小、是零?

解 可以求出 $\dfrac{\partial u(M)}{\partial x}=1,\dfrac{\partial u(M)}{\partial y}=1$，所以

$$\frac{\partial u(M)}{\partial \boldsymbol{l}}=\cos\alpha+\sin\alpha,$$

令 $f(\alpha)=\cos\alpha+\sin\alpha$，则

$$f'(\alpha)=-\sin\alpha+\cos\alpha,\quad f''(\alpha)=-\cos\alpha-\sin\alpha,$$

又令 $f'(\alpha)=-\sin\alpha+\cos\alpha=0$，得 $\alpha_1=\dfrac{\pi}{4}, \alpha_2=-\dfrac{3\pi}{4}$，而

$$f''(\alpha_1)=-\sqrt{2}<0,\quad f''(\alpha_2)=\sqrt{2}>0,$$

故当 $\alpha=\frac{\pi}{4}$ 时，即沿 $\boldsymbol{l}=\left[\frac{\sqrt{2}}{2},\frac{\sqrt{2}}{2}\right]^{\mathrm{T}}$ 的方向导数最大；当 $\alpha=-\frac{3\pi}{4}$ 时，即沿 $\boldsymbol{l}=\left[-\frac{\sqrt{2}}{2},-\frac{\sqrt{2}}{2}\right]^{\mathrm{T}}$ 的方向导数最小.

令 $f(\alpha)=\cos\alpha+\sin\alpha=0$，得 $\alpha_3=\frac{3\pi}{4}, \alpha_4=-\frac{\pi}{4}$，故当 $\alpha=\frac{3\pi}{4}$ 和 $\alpha=-\frac{\pi}{4}$，即沿 $\boldsymbol{l}=\left[-\frac{\sqrt{2}}{2},\frac{\sqrt{2}}{2}\right]^{\mathrm{T}}$ 和 $\boldsymbol{l}=\left[\frac{\sqrt{2}}{2},-\frac{\sqrt{2}}{2}\right]^{\mathrm{T}}$ 的方向导数是零.

设 C 是场中一条光滑有向曲线，参数取成弧长 s，则 C 的参数方程是

$$C: x=x(s), y=y(s), z=z(s),$$

u 沿曲线 C 关于弧长 s 的变化率是

$$\frac{\mathrm{d}u}{\mathrm{d}s}=\frac{\partial u}{\partial x}\frac{\mathrm{d}x}{\mathrm{d}s}+\frac{\partial u}{\partial y}\frac{\mathrm{d}y}{\mathrm{d}s}+\frac{\partial u}{\partial z}\frac{\mathrm{d}z}{\mathrm{d}s}. \tag{2.9}$$

设曲线 C 上的点 M 处的切线向量是 $\boldsymbol{t}$，方向指向弧长 s 增加的方向，则 $\boldsymbol{t}$ 的方向余弦为

$$\cos\alpha=\frac{\mathrm{d}x}{\mathrm{d}s},\quad \cos\beta=\frac{\mathrm{d}y}{\mathrm{d}s},\quad \cos\gamma=\frac{\mathrm{d}z}{\mathrm{d}s},$$

于是由 (2.9) 式有

$$\frac{\mathrm{d}u}{\mathrm{d}s}=\frac{\partial u}{\partial x}\cos\alpha+\frac{\partial u}{\partial y}\cos\beta+\frac{\partial u}{\partial z}\cos\gamma=\frac{\partial u}{\partial \boldsymbol{t}},$$

即有

$$\frac{\mathrm{d}u(M)}{\mathrm{d}s}=\frac{\partial u(M)}{\partial \boldsymbol{t}}. \tag{2.10}$$

称 $\frac{\mathrm{d}u(M)}{\mathrm{d}s}$ 为 u 在点 M 处沿曲线 C 的**方向导数**，它等于 u 在 M 处沿切线 $\boldsymbol{t}$ 的方向导数.

例 2.4　设数量场 $u=3x^2z-xy+z^2$，求 u 在点 $M(1,-1,1)$ 处沿曲线 $x=t, y=-t^2, z=t^3$ 朝 t 增大一方的方向导数.

解　u 在点 $M(1,-1,1)$ 处的偏导数为

$$\frac{\partial u(M)}{\partial x}=7,\quad \frac{\partial u(M)}{\partial y}=-1,\quad \frac{\partial u(M)}{\partial z}=5.$$

曲线 $C: x=t, y=-t^2, z=t^3$ 在 $M(1,-1,1)$ 对应的参数 $t=1$，故曲线在 $t=1$ 处的切线向量为

$$\boldsymbol{t}=[x'(t), y'(t), z'(t)]^{\mathrm{T}}\big|_{t=1}=[1,-2t,3t^2]^{\mathrm{T}}\big|_{t=1}=[1,-2,3]^{\mathrm{T}},$$

其方向余弦为

$$\cos\alpha=\frac{1}{\sqrt{14}},\quad \cos\beta=-\frac{2}{\sqrt{14}},\quad \cos\gamma=\frac{3}{\sqrt{14}},$$

故

$$\begin{aligned}\frac{\mathrm{d}u(M)}{\mathrm{d}s}&=\frac{\partial u(M)}{\partial x}\cos\alpha+\frac{\partial u(M)}{\partial y}\cos\beta+\frac{\partial u(M)}{\partial z}\cos\gamma\\&=7\cdot\frac{1}{\sqrt{14}}+(-1)\cdot\frac{-2}{\sqrt{14}}+5\cdot\frac{3}{\sqrt{14}}=\frac{24}{\sqrt{14}}.\end{aligned}$$

练习 2.4　设 $u=3x^2+z^2-2yz+2xy$, 求 u 在点 $M(1,2,3)$ 处沿方向 $\boldsymbol{l}=6\boldsymbol{i}+3\boldsymbol{j}+2\boldsymbol{k}$ 的方向导数 $\dfrac{\partial u(M)}{\partial \boldsymbol{l}}$.

练习 2.5　设 $u=3x^2y-y^2$，求 u 在点 $M(2,3)$ 处沿曲线 $y=x^2-1$ 朝 x 增大一方的方向导数.

练习 2.6　设 $\boldsymbol{n}$ 是曲面 $2x^2+3y^2+z^2=6$ 在点 $M(1,1,1)$ 处由内部指向外部的法向量, 求函数 $u=\dfrac{1}{z}\sqrt{6x^2+8y^2}$ 在 M 处沿方向 $\boldsymbol{n}$ 的方向导数.

2.2.2　梯度

方向导数是 $u(M)$ 在给定点处沿某个方向的变化率，然而从给定点出发，有无穷多个方向，其中沿哪个方向的变化率最大？最大变化率又是多少？为解决这一问题，我们来分析求方向导数的公式(2.6)式：

$$\frac{\partial u(M)}{\partial \boldsymbol{l}}=\frac{\partial u(M)}{\partial x}\cos\alpha+\frac{\partial u(M)}{\partial y}\cos\beta+\frac{\partial u(M)}{\partial z}\cos\gamma,$$

其中$\cos\alpha,\cos\beta,\cos\gamma$是$\boldsymbol{l}$的方向余弦，是$\boldsymbol{l}$同方向单位向量$\boldsymbol{l}^0$的三个坐标，即有

$$\boldsymbol{l}^0=\cos\alpha\boldsymbol{i}+\cos\beta\boldsymbol{j}+\cos\gamma\boldsymbol{k}, \tag{2.11}$$

又令

$$\boldsymbol{G}=\frac{\partial u(M)}{\partial x}\boldsymbol{i}+\frac{\partial u(M)}{\partial y}\boldsymbol{j}+\frac{\partial u(M)}{\partial z}\boldsymbol{k}, \tag{2.12}$$

公式(2.6)可写为

$$\frac{\partial u(M)}{\partial \boldsymbol{l}}=\boldsymbol{G}\cdot\boldsymbol{l}^0=|\boldsymbol{G}|\cdot|\boldsymbol{l}^0|\cos\theta=|\boldsymbol{G}|\cos\theta, \tag{2.13}$$

这里θ是向量$\boldsymbol{G}$与$\boldsymbol{l}$的夹角. 显然，在给定点M处，$\boldsymbol{G}$是一个固定的向量，(2.13)式表明：$\boldsymbol{G}$在$\boldsymbol{l}$上的投影恰好是u沿方向$\boldsymbol{l}$的方向导数. 当$\theta=0$, 即向量$\boldsymbol{G}$与$\boldsymbol{l}$的方向一致时，方向导数取得最大值，即有

$$\max_{l}\left\{\frac{\partial u(M)}{\partial \boldsymbol{l}}\right\}=|\boldsymbol{G}|. \tag{2.14}$$

由此可见，向量$\boldsymbol{G}$的方向是使方向导数达到最大值的方向，向量$\boldsymbol{G}$的模是方向导数的最大值，我们把$\boldsymbol{G}$叫做$u(M)$在给定点M处的梯度，一般地，有如下定义.

定义 2.3 数量场$u=u(M),M\in D$，若在M处存在向量$\boldsymbol{G}$，其方向为u在点M处的方向导数达到最大值的方向，其模$|\boldsymbol{G}|$是这个方向导数的最大值，则称$\boldsymbol{G}$为数量场$u(M)$在M点的**梯度**，记作$\mathrm{grad}u(M)$或$\mathrm{grad}u|_M$.

若$u=u(M)$在D内每一点的梯度都存在，则由数量场u产生了一个向量场$\mathrm{grad}u$，这个场称为u的**梯度场**. 梯度场是由u的分布确定的，和坐标系的选择无关，由(2.12)式，它在直角坐标系中的表示式为

$$\mathrm{grad}u=\frac{\partial u}{\partial x}\boldsymbol{i}+\frac{\partial u}{\partial y}\boldsymbol{j}+\frac{\partial u}{\partial z}\boldsymbol{k}. \tag{2.15}$$

设数量场$u=u(M)$过场中任何一点M^0的等值面为

$$u(x,y,z)=u(M^0)=C,$$

则由多元函数微分学的知识，知 $\operatorname{grad}u(M^0)$ 是这个等值面在 M^0 处的法线向量，且从数值较低的等值面指向数值较高的等值面.

综上所述，在场中任意点 M 处，梯度的方向就是 u 的值增长最快的方向，且沿这一方向的变化率就是梯度的模，而 u 在 M 处沿任意方向 $\boldsymbol{l}$ 的变化率 $\dfrac{\partial u(M)}{\partial \boldsymbol{l}}$ 就是 $\operatorname{grad}u(M)$ 在 $\boldsymbol{l}$ 上的投影(图 2.4).

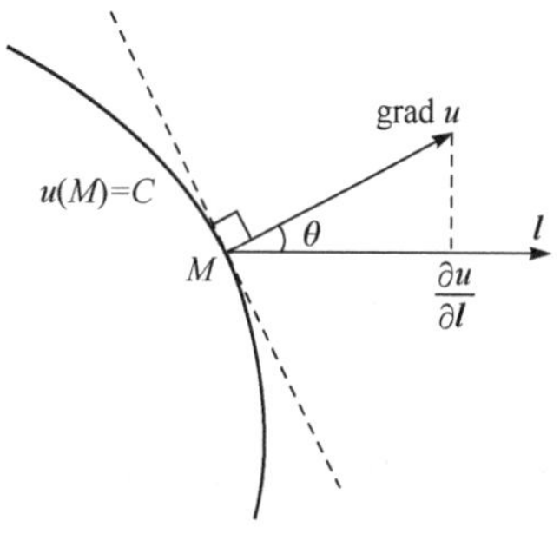

图 2.4

例 2.5　设 $u=xy^2z$，求 u 在点 $M(2,1,-1)$ 处的梯度及 u 沿方向 $\boldsymbol{l}=\boldsymbol{i}-\boldsymbol{k}$ 的方向导数. 问 u 在 $M(2,1,-1)$ 处沿哪个方向的方向导数最大，方向导数的最大值是多少？

解　由 $\dfrac{\partial u(M)}{\partial x}=-1$，$\dfrac{\partial u(M)}{\partial y}=-4$，$\dfrac{\partial u(M)}{\partial z}=2$，得

$$\operatorname{grad}u(M)=[-1,-4,2]^{\mathrm{T}}.$$

又由 $\boldsymbol{l}=\boldsymbol{i}-\boldsymbol{k}$ 知，$\boldsymbol{l}$ 的方向余弦为

$$\cos\alpha=\frac{1}{\sqrt{2}},\quad \cos\beta=0,\quad \cos\gamma=-\frac{1}{\sqrt{2}},$$

故

$$\boldsymbol{l}^0=\left[\frac{1}{\sqrt{2}},0,-\frac{1}{\sqrt{2}}\right]^{\mathrm{T}},$$

从而

$$\frac{\partial u(M)}{\partial \boldsymbol{l}}=\operatorname{grad}u(M)\cdot\boldsymbol{l}^0=(-1)\cdot\frac{1}{\sqrt{2}}+(-4)\cdot 0+2\cdot\left(-\frac{1}{\sqrt{2}}\right)=-\frac{3}{\sqrt{2}}.$$

u 在点 $M(2,1,-1)$ 处沿 $\operatorname{grad}u(M)=[-1,-4,2]^{\mathrm{T}}$ 的方向导数最大，方向导数的最大值是

$$|\operatorname{grad}u(M)|=\sqrt{(-1)^2+(-4)^2+2^2}=\sqrt{21}.$$

例 2.6　求曲面 $2xz^2-3xy-4x=7$ 在其上点 $M(1,-1,2)$ 处的切平面方程.

解　设有数量场 $u=2xz^2-3xy-4x$，曲面 $2xz^2-3xy-4x=7$ 是该数量场过 M 的一个等值面，在此等值面上，数量场的取值为 7，在 M 处的梯度向量就是曲面在 M 处的法线向量，有

$$\text{grad}u(M)=[(2z^2-3y-4)\boldsymbol{i}-3x\boldsymbol{j}+4xz\boldsymbol{k}]\big|_M=7\boldsymbol{i}-3\boldsymbol{j}+8\boldsymbol{k},$$

所求切平面的方程为

$$7(x-1)-3(y+1)+8(z-2)=0,$$

即 $7x-3y+8z=26$.

练习 2.7　求数量场 $u=x^2+y^2+3z^2+xy+3x-2y-6z$ 在点 $O(0,0,0)$ 和点 $M(1,1,1)$ 处的梯度.

练习 2.8　求平面数量场 $u=x^2-xy+y^2$ 在点 $M(-1,1)$ 处的梯度，并由此计算数量场 u 沿方向 $\boldsymbol{l}=\dfrac{1}{\sqrt{5}}(2\boldsymbol{i}+\boldsymbol{j})$ 的方向导数.

2.2.3　哈密顿算子

哈密顿引进了一个兼具有向量和微分双重性质的向量型微分符号

$$\nabla=\boldsymbol{i}\frac{\partial}{\partial x}+\boldsymbol{j}\frac{\partial}{\partial y}+\boldsymbol{k}\frac{\partial}{\partial z}=\left[\frac{\partial}{\partial x},\frac{\partial}{\partial y},\frac{\partial}{\partial z}\right]^{\mathrm{T}}, \tag{2.16}$$

称为**哈密顿算子**或 **∇ 算子**，记号 ∇ 读作“那勃勒(nabla)”或“代尔(del)”，它作用到数量函数 $u=u(x,y,z)$ 上，便有

$$\nabla u=\boldsymbol{i}\frac{\partial u}{\partial x}+\boldsymbol{j}\frac{\partial u}{\partial y}+\boldsymbol{k}\frac{\partial u}{\partial z}, \tag{2.17}$$

从而利用哈密顿算子，梯度向量可表示为

$$\text{grad}u(M)=\nabla u. \tag{2.18}$$

注意，∇ 被当作向量使用，但与一般向量的意义有所不同. 例如，它没有一般意义下向量的模的概念，和其他向量也无夹角. 另外 ∇u 与 $u\nabla$ 是不同的，有

$$u\nabla=\boldsymbol{i}u\frac{\partial}{\partial x}+\boldsymbol{j}u\frac{\partial}{\partial y}+\boldsymbol{k}u\frac{\partial}{\partial z}. \tag{2.19}$$

我们在下一章会看到，∇ 作用到向量函数 $\boldsymbol{F}=\boldsymbol{F}(x,y,z)$ 上，有 $\nabla\cdot\boldsymbol{F}$ 和 $\nabla\times\boldsymbol{F}$（$\nabla$ 相关的一些性质总结在书末的附录中）.

利用哈密顿算子可以简洁地表示出梯度的基本运算法则.

定理 2.2 设 u,v 是数量函数，C 是常数，$\nabla u,\nabla v$ 均存在，f 是一元或二元可微数量函数，则有

（1）$\nabla C=\mathbf{0}$； (2.20)

（2）$\nabla(Cu)=C\nabla u$； (2.21)

（3）$\nabla(u+v)=\nabla u+\nabla v$； (2.22)

（4）$\nabla(uv)=v\nabla u+u\nabla v$； (2.23)

（5）$\nabla\left(\dfrac{u}{v}\right)=\dfrac{v\nabla u-u\nabla v}{v^2}$； (2.24)

（6）$\nabla f(u)=f'(u)\nabla u$； (2.25)

（7）$\nabla f(u,v)=\dfrac{\partial f}{\partial u}\nabla u+\dfrac{\partial f}{\partial v}\nabla v$. (2.26)

以上各式均可以根据梯度的定义和求导法则直接给出证明，证明留给读者完成.

例 2.7 设 r 是点 $M(x,y,z)$ 的向径向量 $\boldsymbol{r}=x\boldsymbol{i}+y\boldsymbol{j}+z\boldsymbol{k}$ 的模，求 $\nabla r,\nabla\left(\dfrac{1}{r}\right)$.

解 $r=\sqrt{x^2+y^2+z^2}$，可求得

$$\frac{\partial r}{\partial x}=\frac{x}{\sqrt{x^2+y^2+z^2}},\quad \frac{\partial r}{\partial y}=\frac{y}{\sqrt{x^2+y^2+z^2}},\quad \frac{\partial r}{\partial z}=\frac{z}{\sqrt{x^2+y^2+z^2}},$$

故

$$\nabla r=\boldsymbol{i}\frac{\partial r}{\partial x}+\boldsymbol{j}\frac{\partial r}{\partial y}+\boldsymbol{k}\frac{\partial r}{\partial z}=\frac{1}{\sqrt{x^2+y^2+z^2}}(x\boldsymbol{i}+y\boldsymbol{j}+z\boldsymbol{k})=\frac{\boldsymbol{r}}{r}.$$

又根据(2.25)式，有 $\nabla\left(\dfrac{1}{r}\right)=\left(\dfrac{1}{r}\right)'\nabla r=-\dfrac{1}{r^2}\dfrac{\boldsymbol{r}}{r}=-\dfrac{\boldsymbol{r}}{r^3}$.

在本例中，向径向量 $\boldsymbol{r}$ 的模 r 的梯度沿 $\boldsymbol{r}$ 的方向. 从几何上看，数量

场$r=\sqrt{x^2+y^2+z^2}$的等值面为球面族

$$x^2+y^2+z^2=C^2,$$

其外侧法线向量与$\boldsymbol{r}$同向，故r沿$\boldsymbol{r}$的方向增长最快，又由$|\nabla r|=\left|\frac{\boldsymbol{r}}{r}\right|=1$知，其增长率为1.

另外，在求$\nabla\left(\frac{1}{r}\right)$时，还可以先求出$\frac{1}{r}$的各个偏导数$\frac{\partial}{\partial x}\left(\frac{1}{r}\right)$，$\frac{\partial}{\partial y}\left(\frac{1}{r}\right)$，$\frac{\partial}{\partial y}\left(\frac{1}{r}\right)$，然后由梯度的定义写出$\nabla\left(\frac{1}{r}\right)$，显然本例中在已知$\nabla r$的情况下，应用(2.25)式得到$\nabla\left(\frac{1}{r}\right)$，更加简练和方便.

下面利用例2.7的结果给出梯度在物理学中两个应用的例子.

例 2.8　设质量为m的质点位于坐标原点O，质量为1的质点位于$M(x,y,z)$,记

$$r=\left|\overrightarrow{OM}\right|=\sqrt{x^2+y^2+z^2},$$

计算$u=\frac{m}{r}$的梯度.

解　由例2.7的结果，有

$$\nabla u=-\frac{m}{r^3}\boldsymbol{r}=-\frac{m}{r^2}\boldsymbol{r}^0,$$

这里$\boldsymbol{r}^0$是$\boldsymbol{r}$方向的单位向量，上式右端在数量上的值恰为两质点间的引力大小,方向指向坐标原点.它表明引力场是数量场$u=\frac{m}{r}$的梯度场，因此$u=\frac{m}{r}$常称为**引力势**.

例 2.9　设点电荷q位于坐标原点处，形成一个电位场，在点$M(x,y,z)$处的电位函数为

$$u=\frac{q}{4\pi\varepsilon}\frac{1}{r},$$

这里$r=|\boldsymbol{r}|=\sqrt{x^2+y^2+z^2}$，$\varepsilon$是电介质的介电常数，电位函数的梯度

向量

$$\nabla u=\frac{q}{4\pi\varepsilon}\nabla\left(\frac{1}{r}\right)=\frac{q}{4\pi\varepsilon}\left(-\frac{\boldsymbol{r}}{r^3}\right)=-\frac{q}{4\pi\varepsilon r^3}\boldsymbol{r},$$

记

$$\boldsymbol{E}=-\nabla u=\frac{q}{4\pi\varepsilon r^3}\boldsymbol{r},$$

$\boldsymbol{E}$ 称为点电荷 q 的**电场强度**，表示单位试验电荷在电场中所受的力.

电位场 $u=\frac{q}{4\pi\varepsilon}\frac{1}{r}$ 的等值面（称为等位面）是以点电荷 q 为心的球面，∇u 与 $\boldsymbol{E}$ 都和等位面垂直. 但 ∇u 与 $\boldsymbol{r}$ 的方向相反，指向球心，即指向电位 u 增加的方向；而电场强度 $\boldsymbol{E}$ 的方向与 $\boldsymbol{r}$ 的方向相同，即指向电位 u 减少的方向.

练习 2.9　计算下列函数的梯度.

(1) $u=x^2z+y^2\sin xz$；

(2) $u=x^3+y^3\tan z$，在点 $M\left(1,2,\frac{\pi}{4}\right)$ 处；

(3) $u=x^2+2y^2+3z^2+3xy+4yz+6x-2y-5z$，在点 $M(1,1,1)$ 处.

练习 2.10　设 r 是点 $M(x,y,z)$ 的向径向量 $\boldsymbol{r}=x\boldsymbol{i}+y\boldsymbol{j}+z\boldsymbol{k}$ 的模，求

(1) $\nabla\left(\frac{z}{r}\right)$；(2) $\nabla\ln r$；(3) $\nabla[(ax+by+cz)r]$.

练习 2.11　求数量场 $u=x^3+y^3+z^3-3xyz$ 的梯度，问在空间中哪些点处有

(1) 梯度向量 ∇u 垂直于 Oz 轴；

(2) 梯度向量 ∇u 平行于 Oz 轴；

(3) 梯度向量 ∇u 等于零.

习 题 2

2.1　求下列数量场的等值面.

(1) $u=\dfrac{1}{ax+by+cz+d}$；

(2) $u=\ln(x^2+y^2+z^2)$，过点 $M(1,2,1)$.

2.2　求数量场

$$u=\sqrt{x^2+y^2+(z+8)^2}+\sqrt{x^2+y^2+(z-8)^2}$$

的等值面，并写出过点 $M(9,12,28)$ 的等值面的方程.

2.3　求数量场 $u=xyz$ 在曲面 $2z=xy$ 上点 $M(2,3,3)$ 处沿曲面下侧法线方向的方向导数.

2.4　设 $u=x^2yz^3$，求 u 在点 $M(2,1,-1)$ 处的梯度. 问 u 在 M 处沿哪个方向的方向导数最大，方向导数的最大值是多少？

2.5　设 $-\boldsymbol{l}$ 表示 $\boldsymbol{l}$ 的反向（方向相反）向量，证明：数量场 $u=u(M)$ 对任一点 M 有

$$\frac{\partial u(M)}{\partial(-\boldsymbol{l})}=-\frac{\partial u(M)}{\partial \boldsymbol{l}}.$$

2.6　若函数 $u=f(x,y)$ 在 $M(1,2)$ 处沿 $\boldsymbol{l}_1=[1,0]^{\mathrm{T}}$ 的方向导数为 2，沿 $\boldsymbol{l}_2=[1,1]^{\mathrm{T}}$ 的方向导数为 $\dfrac{1}{\sqrt{2}}$，求

(1) $u=f(x,y)$ 在 $M(1,2)$ 处沿 $\boldsymbol{l}=[3,4]^{\mathrm{T}}$ 的方向导数；

(2) $\nabla u(M)$.

2.7　若函数 $u=f(x,y)$ 在 M 点处可微，且在 M 点处沿 $\boldsymbol{l}_1=\left[\dfrac{1}{\sqrt{2}},\dfrac{1}{\sqrt{2}}\right]^{\mathrm{T}}$ 的方向导数为 1，沿 $\boldsymbol{l}_2=\left[-\dfrac{1}{\sqrt{2}},\dfrac{1}{\sqrt{2}}\right]^{\mathrm{T}}$ 的方向导数为 0，试确定方向 $\boldsymbol{l}$ 使 $u=f(x,y)$ 在 M 点处沿 $\boldsymbol{l}$ 的方向导数为 $\dfrac{7}{5\sqrt{2}}$.

2.8　设 $u=f(x,y)=\dfrac{x^2}{a^2}+\dfrac{y^2}{b^2}, a>b>0$，在上半平面 $\{(x,y)|-\infty<x<+\infty, y\geqslant 0\}$ 上，指出函数值增加最快的方向.

2.9　画出平面向量场 $u=\dfrac{1}{2}(x^2-y^2)$ 当 $u=0,\dfrac{1}{2},1,\dfrac{3}{2}$ 的等值线，并求

u 在 $M(2,\sqrt{2})$ 与 $M(3,\sqrt{7})$ 处的梯度向量，看其是否符合下面的事实：

(1) 梯度向量的模在等值线较密处较大，在等值线较稀处较小；

(2) 梯度向量垂直于过该点的等值线，并指向 u 值增大的方向.

2.10 设 $f(u,v)$ 可微，$\nabla u,\nabla v$ 均存在，证明

$$\nabla f(u,v)=\frac{\partial f}{\partial u}\nabla u+\frac{\partial f}{\partial v}\nabla v,$$

并用这个公式证明

(1) $\nabla(u+v)=\nabla u+\nabla v$；

(2) $\nabla(uv)=v\nabla u+u\nabla v$；

(3) $\nabla\left(\dfrac{u}{v}\right)=\dfrac{v\nabla u-u\nabla v}{v^2}$.

2.11 设 $\boldsymbol{a}$ 是常向量，$\boldsymbol{r}=x\boldsymbol{i}+y\boldsymbol{j}+z\boldsymbol{k}$，证明

$$\nabla(\boldsymbol{a}\cdot\boldsymbol{r})=\boldsymbol{a}.$$

2.12 证明 ∇u 为常向量的充要条件为

$$u(x,y,z)=ax+by+cz+d\quad(a,b,c,d\text{ 是常数}),$$

即 u 是线性函数.

2.13 设函数 $u=u(x,y,z)$ 在点 M^0 处可微，且 M^0 为 u 的极大值点，即有 $u(M)\leqslant u(M^0)$，证明在点 M^0 处有 $\nabla u=0$.

2.14 设 u 是数量场，证明 $\nabla u\equiv 0$ 的充要条件是 $u\equiv$ 常数.

第 3 章　向　量　场

当一个物理量具有大小和方向两个要素时，该物理量要用一个向量表示，物理量在空间的分布便形成了一个向量场. 如流体运动中流体的流速场、力的分析中的力场、电场中的电场强度、磁场中的磁感应强度等，都是向量场的例子.

向量场场量是 $\boldsymbol{F}=\boldsymbol{F}(M)=P(x,y,z)\boldsymbol{i}+Q(x,y,z)\boldsymbol{j}+R(x,y,z)\boldsymbol{k}$, 特别地，$\boldsymbol{F}=P(x,y)\boldsymbol{i}+Q(x,y)\boldsymbol{j}$ 所确定的向量场称为**平面向量场**.

3.1　向量场的向量线

定义 3.1　设 $\boldsymbol{F}(M)$，$M\in D$ 是一个向量场，l 是 D 中的一条曲线，若曲线 l 上每一点的切线向量与该点处场量 $\boldsymbol{F}(M)$ 的方向相同，则曲线 l 称为 $\boldsymbol{F}(M)$ 的**向量线**.

设向量场

$$\boldsymbol{F}(M)=P(x,y,z)\boldsymbol{i}+Q(x,y,z)\boldsymbol{j}+R(x,y,z)\boldsymbol{k},$$

曲线

$$l: x=x(t), y=y(t), z=z(t)$$

是 $\boldsymbol{F}(M)$ 的向量线，而 $[x'(t),y'(t),z'(t)]^{\mathrm{T}}$ 是曲线 l 的切线向量，由向量线的定义知

$$\frac{x'(t)}{P(x,y,z)}=\frac{y'(t)}{Q(x,y,z)}=\frac{z'(t)}{R(x,y,z)},$$

即有

$$\frac{\mathrm{d}x}{P(x,y,z)}=\frac{\mathrm{d}y}{Q(x,y,z)}=\frac{\mathrm{d}z}{R(x,y,z)}. \tag{3.1}$$

式(3.1)是向量线 l 满足的微分方程，解这个微分方程，便得到向量线族.

在 $\boldsymbol{F}(M)$ 不为零的假设下，由微分方程组解的存在定理知，当函数

P,Q,R 单值连续且有一阶连续偏导数时，过场中每一点有且仅有一条向量线通过，因此向量线充满场存在的空间，且彼此互不相交.

在区域 D 中画出向量场 $\boldsymbol{F}(M)$ 的向量线，如果再以向量线的疏密表示向量场 $\boldsymbol{F}(M)$ 的大小，则向量线便可以直观地表示出向量场 $\boldsymbol{F}(M)$ 在区域 D 内的分布状况.

例 3.1 设向量场

$$\boldsymbol{v} = x\boldsymbol{i} - y\boldsymbol{j}(0 < x < +\infty, 0 < y < +\infty),$$

求该向量场的向量线.

解 向量线满足的微分方程为

$$\frac{\mathrm{d}x}{x} = \frac{\mathrm{d}y}{-y},$$

解此方程，得向量线方程为

$$xy = C,$$

C 为常数，此向量线为一双曲线族(图 3.1).

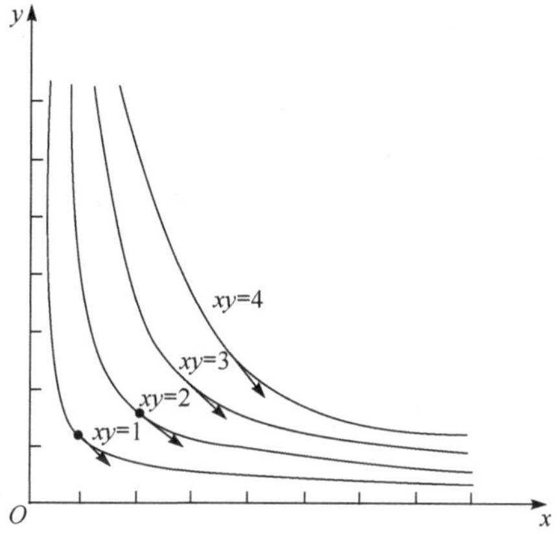

图 3.1

例 3.2 设置在坐标原点的点电荷 q 在空间形成一个电场，电场强度

$$\boldsymbol{E} = \frac{q}{4\pi\varepsilon r^3}\boldsymbol{r},$$

其中 $\boldsymbol{r} = x\boldsymbol{i} + y\boldsymbol{j} + z\boldsymbol{k}$ ，$r = |\boldsymbol{r}| = \sqrt{x^2 + y^2 + z^2}$ ，ε 是介电常数，求该向量场的向量线.

解 由 $\dfrac{\mathrm{d}x}{P(x,y,z)} = \dfrac{\mathrm{d}y}{Q(x,y,z)} = \dfrac{\mathrm{d}z}{R(x,y,z)}$ 化简得向量线满足的微分方程为

$$\frac{\mathrm{d}x}{x} = \frac{\mathrm{d}y}{y} = \frac{\mathrm{d}z}{z},$$

由 $\dfrac{\mathrm{d}x}{x} = \dfrac{\mathrm{d}y}{y}$ 解得

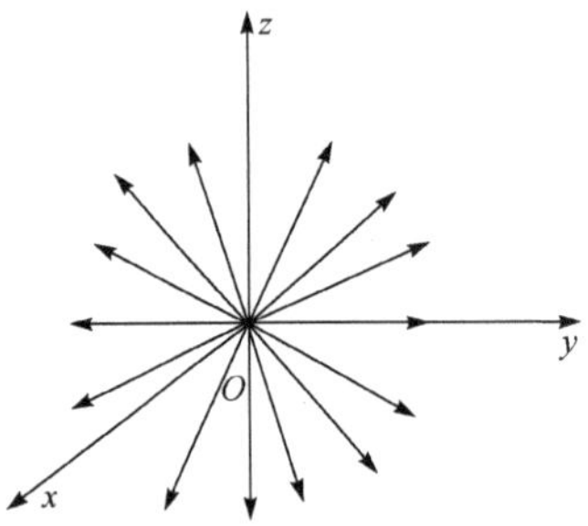

图 3.2

$$y=C_1x,\quad C_1\text{ 为常数}.$$

由 $\dfrac{\mathrm{d}x}{x}=\dfrac{\mathrm{d}z}{z}$ 解得

$$z=C_2x,\quad C_2\text{ 为常数},$$

故电场强度 $\boldsymbol{E}$ 的向量线方程为

$$\begin{cases}y=C_1x,\\ z=C_2x.\end{cases}$$

这是一族从原点出发的半射线(图 3.2),电场强度 $\boldsymbol{E}$ 的向量线又称为电力线.

例 3.3 设向量场 $\boldsymbol{F}(M)=\boldsymbol{i}+\boldsymbol{j}+(x+2y)\boldsymbol{k}$, 求 $\boldsymbol{F}(M)$ 通过点 $M(2,1,1)$ 的向量线方程.

解 向量线满足的微分方程为

$$\frac{\mathrm{d}x}{1}=\frac{\mathrm{d}y}{1}=\frac{\mathrm{d}z}{x+2y},$$

由 $\mathrm{d}x=\mathrm{d}y$,解得

$$x=y+C_1.$$

又

$$\frac{2x\mathrm{d}x}{2x}=\frac{4y\mathrm{d}y}{4y}=\frac{\mathrm{d}z}{x+2y},$$

$$\frac{\mathrm{d}(x^2+2y^2)}{2(x+2y)}=\frac{\mathrm{d}z}{x+2y},$$

解得

$$x^2+2y^2=2z+C_2,$$

故向量线的方程为

$$\begin{cases}x-y=C_1,\\ x^2+2y^2-2z=C_2.\end{cases}$$

以点 $M(2,1,1)$ 代入,确定出 $C_1=1,C_2=4$,于是所求向量线的方程为

$$\begin{cases} x-y=1, \\ x^2+2y^2-2z=4. \end{cases}$$

对于场中任意一条曲线 C（非向量线），在其上的每一点处，都有且仅有一条向量线通过，这些向量线的全体构成一张通过曲线 C 的曲面，称为**向量面**. 显然，向量面上的任意点 M 处的场量 $\boldsymbol{F}(M)$，位于向量面在 M 点的切平面上，且垂直于向量面在 M 点的法向量 $\boldsymbol{n}$（图 3.3）. 特别地，当曲线 C 是一条闭合曲线时，所得到的向量面是一个管状曲面，称为**向量管**（图 3.4）.

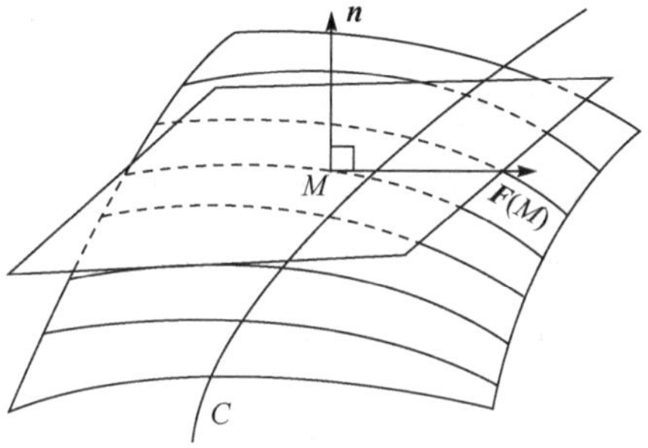

图 3.3

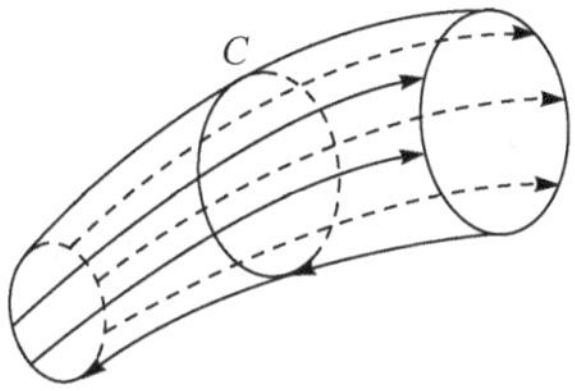

图 3.4

练习 3.1 画出例 3.1 中向量场 $\boldsymbol{v}(M)$ 在点 (x,y) 的场量 $\boldsymbol{v}$，这里 $x=0,1,2,3$；$y=0,1,2,3$，由这些点的场量 $\boldsymbol{v}$ 描出向量线.

练习 3.2 设力场中的力函数为

$$\boldsymbol{F}(M)=-y\boldsymbol{i}+x\boldsymbol{j}+h\boldsymbol{k}, \quad h\text{ 为常数}.$$

求 $\boldsymbol{F}(M)$ 的向量线，画出其图形.

练习 3.3 求出向量场

$$\boldsymbol{F}(M)=xy^2\boldsymbol{i}+x^2y\boldsymbol{j}+zy^2\boldsymbol{k}$$

的向量线.

3.2 向量场的扩散特性

本节分析向量场的扩散特性，比如热量的散逸、流体的流动与溢渗等，其中向量场的通量和散度是两个重要的概念，二者分别从整体性质和局部性质上描述了向量场的扩散特性.

3.2.1　通量

为了直观地理解通量的概念，我们先看一个例子. 设有不可压缩流体流动形成的流速场 $\boldsymbol{v}=\boldsymbol{v}(M)$， S 是场中一个有向曲面，我们求在单位时间内流体穿过曲面 S 指定一侧的流量.

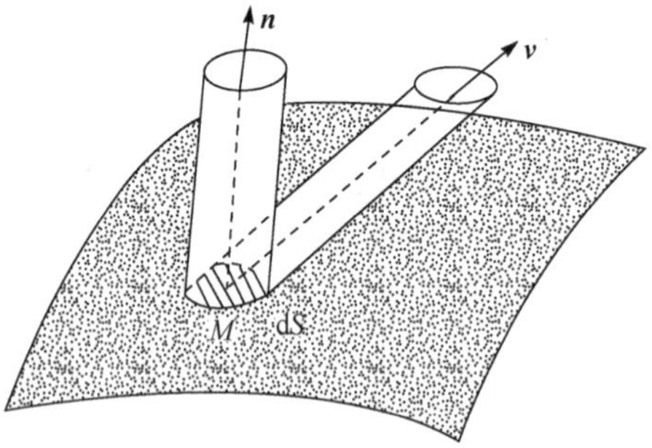

图 3.5

如图 3.5 所示，在曲面 S 上取一面积元素 $\mathrm{d}S$，它的面积仍记为 $\mathrm{d}S$，在 $\mathrm{d}S$ 内任取一点 M，设 $\boldsymbol{n}$ 是曲面 S 在 M 点处的单位法线向量，θ 是 $\boldsymbol{v}(M)$ 与 $\boldsymbol{n}$ 的夹角，则在 M 点处 $\boldsymbol{v}(M)$ 在 $\boldsymbol{n}$ 方向上的投影为

$$\boldsymbol{v}_{\boldsymbol{n}}=|\boldsymbol{v}(M)|\cos\theta=|\boldsymbol{v}(M)||\boldsymbol{n}|\cos\theta=\boldsymbol{v}(M)\cdot\boldsymbol{n},$$

流体在单位时间内沿法线 $\boldsymbol{n}$ 的方向穿过 $\mathrm{d}S$ 的流量(体积)近似为

$$\mathrm{d}Q=\boldsymbol{v}_{\boldsymbol{n}}\mathrm{d}S=\boldsymbol{v}(M)\cdot\boldsymbol{n}\mathrm{d}S, \tag{3.2}$$

若令 $\mathrm{d}\boldsymbol{S}=\boldsymbol{n}\mathrm{d}S$，则

$$\mathrm{d}Q=\boldsymbol{v}(M)\cdot\mathrm{d}\boldsymbol{S}, \tag{3.3}$$

这里 $\mathrm{d}\boldsymbol{S}$ 为点 M 处这样的向量，其方向与 $\boldsymbol{n}$ 一致，其模等于面积 $\mathrm{d}S$. 于是流体在单位时间内穿过曲面 S 指定一侧的流量(体积)就可用曲面积分表示为

$$Q=\iint_S \mathrm{d}Q=\iint_S \boldsymbol{v}(M)\cdot\boldsymbol{n}\mathrm{d}S=\iint_S \boldsymbol{v}(M)\cdot\mathrm{d}\boldsymbol{S}. \tag{3.4}$$

实际问题中，这种形式的曲面积分在其他向量场中也常出现. 为了便于研究，数学上将这种形式的曲面积分概括为通量的概念. 一般地，我们给出如下定义.

定义 3.2　设 $\boldsymbol{F}(M)$ 是一个给定的向量场，S 是场中一光滑的有向曲面，则 $\boldsymbol{F}(M)$ 沿曲面 S 指定一侧的曲面积分

$$\Phi=\iint_S \boldsymbol{F}\cdot\mathrm{d}\boldsymbol{S} \tag{3.5}$$

称为向量场 $\boldsymbol{F}(M)$ 穿过曲面 S 指定一侧的**通量**.

在物理上不同的场，通量有不同的意义. 如前所述，对流体的流速场 $\boldsymbol{v}(M)$，通量 $\iint\limits_S \boldsymbol{v}(M)\cdot \mathrm{d}\boldsymbol{S}$ 是流体在单位时间内穿过曲面 S 的流量；若 $\boldsymbol{D}$ 是电场的电位移向量，则通量 $\iint\limits_S \boldsymbol{D}\cdot \mathrm{d}\boldsymbol{S}$ 是穿过曲面 S 的电通量；若 $\boldsymbol{B}$ 是磁场的磁感应强度向量，则通量 $\iint\limits_S \boldsymbol{B}\cdot \mathrm{d}\boldsymbol{S}$ 是穿过曲面 S 的磁通量. 通量的概念是对流量、电通量、磁通量等一类物理概念的统一概括和抽象.

在直角坐标系中，设

$$\boldsymbol{F}(M)=P(x,y,z)\boldsymbol{i}+Q(x,y,z)\boldsymbol{j}+R(x,y,z)\boldsymbol{k},$$

又

$$\mathrm{d}\boldsymbol{S}=\boldsymbol{n}\mathrm{d}S=\mathrm{d}S\cos\alpha\boldsymbol{i}+\mathrm{d}S\cos\beta\boldsymbol{j}+\mathrm{d}S\cos\gamma\boldsymbol{k}=\mathrm{d}y\mathrm{d}z\boldsymbol{i}+\mathrm{d}z\mathrm{d}x\boldsymbol{j}+\mathrm{d}x\mathrm{d}y\boldsymbol{k},$$

其中 $\cos\alpha,\cos\beta,\cos\gamma$ 为曲面 S 的法线向量的方向余弦，$\boldsymbol{n}=\cos\alpha\boldsymbol{i}+\cos\beta\boldsymbol{j}+\cos\gamma\boldsymbol{k}$，所以通量可以写为

$$\Phi=\iint\limits_S \boldsymbol{F}(M)\cdot \mathrm{d}\boldsymbol{S}=\iint\limits_S P\mathrm{d}y\mathrm{d}z+Q\mathrm{d}z\mathrm{d}x+R\mathrm{d}x\mathrm{d}y. \qquad (3.6)$$

例 3.4　求向量场 $\boldsymbol{F}(M)=[0,0,z]^{\mathrm{T}}$ 穿过锥面 $z=\sqrt{x^2+y^2}$ 介于 $z=1$ 和 $z=2$ 之间部分的通量，方向取上侧.

解　$\Phi=\iint\limits_S \boldsymbol{F}(M)\cdot \mathrm{d}\boldsymbol{S}=\iint\limits_S P\mathrm{d}y\mathrm{d}z+Q\mathrm{d}z\mathrm{d}x+R\mathrm{d}x\mathrm{d}y=\iint\limits_S z\mathrm{d}x\mathrm{d}y$，曲面 S 在 xOy 面上的投影区域为

$$\sigma_{xy}=\left\{(x,y)\middle|1\leqslant x^2+y^2\leqslant 4\right\},$$

故

$$\Phi=\iint\limits_S z\mathrm{d}x\mathrm{d}y=\iint\limits_{\sigma_{xy}}\sqrt{x^2+y^2}\mathrm{d}x\mathrm{d}y=\int_0^{2\pi}\mathrm{d}\theta\int_1^2 r^2\mathrm{d}r=\frac{14}{3}\pi.$$

通量从总体上描述了向量场的扩散特性，我们仍以流速场为例，在曲面 S 上取一小块面积 $\mathrm{d}S$，根据 (3.2) 式流体在单位时间内穿过 $\mathrm{d}S$

的流量为

$$dQ = |\boldsymbol{v}(M)|\cos\theta dS = \boldsymbol{v}(M)\cdot\boldsymbol{n}dS,$$

当$\theta < \frac{\pi}{2}$时，$dQ > 0$，此时穿过dS的流量为正，流体在dS处由负侧流向正侧(流向$\boldsymbol{n}$所指一侧)；当$\theta > \frac{\pi}{2}$时，$dQ < 0$，此时穿过dS的流量为负，流体在dS处由正侧流向负侧(流向$\boldsymbol{n}$所指相反的一侧)；当$\theta = \frac{\pi}{2}$时，$dQ = 0$，此时流体不穿过dS. 于是总流量

$$Q = \iint_S dQ = \iint_S \boldsymbol{v}(M)\cdot\boldsymbol{n}dS = \iint_S \boldsymbol{v}(M)\cdot d\boldsymbol{S}$$

表示流体在单位时间内由S的负侧流向正侧的流量的代数和. 所以，当$Q > 0$时，表示流体由S的负侧流向正侧的流量多于沿相反方向穿过S的流量；当$Q < 0$时，表示流体由S的负侧流向正侧的流量少于沿相反方向穿过S的流量；当$Q = 0$时，表示流体由S的负侧流向正侧的流量等于沿相反方向穿过S的流量. 特别地，若S是闭合曲面，Q是从内穿出S的正流量和从外穿入S的负流量的代数和，此时当$Q > 0$时，表示流体由S的流出量多于流入量，S内必有产生流体的**泉源**. 当然，也可能还有排泄流体的**漏洞**，但所产生的流体多于排泄的流体. 因此，当$Q > 0$时，无论S内有无漏洞，我们总说S内**有正源**；同理，当$Q < 0$时，我们说S内**有负源**. 有正源和有负源这两种情况合称为S内**有源**；当$Q = 0$时，我们不能断定S内无源，因为此时可能会出现S内既有正源又有负源，二者恰好相互抵消而使得$Q = 0$的情况. 注意Q是流出量和流入量的代数和，表示闭合曲面S内流体流动的整体特征，比如当$Q > 0$时，在S上任取一小块面积ΔS，则通过ΔS的流量未必是正的.

对于一般的向量场$\boldsymbol{F}(M)$，当穿出闭合曲面S的通量$\boldsymbol{\Phi}$不为零时，我们也视其为正或负而说在S内有产生通量$\boldsymbol{\Phi}$的正源或负源. 而其源的实际意义，应视具体的物理场而定.

例 3.5 设$\boldsymbol{r}^0$是点$M(x,y,z)$处向径向量$\boldsymbol{r}$的单位向量，$r = |\boldsymbol{r}|$，则放置在坐标原点的点电荷q产生的电场中，点M处的电位移向量可表

示为

$$D=\varepsilon E=\varepsilon\frac{q}{4\pi\varepsilon r^3}r=\frac{q}{4\pi r^2}\frac{r}{r}=\frac{q}{4\pi r^2}r^0,$$

若 $\boldsymbol{n}$ 是球面 $S:x^2+y^2+z^2=R^2$ 外侧的单位法线向量，则 $\boldsymbol{D}$ 穿出球面 S 的电通量为

$$\varPhi=\iint_S \boldsymbol{D}\cdot \mathrm{d}\boldsymbol{S}=\iint_S \boldsymbol{D}\cdot\boldsymbol{n}\mathrm{d}S=\iint_S\frac{q}{4\pi r^2}\boldsymbol{r}^0\cdot\boldsymbol{n}\mathrm{d}S=\frac{q}{4\pi R^2}\iint_S \boldsymbol{r}^0\cdot\boldsymbol{n}\mathrm{d}S$$

$$=\frac{q}{4\pi R^2}4\pi R^2=q,$$

即电位移向量 $\boldsymbol{D}$ 从球面 S 内穿出的电通量等于点电荷 q .注意在球面 S 上有 $r=R$ ，而且 $\boldsymbol{r}^0$ 与 $\boldsymbol{n}$ 的方向相同且均为单位向量，有 $\boldsymbol{r}^0\cdot\boldsymbol{n}=1$.

练习 3.4　求流速场 $\boldsymbol{v}(M)=(x+y+z)\boldsymbol{k}$ 在单位时间向下内穿过曲面 $S:x^2+y^2=z\quad(0\leqslant z\leqslant h)$ 的流量.

3.2.2　散度

定义 3.3　设 D 是 $\mathbf{R}^3$ 中的一个开区域， $\boldsymbol{F}(M)$ 在 D 中有定义. 设 $M\in D$ ，任取一个包含 M 的分块光滑的闭曲面 $\Delta S\subset D$, ΔS 包含的空间区域和及其体积均记为 ΔV, 若当 ΔV 以任意方式缩向点 M 时，极限

$$\lim_{\Delta V\to M}\frac{\oiint_{\Delta S}\boldsymbol{F}(M)\cdot\mathrm{d}\boldsymbol{S}}{\Delta V}$$

存在且和 ΔS 的选取无关，则称这个极限为向量场 $\boldsymbol{F}(M)$ 在 M 处的**散度**，记为 $\mathrm{div}\boldsymbol{F}(M)$. 即

$$\mathrm{div}\boldsymbol{F}(M)=\lim_{\Delta V\to M}\frac{\oiint_{\Delta S}\boldsymbol{F}(M)\cdot\mathrm{d}\boldsymbol{S}}{\Delta V}.\tag{3.7}$$

散度也称为**通量密度**.

由定义可以看出散度 $\mathrm{div}\boldsymbol{F}(M)$ 是一个数量，表示在场中一点处通量对体积的变化率，也就是在该点处对一个单位体积来说所穿出的通

量，反映了场在该点处**源的强度**. 若 $\mathrm{div}\boldsymbol{F}(M)>0$, 则表示在该点处有散发通量的正源；若 $\mathrm{div}\boldsymbol{F}(M)<0$, 则表示在该点处有吸收通量的负源；而当 $\mathrm{div}\boldsymbol{F}(M)=0$ ，则表示在该点处无源.

考虑所有的 $M\in D$ ， $\mathrm{div}\boldsymbol{F}(M)$ 便成为定义在 D 内的一个数量场，这是由向量场 $\boldsymbol{F}(M)$ 所产生的数量场，称为向量场 $\boldsymbol{F}(M)$ 的**散度场**.若对 $\forall M\in D$, 有 $\mathrm{div}\boldsymbol{F}(M)=0$, 则 $\boldsymbol{F}(M)$ 称为**无源场**.

散度表示了向量场的局部扩散特性，它的定义不涉及坐标系的选取，因此，散度定义与坐标系的选取无关，在不同的坐标系下，它的计算公式有不同的表达式.

由定义 3.3 可以看出,虽然散度是通量对体积的变化率，但它并不是通常意义下的导数，这是因为通量 $\Delta\varPhi$ 并不是体积 ΔV 的函数，对同一个体积 ΔV ， ΔS 的选取可以不同，从而通量 $\Delta\varPhi$ 也不相同.

应用高数中的高斯公式可得到散度在直角坐标系下的表示式.

定理 3.1 设 $D\subset\mathbf{R}^3$ 是一个开区域，向量场

$$\boldsymbol{F}(M)=P(x,y,z)\boldsymbol{i}+Q(x,y,z)\boldsymbol{j}+R(x,y,z)\boldsymbol{k}$$

在 D 上定义，且 P,Q,R 在 D 上有对各个变量的一阶连续偏导数，则对任意 $M\in D$, $\mathrm{div}\boldsymbol{F}(M)$ 存在，且

$$\mathrm{div}\boldsymbol{F}(M)=\frac{\partial P}{\partial x}+\frac{\partial Q}{\partial y}+\frac{\partial R}{\partial z}. \tag{3.8}$$

证 对于 $M\in D$ ，任取包含 M 的闭曲面 ΔS ， ΔS 分块光滑，所包含的内部区域和体积记为 ΔV, 由高斯公式，有

$$\begin{aligned}\Delta\varPhi&=\oiint_{\Delta S}\boldsymbol{F}(M)\cdot\mathrm{d}\boldsymbol{S}=\oiint_{\Delta S}P\mathrm{d}y\mathrm{d}z+Q\mathrm{d}z\mathrm{d}x+R\mathrm{d}x\mathrm{d}y\\&=\iiint_{\Delta V}\left(\frac{\partial P}{\partial x}+\frac{\partial Q}{\partial y}+\frac{\partial R}{\partial z}\right)\mathrm{d}x\mathrm{d}y\mathrm{d}z.\end{aligned}$$

再由积分中值定理有

$$\Delta\varPhi=\left(\frac{\partial P}{\partial x}+\frac{\partial Q}{\partial y}+\frac{\partial R}{\partial z}\right)\Big|_{M^*}\cdot\Delta V,$$

其中 M^* 为 ΔV 中的某一点，于是

$$\operatorname{div}\boldsymbol{F}(M)=\lim_{\Delta V\to M}\frac{\oint\!\!\!\oint_{\Delta S}\boldsymbol{F}(M)\cdot \mathrm{d}\boldsymbol{S}}{\Delta V}=\lim_{\Delta V\to M}\left(\frac{\partial P}{\partial x}+\frac{\partial Q}{\partial y}+\frac{\partial R}{\partial z}\right)\Big|_{M^*},$$

当ΔV缩向一点M时，$M^*\to M$，由$\frac{\partial P}{\partial x},\frac{\partial Q}{\partial y},\frac{\partial R}{\partial z}$的连续性，便得

$$\operatorname{div}\boldsymbol{F}(M)=\frac{\partial P}{\partial x}+\frac{\partial Q}{\partial y}+\frac{\partial R}{\partial z}.$$

利用上一章介绍的哈密顿算子

$$\nabla=\boldsymbol{i}\frac{\partial}{\partial x}+\boldsymbol{j}\frac{\partial}{\partial y}+\boldsymbol{k}\frac{\partial}{\partial z},$$

(3.8)式又可以表示为

$$\operatorname{div}\boldsymbol{F}(M)=\nabla\cdot\boldsymbol{F}(M). \tag{3.9}$$

注意$\nabla\cdot\boldsymbol{F}$与$\boldsymbol{F}\cdot\nabla$是不同的，有

$$\boldsymbol{F}\cdot\nabla=P\frac{\partial}{\partial x}+Q\frac{\partial}{\partial y}+R\frac{\partial}{\partial z}. \tag{3.10}$$

例 3.6 计算向量场

$$\boldsymbol{F}(M)=\left[\frac{x^2}{z},\ -3,\ yz\right]^{\mathrm{T}}$$

在点$M(2,9,-1)$处的散度$\operatorname{div}\boldsymbol{F}(M)$.

解 因为$P=\frac{x^2}{z},Q=-3,R=yz$在除去平面$z=0$的空间区域内有连续偏导数，有

$$\frac{\partial P}{\partial x}=\frac{2x}{z},\quad \frac{\partial Q}{\partial y}=0,\quad \frac{\partial R}{\partial z}=y,$$

而$M(2,9,-1)$不在平面$z=0$上，由定理 3.1，得

$$\operatorname{div}\boldsymbol{F}(M)=\left(\frac{\partial P}{\partial x}+\frac{\partial Q}{\partial y}+\frac{\partial R}{\partial z}\right)\Big|_M=\left(\frac{2x}{z}+y\right)\Big|_M=-4+9=5.$$

例 3.7 设$\boldsymbol{r}=x\boldsymbol{i}+y\boldsymbol{j}+z\boldsymbol{k}$，则$\operatorname{div}\boldsymbol{r}=\nabla\cdot\boldsymbol{r}=\frac{\partial x}{\partial x}+\frac{\partial y}{\partial y}+\frac{\partial z}{\partial z}=1+1+1=3.$

关于向量场的散度，有以下基本运算法则.

定理 3.2 设 $\boldsymbol{F}=\boldsymbol{F}(M)$ 和 $\boldsymbol{G}=\boldsymbol{G}(M)$ 是向量函数，$u=u(M)$ 是数量函数，$\boldsymbol{C}$ 是常向量，C 是常数，则有

(1) $\nabla\cdot\boldsymbol{C}=0$； (3.11)

(2) $\nabla\cdot(C\boldsymbol{F})=C\nabla\cdot\boldsymbol{F}$； (3.12)

(3) $\nabla\cdot(\boldsymbol{F}+\boldsymbol{G})=\nabla\cdot\boldsymbol{F}+\nabla\cdot\boldsymbol{G}$； (3.13)

(4) $\nabla\cdot(u\boldsymbol{F})=\nabla u\cdot\boldsymbol{F}+u\nabla\cdot\boldsymbol{F}$. (3.14)

在此我们仅给出(3.14)式的证明，其余各式的证明留给读者完成.

证 设

$$\boldsymbol{F}(M)=P(x,y,z)\boldsymbol{i}+Q(x,y,z)\boldsymbol{j}+R(x,y,z)\boldsymbol{k},$$

则

$$\begin{aligned}\nabla\cdot(u\boldsymbol{F})&=\frac{\partial(uP)}{\partial x}+\frac{\partial(uQ)}{\partial y}+\frac{\partial(uR)}{\partial z}=u\frac{\partial P}{\partial x}+P\frac{\partial u}{\partial x}+u\frac{\partial Q}{\partial y}\\&\quad+Q\frac{\partial u}{\partial y}+u\frac{\partial R}{\partial z}+R\frac{\partial u}{\partial z}=u\left(\frac{\partial P}{\partial x}+\frac{\partial Q}{\partial y}+\frac{\partial R}{\partial z}\right)\\&\quad+P\frac{\partial u}{\partial x}+Q\frac{\partial u}{\partial y}+R\frac{\partial u}{\partial z}=u\nabla\cdot\boldsymbol{F}+\nabla u\cdot\boldsymbol{F}.\end{aligned}$$

例 3.8 设 $u=\mathrm{e}^{xyz}$，$\boldsymbol{r}=x\boldsymbol{i}+y\boldsymbol{j}+z\boldsymbol{k}$，求 $\nabla\cdot(u\boldsymbol{r})$.

解 由(3.14)式，有 $\nabla\cdot(u\boldsymbol{r})=u\nabla\cdot\boldsymbol{r}+\nabla u\cdot\boldsymbol{r}$，这里 $\nabla\cdot\boldsymbol{r}=3$. $\nabla u=\mathrm{e}^{xyz}(yz\boldsymbol{i}+xz\boldsymbol{j}+xy\boldsymbol{k})$，故

$$\begin{aligned}\nabla\cdot(u\boldsymbol{r})&=3\mathrm{e}^{xyz}+\mathrm{e}^{xyz}(yz\boldsymbol{i}+xz\boldsymbol{j}+xy\boldsymbol{k})\cdot(x\boldsymbol{i}+y\boldsymbol{j}+z\boldsymbol{k})=3\mathrm{e}^{xyz}+\mathrm{e}^{xyz}3xyz\\&=3(1+xyz)\mathrm{e}^{xyz}.\end{aligned}$$

例 3.9 设 $\boldsymbol{r}=x\boldsymbol{i}+y\boldsymbol{j}+z\boldsymbol{k}$，$r=|\boldsymbol{r}|$，$f(r)$ 可微且满足方程

$$\mathrm{div}[f(r)\,\boldsymbol{r}]=0,$$

试求函数 $f(r)$.

解 $\mathrm{div}[f(r)\,\boldsymbol{r}]=0$ 即为 $\nabla\cdot[f(r)\boldsymbol{r}]=0$，由(3.14)式，有

$$\begin{aligned}\nabla\cdot[f(r)\boldsymbol{r}]&=\nabla f(r)\cdot\boldsymbol{r}+f(r)\nabla\cdot\boldsymbol{r}=f'(r)\nabla r\cdot\boldsymbol{r}+3f(r)=f'(r)\frac{\boldsymbol{r}}{r}\cdot\boldsymbol{r}+3f(r)\\&=rf'(r)+3f(r)=0,\end{aligned}$$

得 $f = f(r)$ 满足的微分方程为

$$r\frac{\mathrm{d}f}{\mathrm{d}r}+3f=0,$$

进一步整理为

$$\frac{1}{f}\mathrm{d}f=-\frac{3}{r}\mathrm{d}r,$$

解此微分方程，得

$$f(r)=\frac{C}{r^3},$$

其中 C 是任意常数.

例 3.10　设点电荷 q 放置在坐标原点，则 q 形成的电场的电位移向量为

$$\boldsymbol{D}=\frac{q}{4\pi}\frac{\boldsymbol{r}}{r^3},$$

其中 $\boldsymbol{r}=x\boldsymbol{i}+y\boldsymbol{j}+z\boldsymbol{k}$，$r=|\boldsymbol{r}|$，对任一异于原点的点 $M(x,y,z)$ 处，求 $\boldsymbol{D}$ 的散度 $\mathrm{div}\boldsymbol{D}$.

解　（方法一）$\boldsymbol{D}$ 的三个分量分别为

$$P=\frac{qx}{4\pi r^3},\quad Q=\frac{qy}{4\pi r^3},\quad R=\frac{qz}{4\pi r^3}.$$

于是

$$\frac{\partial P}{\partial x}=\frac{q}{4\pi}\frac{r^2-3x^2}{r^5},\quad \frac{\partial Q}{\partial y}=\frac{q}{4\pi}\frac{r^2-3y^2}{r^5},\quad \frac{\partial R}{\partial z}=\frac{q}{4\pi}\frac{r^2-3z^2}{r^5}.$$

所以

$$\mathrm{div}\boldsymbol{D}=\frac{\partial P}{\partial x}+\frac{\partial Q}{\partial y}+\frac{\partial R}{\partial z}=\frac{q}{4\pi}\frac{3r^2-3(x^2+y^2+z^2)}{r^5}=0.$$

（方法二）由 (3.12) 式，有 $\mathrm{div}\boldsymbol{D}=\nabla\cdot\left(\frac{q}{4\pi}\frac{\boldsymbol{r}}{r^3}\right)=\frac{q}{4\pi}\nabla\cdot(r^{-3}\boldsymbol{r})$，又由 (3.14) 式，有

$$\begin{aligned}\nabla\cdot(r^{-3}\boldsymbol{r})&=\nabla(r^{-3})\cdot\boldsymbol{r}+r^{-3}\nabla\cdot\boldsymbol{r}=-3r^{-4}(\nabla r)\cdot\boldsymbol{r}+3r^{-3}=-3r^{-4}\left(\frac{\boldsymbol{r}}{r}\right)\cdot\boldsymbol{r}+3r^{-3}\\&=-3r^{-5}(\boldsymbol{r}\cdot\boldsymbol{r})+3r^{-3}=-3r^{-5}r^2+3r^{-3}=0,\end{aligned}$$

故 $\text{div}\boldsymbol{D}=0$.

由本例可见，除去点电荷所在坐标原点外，电位移向量 $\boldsymbol{D}$ 的散度处处为零，即为一无源场.

练习 3.5　求下列向量场的散度：

(1) $\boldsymbol{F}(M)=\left[x^3+yz,y^3+xz,z^3+xy\right]^{\mathrm{T}}$;

(2) $\boldsymbol{F}(M)=\left[z+\sin y,x\cos y-z,y+z\cos x\right]^{\mathrm{T}}$;

(3) $\boldsymbol{F}(M)=\left[x^2,y^2,z^2\right]^{\mathrm{T}}$.

练习 3.6　设 $u=x^2+y^2+z^2$，$\boldsymbol{a}=3\boldsymbol{i}+20\boldsymbol{j}-15\boldsymbol{k}$ ，求 $\nabla\cdot(u\boldsymbol{a})$.

练习 3.7　设 $\boldsymbol{r}=x\boldsymbol{i}+y\boldsymbol{j}+z\boldsymbol{k}$，$r=|\boldsymbol{r}|$，$\boldsymbol{C}$ 为常向量，试计算

(1) $\nabla\cdot(r\boldsymbol{C})$; (2) $\nabla\cdot(r^n\boldsymbol{C})$; (3) $\nabla\cdot(\boldsymbol{r}\times\boldsymbol{C})$.

练习 3.8　设 $\boldsymbol{r}=x\boldsymbol{i}+y\boldsymbol{j}+z\boldsymbol{k}$，$r=|\boldsymbol{r}|$，$f(r)$ 关于 r 二阶可导，且满足方程

$$\text{div}[\text{grad}\,f(r)]=0,$$

试求函数 $f(r)$.

3.2.3　高斯定理

定理 3.3（高斯定理）　有向量场 $\boldsymbol{F}(M)=P\boldsymbol{i}+Q\boldsymbol{j}+R\boldsymbol{k}$ ，S 是场中分块光滑的闭合曲面，V 是 S 所包围的区域，P,Q,R 在 S 和 V 上有一阶连续偏导数，则

$$\oiint_S \boldsymbol{F}(M)\cdot\mathrm{d}\boldsymbol{S}=\iiint_V \text{div}\boldsymbol{F}(M)\mathrm{d}V . \tag{3.15}$$

该定理是高斯公式的向量形式，它表明 $\boldsymbol{F}(M)$ 穿出闭合曲面 S 的通量等于其散度 $\text{div}\boldsymbol{F}(M)$ 在 S 所围区域 V 上的三重积分.

推论 1　若在闭合曲面 S 内处处有 $\text{div}\boldsymbol{F}(M)=0$ ，则

$$\oiint_S \boldsymbol{F}(M)\cdot\mathrm{d}\boldsymbol{S}=0 .$$

根据高斯定理，推论 1 显然成立.

推论 2　若向量场 $\boldsymbol{F}(M)$ 在场内某些点（或区域）上有 $\text{div}\boldsymbol{F}(M)\neq 0$ 或 $\text{div}\boldsymbol{F}(M)$ 不存在，而在其他点都有 $\text{div}\boldsymbol{F}(M)=0$ ，则 $\boldsymbol{F}(M)$ 穿出包围

这些点(或区域)的任一闭合曲面的通量都相等.

证明 如图 3.6 所示，设 $\mathrm{div}\boldsymbol{F}(M)\neq 0$ 或 $\mathrm{div}\boldsymbol{F}(M)$ 不存在的点在区域 D_0 内，分如下两种情况：

(1) 在向量场 $\boldsymbol{F}(M)$ 存在的区域 D 内任作两个包围 D_0 但互不相交的闭曲面 S_1 和 S_2，由 S_1 和 S_2^- 构成闭曲面 S，在其所包围的区域 V 中处处有 $\mathrm{div}\boldsymbol{F}(M)=0$，由高斯定理知

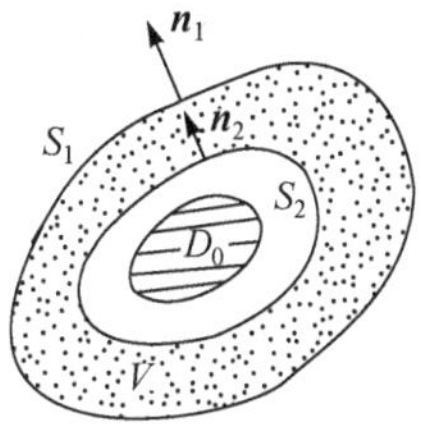

图 3.6

$$\oiint_S \boldsymbol{F}(M)\cdot\mathrm{d}\boldsymbol{S}=\iiint_V \mathrm{div}\boldsymbol{F}(M)\mathrm{d}V=0,$$

即有

$$\oiint_{S_1} \boldsymbol{F}(M)\cdot\mathrm{d}\boldsymbol{S}+\oiint_{S_2^-} \boldsymbol{F}(M)\cdot\mathrm{d}\boldsymbol{S}=0,$$

故

$$\oiint_{S_1} \boldsymbol{F}(M)\cdot\mathrm{d}\boldsymbol{S}=\oiint_{S_2} \boldsymbol{F}(M)\cdot\mathrm{d}\boldsymbol{S}.$$

(2) 若所作的闭曲面 S_1 和 S_2 相交，则在 D 内再作一个同时包围 S_1 和 S_2 的闭曲面 S_3，S_3 与 S_1，S_2 均不相交，根据(1)证明的结果有

$$\oiint_{S_1} \boldsymbol{F}(M)\cdot\mathrm{d}\boldsymbol{S}=\oiint_{S_3} \boldsymbol{F}(M)\cdot\mathrm{d}\boldsymbol{S},\quad \oiint_{S_2} \boldsymbol{F}(M)\cdot\mathrm{d}\boldsymbol{S}=\oiint_{S_3} \boldsymbol{F}(M)\cdot\mathrm{d}\boldsymbol{S},$$

于是仍有

$$\oiint_{S_1} \boldsymbol{F}(M)\cdot\mathrm{d}\boldsymbol{S}=\oiint_{S_2} \boldsymbol{F}(M)\cdot\mathrm{d}\boldsymbol{S}.$$

例 3.11 求向量场 $\boldsymbol{r}=[x,y,z]^{\mathrm{T}}$ 穿出球面 $S:x^2+y^2+z^2=R^2$ 的通量.

解 $\Phi=\oiint_S \boldsymbol{r}\cdot d\boldsymbol{S}=\iiint_V \mathrm{div}\boldsymbol{r}\mathrm{d}V=3\iiint_V \mathrm{d}x\mathrm{d}y\mathrm{d}z=3\times\dfrac{4}{3}\pi R^3=4\pi R^3.$

例 3.12 试求 $\boldsymbol{r}=x\boldsymbol{i}+y\boldsymbol{j}+z\boldsymbol{k}$ 穿出柱面 $S:x^2+y^2=a^2, 0\leqslant z\leqslant h$ 侧面的通量(不含上下底面).

解 添加 $S_1:z=h$ 和 $S_2:z=0$，由 S,S_1,S_2 围成闭曲面 S_0，所包围的区域是 V，根据高斯定理穿出闭曲面 S_0 的通量为

$$\Phi_{s_0}=\oiint_{S_0}\boldsymbol{r}\cdot d\boldsymbol{S}=\iiint_V \mathrm{div}\boldsymbol{r}dV=3\iiint_V dxdydz=3\times\pi a^2\times h=3\pi a^2h,$$

向上穿过 S_1 的通量为

$$\Phi_{s_1}=\iint_{S_1}zdxdy=\iint_{x^2+y^2\leqslant a^2}hdxdy=\pi a^2h,$$

向下穿过 S_2 的通量为

$$\Phi_{s_2}=\iint_{S_2}zdxdy=-\iint_{x^2+y^2\leqslant a^2}0dxdy=0,$$

故所求穿出柱面侧面 S 的通量为

$$\Phi_s=\Phi_{s_0}-\Phi_{s_1}-\Phi_{s_2}=2\pi a^2h.$$

例 3.13　设 S 是一闭合曲面，对于点电荷 q 形成的电场的电位移向量 $\boldsymbol{D}$，有

(1) 若 S 不包围点电荷 q，则由推论 1 和例题 3.10 知 $\boldsymbol{D}$ 穿出闭合曲面 S 的电通量等于 0;

(2) 若 S 包围点电荷 q，则由推论 2 和例题 3.5 知 $\boldsymbol{D}$ 穿出闭合曲面 S 的电通量等于 q.

如果闭曲面 S 内包含若干个点电荷 $q_1,q_2,\cdots,q_m$，产生的电位移向量分别为 $\boldsymbol{D}_1,\boldsymbol{D}_2,\cdots,\boldsymbol{D}_m$，则它们共同产生的电位移向量 $\boldsymbol{D}$ 穿出 S 的电通量为各个点电荷的代数和，即有

$$\Phi=\oiint_S\boldsymbol{D}\cdot d\boldsymbol{S}=\oiint_S\left(\sum_{i=1}^m\boldsymbol{D}_i\right)\cdot d\boldsymbol{S}=\sum_{i=1}^m\oiint_S\boldsymbol{D}_i\cdot d\boldsymbol{S}=\sum_{i=1}^m q_i=Q,$$

这就是电学中的高斯定理.

在电荷连续分布的电场中，电位移向量 $\boldsymbol{D}$ 的散度为

$$\mathrm{div}\boldsymbol{D}=\lim_{\Delta V\to M}\frac{\oiint_{\Delta S}\boldsymbol{D}\cdot d\boldsymbol{S}}{\Delta V}=\lim_{\Delta V\to M}\frac{\Delta\Phi_S}{\Delta V}=\lim_{\Delta V\to M}\frac{\Delta Q}{\Delta V}=\rho,\qquad(3.16)$$

其中 ρ 是电荷分布的体密度，即电位移 $\boldsymbol{D}$ 的散度等于电荷分布的体密度 ρ.

练习 3.9　求下列向量场穿出闭曲面 S 的通量：

(1) $\boldsymbol{F}(M)=[2x-z,x^2y,-xz^2]^{\mathrm{T}}$，$S$ 是立方体 $0\leqslant x\leqslant a$，$0\leqslant y\leqslant a$，$0\leqslant z\leqslant a$ 的全表面；

(2) $\boldsymbol{F}(M)=[x^3,y^3,z^3]^{\mathrm{T}}$，$S:x^2+y^2+z^2=R^2$.

3.3　向量场的旋转特性

前面我们用向量场的通量和散度讨论了向量场和场的扩散源之间的关系，与此类似，这里我们引进向量场的环量与旋度等概念，讨论向量场和场的另外一种源——旋涡源的关系，研究向量场的旋转特性.

3.3.1　环量

我们先看一个例子，设在区域 D 内有力场 $\boldsymbol{F}(M)$，$M\in D$，l 是 D 内一条有向闭曲线，一质点在力 $\boldsymbol{F}(M)$ 的作用下沿 l 运动一周，求力 $\boldsymbol{F}(M)$ 对质点所做的功.

在曲线 l 上任取一弧元素 $\mathrm{d}l$，其长度也记为 $\mathrm{d}l$，在 $\mathrm{d}l$ 上任取一点 M，设 M 处曲线 l 的单位切线向量为 $\boldsymbol{t}$，$\boldsymbol{t}$ 的方向与曲线 l 的正向一致(图 3.7)，则力 $\boldsymbol{F}(M)$ 在 $\boldsymbol{t}$ 方向上的投影为

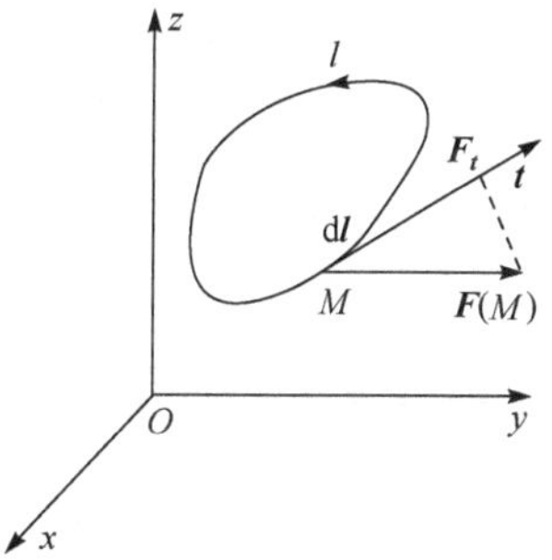

图 3.7

$$\boldsymbol{F}_t=|\boldsymbol{F}(M)|\cos\theta=|\boldsymbol{F}(M)||\boldsymbol{t}|\cos\theta=\boldsymbol{F}(M)\cdot\boldsymbol{t},$$

其中 θ 是 $\boldsymbol{F}(M)$ 与 $\boldsymbol{t}$ 在点 M 处的夹角，这样力 $\boldsymbol{F}(M)$ 在 $\mathrm{d}l$ 上所做的功近似为

$$\mathrm{d}W=\boldsymbol{F}_t\mathrm{d}l=\boldsymbol{F}(M)\cdot\boldsymbol{t}\mathrm{d}l=\boldsymbol{F}(M)\cdot\mathrm{d}\boldsymbol{l},$$

这里 $\mathrm{d}\boldsymbol{l}=\boldsymbol{t}\mathrm{d}l$，即 $\mathrm{d}\boldsymbol{l}$ 是曲线在 M 处这样的向量，其方向与 $\boldsymbol{t}$ 一致，其模等于弧长 $\mathrm{d}l$. 于是当质点沿闭曲线 l 运动一周时，力 $\boldsymbol{F}(M)$ 对质点所做的功，就可用曲线积分表示为

$$W=\oint_l\boldsymbol{F}(M)\cdot\mathrm{d}\boldsymbol{l}. \tag{3.17}$$

实际问题中，类似这种形式的曲线积分被广泛应用，在其他向量

场中也常出现. 为了便于研究，数学上将这种形式的曲线积分概括为环量的概念. 对一般的向量场 $\boldsymbol{F}(M)$,可以给出如下定义.

定义 3.4 设 $\boldsymbol{F}(M)$ 是区域 D 内的向量场，l 是 D 内一条分段光滑的有向闭曲线，则 $\boldsymbol{F}(M)$ 沿 l 的曲线积分

$$\Gamma = \oint_l \boldsymbol{F}(M) \cdot \mathrm{d}\boldsymbol{l} \tag{3.18}$$

称为向量场 $\boldsymbol{F}(M)$ 沿闭曲线 l 按积分所取方向的**环量**.

对于不同的物理背景，环量有不同的意义. 如前面的例子所述，若 $\boldsymbol{F}(M)$ 是力场中的力函数，则环量 $\Gamma = \oint_l \boldsymbol{F}(M) \cdot \mathrm{d}\boldsymbol{l}$ 是质点沿 l 运动一周时，力 $\boldsymbol{F}(M)$ 所做的功；在运动电流产生的磁场中，$\boldsymbol{B}$ 是磁感应强度向量，则由安培环路定律，环量

$$\Gamma = \oint_l \boldsymbol{B} \cdot \mathrm{d}\boldsymbol{l} = \mu_0 \sum \boldsymbol{I},$$

其中 $\sum \boldsymbol{I}$ 表示包含在 l 内的各电流强度的代数和，电流的方向和 l 的正向成右手系，μ_0 为真空磁导率；在速度为 $\boldsymbol{v}$ 的流速场中，若对任意闭曲线 l 有 $\oint_l \boldsymbol{v} \cdot \mathrm{d}\boldsymbol{l} = 0$，则表明流体做无涡旋流动，反之，若有闭曲线 l 使 $\oint_l \boldsymbol{v} \cdot \mathrm{d}\boldsymbol{l} \neq 0$，则表明流体做涡旋流动，流体中有产生涡旋的涡旋源.

在直角坐标系中，设

$$\boldsymbol{F}(M) = P(x,y,z)\boldsymbol{i} + Q(x,y,z)\boldsymbol{j} + R(x,y,z)\boldsymbol{k},$$

又

$$\mathrm{d}\boldsymbol{l} = \boldsymbol{t}\mathrm{d}l = \mathrm{d}l\cos\alpha\boldsymbol{i} + \mathrm{d}l\cos\beta\boldsymbol{j} + \mathrm{d}l\cos\gamma\boldsymbol{k} = \mathrm{d}x\boldsymbol{i} + \mathrm{d}y\boldsymbol{j} + \mathrm{d}z\boldsymbol{k},$$

其中 $\cos\alpha, \cos\beta, \cos\gamma$ 为曲线 l 的切线向量的方向余弦，$\boldsymbol{t} = \cos\alpha\boldsymbol{i} + \cos\beta\boldsymbol{j} + \cos\gamma\boldsymbol{k}$，则环量可以写为

$$\Gamma = \oint_l \boldsymbol{F}(M) \cdot \mathrm{d}\boldsymbol{l} = \oint_l P\mathrm{d}x + Q\mathrm{d}y + R\mathrm{d}z. \tag{3.19}$$

例 3.14 求向量场

$$\boldsymbol{F}(M) = x^2\boldsymbol{i} + xy^2\boldsymbol{j} + yz^2\boldsymbol{k}$$

沿闭曲线 l 的环量. l 由点 $(0,0)$ 和 $(2,\sqrt{2})$ 之间的一段抛物线 $x=y^2$ 和直线 $y=0$, $x=2$ 所组成(图 3.8).

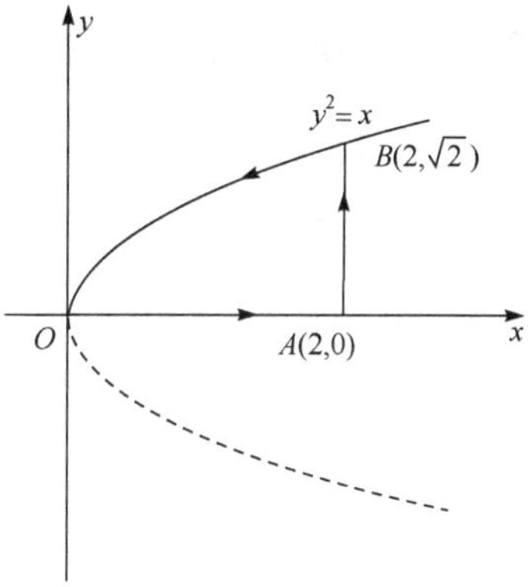

图 3.8

解 因闭曲线 l 在 xOy 面内，故 $z=0, \mathrm{d}z=0$，于是

$$\Gamma=\oint_l \boldsymbol{F}(M)\cdot \mathrm{d}\boldsymbol{l}=\oint_l x^2\mathrm{d}x+xy^2\mathrm{d}y.$$

沿线段 $\overline{OA}$， $y=0$， $0\leqslant x\leqslant 2$， $\mathrm{d}y=0$,有

$$\int_{\overline{OA}} x^2\mathrm{d}x+xy^2\mathrm{d}y=\int_0^2 x^2\mathrm{d}x=\frac{8}{3};$$

沿线段 $\overline{AB}$， $x=2$， $0\leqslant y\leqslant\sqrt{2}$, $\mathrm{d}x=0$,有

$$\int_{\overline{AB}} x^2\mathrm{d}x+xy^2\mathrm{d}y=\int_0^{\sqrt{2}} 2y^2\mathrm{d}y=\frac{4}{3}\sqrt{2};$$

沿抛物线 $\widehat{BO}$， $x=y^2, 0\leqslant y\leqslant\sqrt{2}$， $\mathrm{d}x=2y\mathrm{d}y$，有

$$\int_{\widehat{BO}} x^2\mathrm{d}x+xy^2\mathrm{d}y=\int_{\sqrt{2}}^0 2y^5\mathrm{d}y+y^4\mathrm{d}y=-\frac{8}{3}-\frac{4}{5}\sqrt{2},$$

所以

$$\Gamma=\oint_l \boldsymbol{F}(M)\cdot \mathrm{d}\boldsymbol{l}=\frac{8}{3}+\frac{4}{3}\sqrt{2}-\frac{8}{3}-\frac{4}{5}\sqrt{2}=\frac{8}{15}\sqrt{2}.$$

例 3.15 求一质点在力场 $\boldsymbol{F}(M)=-y\boldsymbol{i}-z\boldsymbol{j}+x\boldsymbol{k}$ 的作用下沿闭曲线

$$l: x=a\cos t,\quad y=a\sin t,\quad z=a(1-\cos t)$$

从 $t=0$ 到 $t=2\pi$ 运动一周时所做的功.

解 所做的功 W 为 $\boldsymbol{F}(M)$ 沿闭曲线 l 的环量，即有

$$\begin{aligned}W&=\oint_l \boldsymbol{F}(M)\cdot \mathrm{d}\boldsymbol{l}=\oint_l -y\mathrm{d}x-z\mathrm{d}y+x\mathrm{d}z\\&=\int_0^{2\pi}[a^2\sin^2 t-a^2(1-\cos t)\cos t+a^2\cos t\sin t]\mathrm{d}t\\&=a^2\int_0^{2\pi}(1-\cos t+\cos t\sin t)\mathrm{d}t=2\pi a^2.\end{aligned}$$

3.3.2　环量面密度和旋度

1. 环量面密度

环量是对向量场旋转特性的整体描述. 一般来说，向量场在场中不同点的旋转趋势是不同的，为了描述向量场在一点的旋转特性，我们引入向量场的环量面密度和旋度的概念.

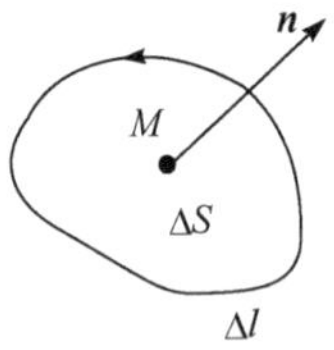

图 3.9

定义 3.5　设 $\boldsymbol{F}(M)$ 是区域 D 中的一个向量场，M 为 D 内任一点，$\boldsymbol{n}$ 是 M 处一个确定的方向，过 M 任作一个以 $\boldsymbol{n}$ 为法线向量的微小曲面 ΔS，其面积仍记为 ΔS，其边界曲线是 Δl, Δl 的正向与 $\boldsymbol{n}$ 成右手系(图 3.9)，若 ΔS 保持上述条件而缩为 M 一点时，极限

$$\lim_{\Delta S\to M}\frac{\oint_{\Delta l}\boldsymbol{F}(M)\cdot \mathrm{d}\boldsymbol{l}}{\Delta S}$$

存在且与 ΔS 的选取无关. 称此极限为向量场 $\boldsymbol{F}(M)$ 在 M 点沿方向 $\boldsymbol{n}$ 的**环量面密度**，记作 $\mu_n(M)$，即有

$$\mu_n(M)=\lim_{\Delta S\to M}\frac{\oint_{\Delta l}\boldsymbol{F}(M)\cdot \mathrm{d}\boldsymbol{l}}{\Delta S}. \tag{3.20}$$

环量面密度 $\mu_n(M)$ 表示了向量场 $\boldsymbol{F}(M)$ 在 M 点邻近绕给定方向 $\boldsymbol{n}$ 旋转“程度”的大小，它是 $\boldsymbol{F}(M)$ 绕 Δl 的环量对 Δl 所围曲面面积 ΔS 的广义变化率(环量和 ΔS 有关，但非 ΔS 的函数)，环量面密度和坐标系的选择无关.

应用高数中的斯托克斯公式可得到环量面密度在直角坐标系下的表示式.

定理 3.4　设 $D\subset \mathbf{R}^3$ 是一个开区域，向量场

$$\boldsymbol{F}(M)=P(x,y,z)\boldsymbol{i}+Q(x,y,z)\boldsymbol{j}+R(x,y,z)\boldsymbol{k}$$

在 D 上定义，且 P,Q,R 具有对各个变量的一阶连续偏导数，则对任意 $M\in D$，向量场 $\boldsymbol{F}$ 在 M 点沿方向 $\boldsymbol{n}$ 的环量面密度是

$$\mu_n(M)=\left(\frac{\partial R}{\partial y}-\frac{\partial Q}{\partial z}\right)\cos\alpha+\left(\frac{\partial P}{\partial z}-\frac{\partial R}{\partial x}\right)\cos\beta+\left(\frac{\partial Q}{\partial x}-\frac{\partial P}{\partial y}\right)\cos\gamma, \quad (3.21)$$

其中$\cos\alpha, \cos\beta, \cos\gamma$为$\boldsymbol{n}$的方向余弦.

证 根据定义$\mu_n(M)=\lim\limits_{\Delta S\to M}\dfrac{\oint_{\Delta l}\boldsymbol{F}(M)\cdot \mathrm{d}\boldsymbol{l}}{\Delta S}=\lim\limits_{\Delta S\to M}\dfrac{\Delta\Gamma}{\Delta S}$，由斯托克斯公式，得

$$\Delta\Gamma=\oint_{\Delta l}\boldsymbol{F}(M)\cdot \mathrm{d}\boldsymbol{l}=\oint_{\Delta l}P\mathrm{d}x+Q\mathrm{d}y+R\mathrm{d}z=\iint_{\Delta S}\begin{vmatrix}\mathrm{d}y\mathrm{d}z & \mathrm{d}z\mathrm{d}x & \mathrm{d}x\mathrm{d}y\\ \dfrac{\partial}{\partial x} & \dfrac{\partial}{\partial y} & \dfrac{\partial}{\partial z}\\ P & Q & R\end{vmatrix}$$

$$=\iint_{\Delta S}\left(\frac{\partial R}{\partial y}-\frac{\partial Q}{\partial z}\right)\mathrm{d}y\mathrm{d}z+\left(\frac{\partial P}{\partial z}-\frac{\partial R}{\partial x}\right)\mathrm{d}z\mathrm{d}x+\left(\frac{\partial Q}{\partial x}-\frac{\partial P}{\partial y}\right)\mathrm{d}x\mathrm{d}y$$

$$=\iint_{\Delta S}\left[\left(\frac{\partial R}{\partial y}-\frac{\partial Q}{\partial z}\right)\cos\alpha+\left(\frac{\partial P}{\partial z}-\frac{\partial R}{\partial x}\right)\cos\beta+\left(\frac{\partial Q}{\partial x}-\frac{\partial P}{\partial y}\right)\cos\gamma\right]\mathrm{d}S,$$

根据积分中值定理，有$M^*\in\Delta S$,使

$$\Delta\Gamma=\oint_{\Delta l}\boldsymbol{F}(M)\cdot \mathrm{d}\boldsymbol{l}=\left[\left(\frac{\partial R}{\partial y}-\frac{\partial Q}{\partial z}\right)\cos\alpha+\left(\frac{\partial P}{\partial z}-\frac{\partial R}{\partial x}\right)\cos\beta+\left(\frac{\partial Q}{\partial x}-\frac{\partial P}{\partial y}\right)\cos\gamma\right]_{M^*}\Delta S,$$

于是

$$\frac{\Delta\Gamma}{\Delta S}=\left[\left(\frac{\partial R}{\partial y}-\frac{\partial Q}{\partial z}\right)\cos\alpha+\left(\frac{\partial P}{\partial z}-\frac{\partial R}{\partial x}\right)\cos\beta+\left(\frac{\partial Q}{\partial x}-\frac{\partial P}{\partial y}\right)\cos\gamma\right]\Bigg|_{M^*},$$

当$\Delta S\to M$时，$M^*\to M$,便得

$$\mu_n(M)=\lim_{\Delta S\to M}\frac{\Delta\Gamma}{\Delta S}$$

$$=\left(\frac{\partial R}{\partial y}-\frac{\partial Q}{\partial z}\right)\cos\alpha+\left(\frac{\partial P}{\partial z}-\frac{\partial R}{\partial x}\right)\cos\beta+\left(\frac{\partial Q}{\partial x}-\frac{\partial R}{\partial y}\right)\cos\gamma.$$

为了便于记忆，我们把(3.21)式用行列式形式地记作

$$\mu_n(M)=\begin{vmatrix}\cos\alpha & \cos\beta & \cos\gamma \\ \dfrac{\partial}{\partial x} & \dfrac{\partial}{\partial y} & \dfrac{\partial}{\partial z} \\ P & Q & R\end{vmatrix}. \tag{3.22}$$

例 3.16　求向量场 $\boldsymbol{F}(M)=xyz\boldsymbol{i}-y^2\boldsymbol{j}+2x^2y\boldsymbol{k}$ 在点 $M(1,3,2)$ 处沿方向 $\boldsymbol{n}=\boldsymbol{i}+2\boldsymbol{j}+2\boldsymbol{k}$ 的环量面密度.

解　由 $|\boldsymbol{n}|=\sqrt{1^2+2^2+2^2}=3$，知

$$\cos\alpha=\frac{1}{3},\quad \cos\beta=\frac{2}{3},\quad \cos\gamma=\frac{2}{3},$$

故

$$\mu_n(M)=\begin{vmatrix}\dfrac{1}{3} & \dfrac{2}{3} & \dfrac{2}{3} \\ \dfrac{\partial}{\partial x} & \dfrac{\partial}{\partial y} & \dfrac{\partial}{\partial z} \\ xyz & -y^2 & 2x^2y\end{vmatrix}=\frac{2}{3}x^2+\left(\frac{2}{3}xy-\frac{8}{3}xy\right)$$

$$-\frac{2}{3}xz=\frac{2}{3}x^2-\frac{6}{3}xy-\frac{2}{3}xz,$$

将点 $M(1,3,2)$ 代入上式，得

$$\mu_n(M)=-\frac{20}{3}.$$

练习 3.10　求向量场 $\boldsymbol{F}(M)=(3x+2yz)\boldsymbol{i}+xy^2\boldsymbol{j}+(z+3xy)\boldsymbol{k}$ 在点 $M(2,1,1)$ 处沿方向 $\boldsymbol{n}=\boldsymbol{i}+\boldsymbol{j}+2\boldsymbol{k}$ 的环量面密度.

练习 3.11　求向量场 $\boldsymbol{F}(M)=(y+z)\boldsymbol{i}+xz\boldsymbol{j}+y^2x\boldsymbol{k}$ 在点 $M(1,0,4)$ 处沿平面 $2x+z=6$ 的上侧法线方向的环量面密度.

2. 旋度

环量面密度是一个与所取方向 $\boldsymbol{n}$ 有关的量，现在我们考虑这样一个问题：在向量场中一点 M 处，当方向 $\boldsymbol{n}$ 取哪一个方向时，环量面密度

$\mu_n(M)$ 达到最大值？在(3.21)式中，若令

$$G=\left(\frac{\partial R}{\partial y}-\frac{\partial Q}{\partial z}\right)\boldsymbol{i}+\left(\frac{\partial P}{\partial z}-\frac{\partial R}{\partial x}\right)\boldsymbol{j}+\left(\frac{\partial Q}{\partial x}-\frac{\partial P}{\partial y}\right)\boldsymbol{k},$$

$$\boldsymbol{n}^0=\cos\alpha\boldsymbol{i}+\cos\beta\boldsymbol{j}+\cos\gamma\boldsymbol{k},$$

则

$$\mu_n(M)=\boldsymbol{G}\cdot\boldsymbol{n}^0=|\boldsymbol{G}|\cos\theta, \tag{3.23}$$

其中 θ 是 $\boldsymbol{G}$ 与 $\boldsymbol{n}$ 的夹角. 显然，在给定点 M 处 $\boldsymbol{G}$ 是一个固定的向量. 从(3.23)式，可看出 $\mu_n(M)$ 是 $\boldsymbol{G}$ 在方向 $\boldsymbol{n}$ 上的投影. 当 $\boldsymbol{G}$ 与 $\boldsymbol{n}$ 同方向时，$\cos\theta=\cos 0=1$，此时 $\mu_n(M)$ 达到最大值，从而 $\mu_n(M)$ 沿 $\boldsymbol{G}$ 的方向达到最大值，并且这个最大值是 $|\boldsymbol{G}|$，我们称 $\boldsymbol{G}$ 为向量场 $\boldsymbol{F}(M)$ 的旋度. 一般地，有如下定义.

定义 3.6 向量场 $\boldsymbol{F}=\boldsymbol{F}(M)$，$M\in D$，若在 M 处存在这样的向量 $\boldsymbol{G}$，使向量场 $\boldsymbol{F}(M)$ 在点 M 处沿其方向的环量面密度达到最大，而这个环量面密度的最大值是其模 $|\boldsymbol{G}|$，则称 $\boldsymbol{G}$ 为向量场 $\boldsymbol{F}(M)$ 在 M 点的**旋度**，记作 $\mathrm{rot}\boldsymbol{F}(M)$.

旋度在数值和方向上表现出最大的环量面密度.

旋度的定义与坐标系无关. 设 $\boldsymbol{F}=P\boldsymbol{i}+Q\boldsymbol{j}+R\boldsymbol{k}$，则旋度在直角坐标系中的表示式为

$$\mathrm{rot}\boldsymbol{F}(M)=\left(\frac{\partial R}{\partial y}-\frac{\partial Q}{\partial z}\right)\boldsymbol{i}+\left(\frac{\partial P}{\partial z}-\frac{\partial R}{\partial x}\right)\boldsymbol{j}+\left(\frac{\partial Q}{\partial x}-\frac{\partial P}{\partial y}\right)\boldsymbol{k}, \tag{3.24}$$

为帮助记忆，(3.24)式可用行列式形式地记作

$$\mathrm{rot}\boldsymbol{F}(M)=\begin{vmatrix}\boldsymbol{i} & \boldsymbol{j} & \boldsymbol{k}\\ \dfrac{\partial}{\partial x} & \dfrac{\partial}{\partial y} & \dfrac{\partial}{\partial z}\\ P & Q & R\end{vmatrix}. \tag{3.25}$$

(3.25)式经常作为计算旋度的公式使用. 利用哈密顿算子，(3.25)式可表示为

$$\mathrm{rot}\boldsymbol{F}(M)=\nabla\times\boldsymbol{F}(M). \tag{3.26}$$

注意$\nabla\times\boldsymbol{F}$与$\boldsymbol{F}\times\nabla$是不同的，有

$$\boldsymbol{F}\times\nabla=\begin{vmatrix}\boldsymbol{i} & \boldsymbol{j} & \boldsymbol{k}\\ P & Q & R\\ \dfrac{\partial}{\partial x} & \dfrac{\partial}{\partial y} & \dfrac{\partial}{\partial z}\end{vmatrix}$$

$$=\left(Q\frac{\partial}{\partial z}-R\frac{\partial}{\partial y}\right)\boldsymbol{i}+\left(R\frac{\partial}{\partial x}-P\frac{\partial}{\partial z}\right)\boldsymbol{j}+\left(P\frac{\partial}{\partial y}-Q\frac{\partial}{\partial x}\right)\boldsymbol{k}.$$

例 3.17　求向量场

$$\boldsymbol{F}(M)=xz^3\boldsymbol{i}-2x^2yz\boldsymbol{j}+2yz^4\boldsymbol{k}$$

在点$M(1,-2,1)$处的旋度.

解　$$\mathrm{rot}\boldsymbol{F}(M)=\nabla\times\boldsymbol{F}(M)=\begin{vmatrix}\boldsymbol{i} & \boldsymbol{j} & \boldsymbol{k}\\ \dfrac{\partial}{\partial x} & \dfrac{\partial}{\partial y} & \dfrac{\partial}{\partial z}\\ xz^3 & -2x^2yz & 2yz^4\end{vmatrix}$$

$$=(2z^4+2x^2y)\boldsymbol{i}+3xz^2\boldsymbol{j}-4xyz\boldsymbol{k}.$$

将$M(1,-2,1)$代入上式，得

$$\mathrm{rot}\boldsymbol{F}(M)=-2\boldsymbol{i}+3\boldsymbol{j}+8\boldsymbol{k}.$$

例 3.18　求向量场

$$\boldsymbol{F}(M)=x(z-y)\boldsymbol{i}+y(x-z)\boldsymbol{j}+z(y-x)\boldsymbol{k}$$

在点$M(1,2,3)$处沿方向$\boldsymbol{n}=\boldsymbol{i}+2\boldsymbol{j}+2\boldsymbol{k}$的环量面密度.

解　$$\mathrm{rot}\boldsymbol{F}(M)=\nabla\times\boldsymbol{F}(M)=\begin{vmatrix}\boldsymbol{i} & \boldsymbol{j} & \boldsymbol{k}\\ \dfrac{\partial}{\partial x} & \dfrac{\partial}{\partial y} & \dfrac{\partial}{\partial z}\\ x(z-y) & y(x-z) & z(y-x)\end{vmatrix}$$

$$=(z+y)\boldsymbol{i}+(x+z)\boldsymbol{j}+(x+y)\boldsymbol{k},$$

将$M(1,2,3)$代入上式，得

$$\mathrm{rot}\boldsymbol{F}(M)=5\boldsymbol{i}+4\boldsymbol{j}+3\boldsymbol{k}.$$

又 $\boldsymbol{n}^0=\dfrac{\boldsymbol{n}}{|\boldsymbol{n}|}=\dfrac{1}{3}\boldsymbol{i}+\dfrac{2}{3}\boldsymbol{j}+\dfrac{2}{3}\boldsymbol{k}$，由(3.23)式，有

$$\mu_n(M)=\mathrm{rot}\boldsymbol{F}(M)\cdot\boldsymbol{n}^0=(5\boldsymbol{i}+4\boldsymbol{j}+3\boldsymbol{k})\cdot\left(\frac{1}{3}\boldsymbol{i}+\frac{2}{3}\boldsymbol{j}+\frac{2}{3}\boldsymbol{k}\right)=\frac{5}{3}+\frac{8}{3}+\frac{6}{3}=\frac{19}{3}.$$

例 3.19 设点 $M(x,y,z)$ 处的向径向量 $\boldsymbol{r}=x\boldsymbol{i}+y\boldsymbol{j}+z\boldsymbol{k}$，则

$$\mathrm{rot}\boldsymbol{r}=\nabla\times\boldsymbol{r}=\begin{vmatrix}\boldsymbol{i}&\boldsymbol{j}&\boldsymbol{k}\\ \dfrac{\partial}{\partial x}&\dfrac{\partial}{\partial y}&\dfrac{\partial}{\partial z}\\ x&y&z\end{vmatrix}=\left(\frac{\partial z}{\partial y}-\frac{\partial y}{\partial z}\right)\boldsymbol{i}+\left(\frac{\partial x}{\partial z}-\frac{\partial z}{\partial x}\right)\boldsymbol{j}+\left(\frac{\partial y}{\partial x}-\frac{\partial x}{\partial y}\right)\boldsymbol{k}=\boldsymbol{0}.$$

由此可知，向径向量 $\boldsymbol{r}$ 形成的向量场在任一点不具有旋转特性，这是一个无旋场.

例 3.20 有一个刚体，绕过原点 O 的某一轴旋转，角速度为向量 $\boldsymbol{\omega}=[\omega_1,\omega_2,\omega_3]^{\mathrm{T}}$，刚体上任一点 M 的线速度为 $\boldsymbol{v}$ (图 3.10)，求 $\mathrm{rot}\boldsymbol{v}$.

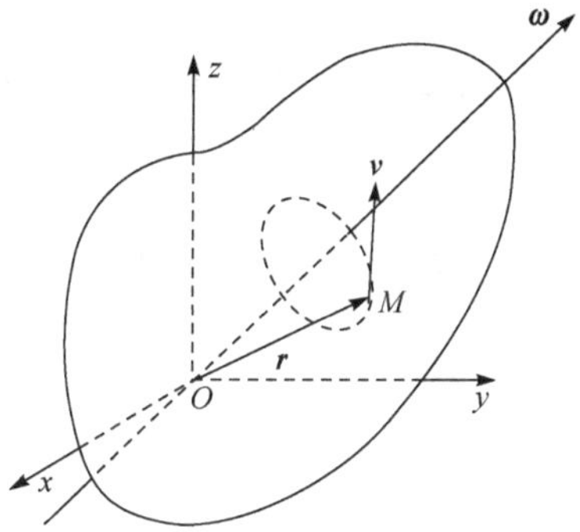

图 3.10

解 M 处的向径向量为 $\boldsymbol{r}=x\boldsymbol{i}+y\boldsymbol{j}+z\boldsymbol{k}$，则 M 处的线速度向量 $\boldsymbol{v}$ 为

$$\boldsymbol{v}=\boldsymbol{\omega}\times\boldsymbol{r}=\begin{vmatrix}\boldsymbol{i}&\boldsymbol{j}&\boldsymbol{k}\\ \omega_1&\omega_2&\omega_3\\ x&y&z\end{vmatrix}$$

$$=(\omega_2 z-\omega_3 y)\boldsymbol{i}+(\omega_3 x-\omega_1 z)\boldsymbol{j}+(\omega_1 y-\omega_2 x)\boldsymbol{k},$$

故

$$rot\boldsymbol{v}=\nabla\times\boldsymbol{v}=\begin{vmatrix}\boldsymbol{i}&\boldsymbol{j}&\boldsymbol{k}\\ \dfrac{\partial}{\partial x}&\dfrac{\partial}{\partial y}&\dfrac{\partial}{\partial z}\\ \omega_2 z-\omega_3 y&\omega_3 x-\omega_1 z&\omega_1 y-\omega_2 x\end{vmatrix}=2\omega_1\boldsymbol{i}+2\omega_2\boldsymbol{j}+2\omega_3\boldsymbol{k}=2\boldsymbol{\omega}.$$

由此例可看到，刚体上任一点 M 处线速度的旋度，除去一个常数因子外，恰等于刚体转动的角速度，因此旋度表示了 M 处转动“程度”的大小，旋度由此而得名.

向量场的旋度运算满足如下运算法则.

定理 3.5 设$\boldsymbol{F}=\boldsymbol{F}(M)$和$\boldsymbol{G}=\boldsymbol{G}(M)$是向量函数，$u=u(M)$是数量函数，$\boldsymbol{C}$是常向量，$C$是常数，则有

(1) $\nabla\times\boldsymbol{C}=\boldsymbol{0}$; (3.27)

(2) $\nabla\times(C\boldsymbol{F})=C\nabla\times\boldsymbol{F}$; (3.28)

(3) $\nabla\times(\boldsymbol{F}+\boldsymbol{G})=\nabla\times\boldsymbol{F}+\nabla\times\boldsymbol{G}$; (3.29)

(4) $\nabla\times(u\boldsymbol{F})=\nabla u\times\boldsymbol{F}+u\nabla\times\boldsymbol{F}$. (3.30)

定理 3.5 的证明留给读者完成.

例 3.21 点电荷q放置在坐标原点，则q形成的电场的电位移向量为

$$\boldsymbol{D}=\frac{q}{4\pi}\frac{\boldsymbol{r}}{r^3},$$

其中$\boldsymbol{r}=x\boldsymbol{i}+y\boldsymbol{j}+z\boldsymbol{k}$ ，$r=|\boldsymbol{r}|$，对任一异于原点的点$M(x,y,z)$，求$\boldsymbol{D}$的旋度$\text{rot}\boldsymbol{D}$.

解 由(3.28)式，$\text{rot}\boldsymbol{D}=\nabla\times\left(\frac{q}{4\pi}\frac{\boldsymbol{r}}{r^3}\right)=\frac{q}{4\pi}\nabla\times(r^{-3}\boldsymbol{r})$，又由(3.30)式，有

$$\begin{aligned}\nabla\times(r^{-3}\boldsymbol{r})&=\nabla(r^{-3})\times\boldsymbol{r}+r^{-3}\nabla\times\boldsymbol{r}=-3r^{-4}(\nabla r)\times\boldsymbol{r}+r^{-3}\boldsymbol{0}\\&=-3r^{-4}\left(\frac{\boldsymbol{r}}{r}\right)\times\boldsymbol{r}+\boldsymbol{0}=\boldsymbol{0},\end{aligned}$$

故$\text{rot}\boldsymbol{D}=\boldsymbol{0}$.

由本例可见，除去点电荷所在坐标原点外，电位移向量$\boldsymbol{D}$的旋度处处为零，即为一无旋场.

事实上，若设$\boldsymbol{r}=x\boldsymbol{i}+y\boldsymbol{j}+z\boldsymbol{k}$ ，$r=|\boldsymbol{r}|$，则对任意r的可微函数$f(r)$，由(3.30)式可以证得

$$\nabla\times[f(r)\boldsymbol{r}]=\boldsymbol{0}, \tag{3.31}$$

即有

$$\begin{aligned}\nabla\times[f(r)\boldsymbol{r}]&=\nabla f(r)\times\boldsymbol{r}+f(r)\nabla\times\boldsymbol{r}=f'(r)\nabla r\times\boldsymbol{r}+f(r)\boldsymbol{0}\\&=f'(r)\frac{\boldsymbol{r}}{r}\times\boldsymbol{r}+\boldsymbol{0}=\boldsymbol{0}.\end{aligned}$$

例 3.22 设电流 I 沿半径为 R 的圆柱体轴线通过，电流密度 $\delta=\dfrac{I}{\pi R^2}$ 为常数，电流 I 形成的磁场的磁场强度为（图 3.11）

$$\boldsymbol{H}=\begin{cases}\dfrac{1}{2}\delta(-y\boldsymbol{i}+x\boldsymbol{j}), & r\leqslant R,\\ \dfrac{1}{2r^2}\delta R^2(-y\boldsymbol{i}+x\boldsymbol{j}), & r>R,\end{cases}$$

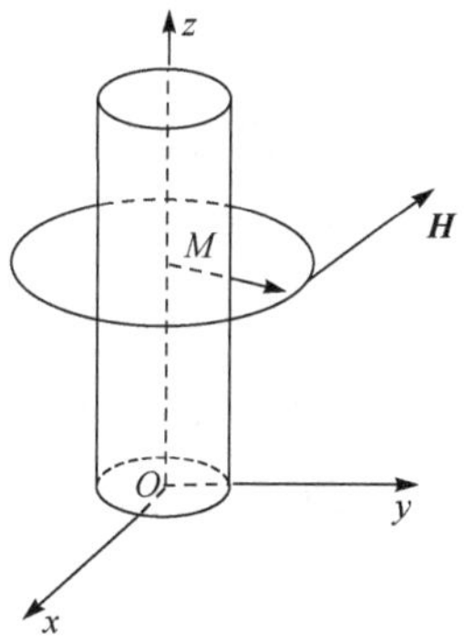

图 3.11

其中 r 为磁场中任意点 M 到圆柱体轴线的距离，$r=\sqrt{x^2+y^2}$（见例 1.2），可以算得，当 $r\leqslant R$ 时，

$$\nabla\times\boldsymbol{H}=\delta\boldsymbol{k};$$

当 $r>R$ 时，

$$\nabla\times\boldsymbol{H}=\boldsymbol{0}.$$

此例可看出，磁场强度 $\boldsymbol{H}$ 的旋度的模等于该点处的电流密度，而电流 I 是磁场产生旋度的唯一的“源”.

3.3.3 斯托克斯定理

可将斯托克斯公式写成如下的向量形式：

$$\oint_l \boldsymbol{F}(M)\cdot \mathrm{d}\boldsymbol{l}=\iint_S \mathrm{rot}\boldsymbol{F}(M)\cdot \mathrm{d}\boldsymbol{S}, \tag{3.32}$$

称为**斯托克斯定理**，其中闭曲线 l 是曲面 S 的边界曲线，l 的正向与 S 的法线向量成右手系. 该定理表明：向量场 $\boldsymbol{F}(M)$ 沿闭曲线 l 的环量等于其旋度场 $\mathrm{rot}\boldsymbol{F}(M)$ 穿过以 l 为边界曲线的曲面 S 的通量.

例 3.23 求向量场

$$\boldsymbol{F}(M)=2xz\boldsymbol{i}+2yz^2\boldsymbol{j}+(x^2+2y^2z-1)\boldsymbol{k}$$

沿闭曲线 l 的环量，l 是任意闭曲线.

解 $\mathrm{rot}\boldsymbol{F}(M)=\nabla\times\boldsymbol{F}(M)=\begin{vmatrix}\boldsymbol{i} & \boldsymbol{j} & \boldsymbol{k}\\ \dfrac{\partial}{\partial x} & \dfrac{\partial}{\partial y} & \dfrac{\partial}{\partial z}\\ 2xz & 2yz^2 & x^2+2y^2z-1\end{vmatrix}=\boldsymbol{0}$，取一个以

l 为边界曲线的曲面 S，则由斯托克斯定理知

$$\Gamma = \oint_l \boldsymbol{F}(M)\cdot \mathrm{d}\boldsymbol{l} = \iint_S \mathrm{rot}\boldsymbol{F}(M)\cdot \mathrm{d}\boldsymbol{S} = 0 .$$

练习 3.12　求下列向量场在点 $M(x,y,z)$ 处的旋度：

(1) $\boldsymbol{F}(M) = (x^2 - y^2)\boldsymbol{i} + 2xy\boldsymbol{j}$；

(2) $\boldsymbol{F}(M) = y\boldsymbol{i} - x\boldsymbol{j} + z\boldsymbol{k}$；

(3) $\boldsymbol{F}(M) = 2xyz^2\boldsymbol{i} + (x^2 z^2 + \cos y)\boldsymbol{j} + 2x^2 yz\boldsymbol{k}$.

练习 3.13　设 $u = xyz$，求 $\nabla \times \nabla u$.

3.4　梯度、散度、旋度的关系

在计算向量场 $\boldsymbol{F} = P\boldsymbol{i} + Q\boldsymbol{j} + R\boldsymbol{k}$ 的散度和旋度时，还可以采用这样的方法：求出函数 P,Q,R 对 x,y,z 的各个偏导数，然后组成矩阵

$$\begin{bmatrix} \dfrac{\partial P}{\partial x} & \dfrac{\partial P}{\partial y} & \dfrac{\partial P}{\partial z} \\ \dfrac{\partial Q}{\partial x} & \dfrac{\partial Q}{\partial y} & \dfrac{\partial Q}{\partial z} \\ \dfrac{\partial R}{\partial x} & \dfrac{\partial R}{\partial y} & \dfrac{\partial R}{\partial z} \end{bmatrix},$$

该矩阵称为向量场 $\boldsymbol{F}$ 的**雅可比矩阵**，记为 $D\boldsymbol{F}$，即

$$D\boldsymbol{F} = \begin{bmatrix} \dfrac{\partial P}{\partial x} & \dfrac{\partial P}{\partial y} & \dfrac{\partial P}{\partial z} \\ \dfrac{\partial Q}{\partial x} & \dfrac{\partial Q}{\partial y} & \dfrac{\partial Q}{\partial z} \\ \dfrac{\partial R}{\partial x} & \dfrac{\partial R}{\partial y} & \dfrac{\partial R}{\partial z} \end{bmatrix}.$$

将 $D\boldsymbol{F}$ 分别与散度计算公式和旋度计算公式对照,有

$$\mathrm{div}\boldsymbol{F} = \frac{\partial P}{\partial x} + \frac{\partial Q}{\partial y} + \frac{\partial R}{\partial z},$$

$$\operatorname{rot}\boldsymbol{F}=\left(\frac{\partial R}{\partial y}-\frac{\partial Q}{\partial z}\right)\boldsymbol{i}+\left(\frac{\partial P}{\partial z}-\frac{\partial R}{\partial x}\right)\boldsymbol{j}+\left(\frac{\partial Q}{\partial x}-\frac{\partial P}{\partial y}\right)\boldsymbol{k},$$

可以看出 $\operatorname{div}\boldsymbol{F}$ 是 $D\boldsymbol{F}$ 中主对角线上的三个偏导数之和，而 $\operatorname{rot}\boldsymbol{F}$ 则是利用 $D\boldsymbol{F}$ 中 6 个非主对角线上的偏导数，同时将主对角线上元素依次换为单位坐标向量 $\boldsymbol{i},\boldsymbol{j},\boldsymbol{k}$，依图 3.12 所示方法排列而成.其中箭头所指方向为减法进行的方向.

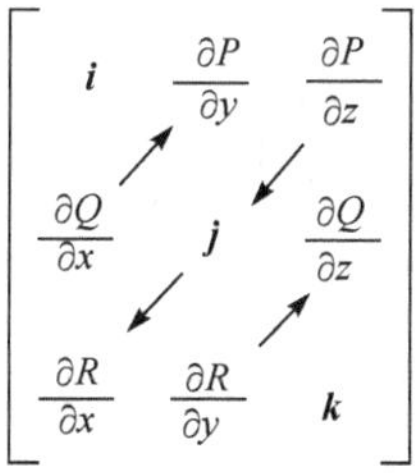

图 3.12

例 3.24 设向量场 $\boldsymbol{F}(M)=x^2y\sin z\boldsymbol{i}+y^2z\sin x\boldsymbol{j}+z^2x\sin y\boldsymbol{k}$，求出

$$D\boldsymbol{F}=\begin{bmatrix}2xy\sin z & x^2\sin z & x^2y\cos z\\ y^2z\cos x & 2yz\sin x & y^2\sin x\\ z^2\sin y & z^2x\cos y & 2zx\sin y\end{bmatrix},$$

从而

$$\operatorname{div}\boldsymbol{F}=2xy\sin z+2yz\sin x+2zx\sin y,$$

$$\operatorname{rot}\boldsymbol{F}=\left(z^2x\cos y-y^2\sin x\right)\boldsymbol{i}+\left(x^2y\cos z-z^2\sin y\right)\boldsymbol{j}+\left(y^2z\cos x-x^2\sin z\right)\boldsymbol{k}.$$

以下是有关梯度、散度和旋度关系的 3 个定理，其中的 $\boldsymbol{F}(M),\boldsymbol{G}(M)$ 为向量函数，$u(M)$ 为数量函数，$\boldsymbol{F}(M),\boldsymbol{G}(M)$ 的各个分量和 $u(M)$ 均具有二阶连续偏导数.

定理 3.6 $\nabla\times[\nabla u(M)]=\boldsymbol{0}$，**即数量场的梯度场为无旋场.**

证 $$\nabla\times[\nabla u(M)]=\nabla\times\left[\frac{\partial u}{\partial x},\frac{\partial u}{\partial y},\frac{\partial u}{\partial z}\right]^{\mathrm{T}}=\begin{vmatrix}\boldsymbol{i} & \boldsymbol{j} & \boldsymbol{k}\\ \dfrac{\partial}{\partial x} & \dfrac{\partial}{\partial y} & \dfrac{\partial}{\partial z}\\ \dfrac{\partial u}{\partial x} & \dfrac{\partial u}{\partial y} & \dfrac{\partial u}{\partial z}\end{vmatrix}$$

$$=\left(\frac{\partial^2 u}{\partial z\partial y}-\frac{\partial^2 u}{\partial y\partial z}\right)\boldsymbol{i}+\left(\frac{\partial^2 u}{\partial x\partial z}-\frac{\partial^2 u}{\partial z\partial x}\right)\boldsymbol{j}+\left(\frac{\partial^2 u}{\partial y\partial x}-\frac{\partial^2 u}{\partial x\partial y}\right)\boldsymbol{k}=\boldsymbol{0}.$$

定理 3.7 $\nabla\cdot\left[\nabla\times\boldsymbol{F}(M)\right]=0$，**即向量场的旋度场为无源场.**

证 设 $\boldsymbol{F}(M)=P\boldsymbol{i}+Q\boldsymbol{j}+R\boldsymbol{k}$ 则

$$\nabla\cdot\left[\nabla\times\boldsymbol{F}(M)\right]=\nabla\cdot\left[\left(\frac{\partial R}{\partial y}-\frac{\partial Q}{\partial z}\right)\boldsymbol{i}+\left(\frac{\partial P}{\partial z}-\frac{\partial R}{\partial x}\right)\boldsymbol{j}+\left(\frac{\partial Q}{\partial x}-\frac{\partial P}{\partial y}\right)\boldsymbol{k}\right]$$

$$=\frac{\partial}{\partial x}\left(\frac{\partial R}{\partial y}-\frac{\partial Q}{\partial z}\right)+\frac{\partial}{\partial y}\left(\frac{\partial P}{\partial z}-\frac{\partial R}{\partial x}\right)+\frac{\partial}{\partial z}\left(\frac{\partial Q}{\partial x}-\frac{\partial P}{\partial y}\right)$$

$$=\frac{\partial^2 R}{\partial y\partial x}-\frac{\partial^2 Q}{\partial z\partial x}+\frac{\partial^2 P}{\partial z\partial y}-\frac{\partial^2 R}{\partial x\partial y}+\frac{\partial^2 Q}{\partial x\partial z}-\frac{\partial^2 P}{\partial y\partial z}=0.$$

定理 3.8 $\nabla\cdot[\boldsymbol{F}(M)\times\boldsymbol{G}(M)]$

$$=\boldsymbol{G}(M)\cdot[\nabla\times\boldsymbol{F}(M)]-\boldsymbol{F}(M)\cdot[\nabla\times\boldsymbol{G}(M)].\tag{3.33}$$

证 设

$$\boldsymbol{F}(M)=P\boldsymbol{i}+Q\boldsymbol{j}+R\boldsymbol{k},\quad \boldsymbol{G}(M)=U\boldsymbol{i}+V\boldsymbol{j}+W\boldsymbol{k},$$

则

$$\boldsymbol{F}(M)\times\boldsymbol{G}(M)=(QW-RV)\boldsymbol{i}+(RU-PW)\boldsymbol{j}+(PV-QU)\boldsymbol{k},$$

故

$$\nabla\cdot[\boldsymbol{F}(M)\times\boldsymbol{G}(M)]=\frac{\partial(QW-RV)}{\partial x}+\frac{\partial(RU-PW)}{\partial y}+\frac{\partial(PV-QU)}{\partial z}$$

$$=U\left(\frac{\partial R}{\partial y}-\frac{\partial Q}{\partial z}\right)+V\left(\frac{\partial P}{\partial z}-\frac{\partial R}{\partial x}\right)+W\left(\frac{\partial Q}{\partial x}-\frac{\partial P}{\partial y}\right)$$

$$-\left[P\left(\frac{\partial W}{\partial y}-\frac{\partial V}{\partial z}\right)+Q\left(\frac{\partial U}{\partial z}-\frac{\partial W}{\partial x}\right)+R\left(\frac{\partial V}{\partial x}-\frac{\partial U}{\partial y}\right)\right]$$

$$=\boldsymbol{G}(M)\cdot[\nabla\times\boldsymbol{F}(M)]-\boldsymbol{F}(M)\cdot[\nabla\times\boldsymbol{G}(M)].$$

例 3.25 设 $\boldsymbol{F}(M)=yz^2\boldsymbol{i}-3xz^2\boldsymbol{j}+2xyz\boldsymbol{k}$，$\boldsymbol{G}(M)=3x\boldsymbol{i}+4z\boldsymbol{j}-2y\boldsymbol{k}$，求 $\nabla\cdot[\boldsymbol{F}(M)\times\boldsymbol{G}(M)]$.

解 由(3.33)式，

$$\nabla\cdot[\boldsymbol{F}(M)\times\boldsymbol{G}(M)]=\boldsymbol{G}(M)\cdot[\nabla\times\boldsymbol{F}(M)]-\boldsymbol{F}(M)\cdot[\nabla\times\boldsymbol{G}(M)],$$

$$\nabla\times\boldsymbol{F}(M)=\begin{vmatrix}\boldsymbol{i} & \boldsymbol{j} & \boldsymbol{k}\\ \dfrac{\partial}{\partial x} & \dfrac{\partial}{\partial y} & \dfrac{\partial}{\partial z}\\ yz^2 & -3xz^2 & 2xyz\end{vmatrix}=8xz\boldsymbol{i}-4z^2\boldsymbol{k},$$

$$\nabla\times\boldsymbol{G}(M)=\begin{vmatrix}\boldsymbol{i} & \boldsymbol{j} & \boldsymbol{k}\\ \dfrac{\partial}{\partial x} & \dfrac{\partial}{\partial y} & \dfrac{\partial}{\partial z}\\ 3x & 4z & -2y\end{vmatrix}=-6\boldsymbol{i},$$

所以

$$\begin{aligned}\nabla\cdot[\boldsymbol{F}(M)\times\boldsymbol{G}(M)]&=(3x\boldsymbol{i}+4z\boldsymbol{j}-2y\boldsymbol{k})\cdot(8xz\boldsymbol{i}-4z^2\boldsymbol{k})\\&\quad-(yz^2\boldsymbol{i}-3xz^2\boldsymbol{j}+2xyz\boldsymbol{k})\cdot(-6\boldsymbol{i})\\&=(24x^2z+8yz^2)+6yz^2=24x^2z+14yz^2.\end{aligned}$$

例 3.26 u,v 有二阶连续偏导数，证明 $\nabla\cdot(\nabla u\times\nabla v)=0$.

证 由定理 3.8 和定理 3.6，有

$$\nabla\cdot(\nabla u\times\nabla v)=(\nabla v)\cdot(\nabla\times\nabla u)-(\nabla u)\cdot(\nabla\times\nabla v)=(\nabla v)\cdot\boldsymbol{0}-(\nabla u)\cdot\boldsymbol{0}=0.$$

练习 3.14 用雅可比矩阵求下列向量场的散度和旋度:

(1) $\boldsymbol{F}(M)=(3x^2y+z^2)\boldsymbol{i}+(y^2-xz^2)\boldsymbol{j}+2x^2yz\boldsymbol{k}$;

(2) $\boldsymbol{F}(M)=yz^2\boldsymbol{i}+zx^2\boldsymbol{j}+xy^2\boldsymbol{k}$;

(3) $\boldsymbol{F}(M)=P(x)\boldsymbol{i}+Q(y)\boldsymbol{j}+R(z)\boldsymbol{k}$.

练习 3.15 设 $\boldsymbol{F}(M)=3y\boldsymbol{i}+2z^2\boldsymbol{j}+xy\boldsymbol{k}$，$\boldsymbol{G}(M)=x^2\boldsymbol{i}-4\boldsymbol{k}$，求

$$\nabla\times[\boldsymbol{F}(M)\times\boldsymbol{G}(M)].$$

练习 3.16 设 $\boldsymbol{r}=x\boldsymbol{i}+y\boldsymbol{j}+z\boldsymbol{k}$，$\boldsymbol{a},\boldsymbol{b}$ 是常向量，证明

(1) $\nabla\cdot(\boldsymbol{a}\times\boldsymbol{r})=0$;

(2) $\nabla\times(\boldsymbol{a}\times\boldsymbol{r})=2\boldsymbol{a}$;

(3) $\nabla\times[(\boldsymbol{r}\cdot\boldsymbol{a})\boldsymbol{b}]=\boldsymbol{a}\times\boldsymbol{b}$.

习 题 3

3.1 求向量场

$$\boldsymbol{F}(M)=(z-y)\boldsymbol{i}+z\boldsymbol{j}+y\boldsymbol{k}$$

的向量线.

3.2　设 $\boldsymbol{a}=a_1\boldsymbol{i}+a_2\boldsymbol{j}+a_3\boldsymbol{k}$，$\boldsymbol{r}=x\boldsymbol{i}+y\boldsymbol{j}+z\boldsymbol{k}$，$a_1,a_2,a_3$ 是常数，求向量场 $\boldsymbol{a}\times\boldsymbol{r}$ 的向量线.

3.3　求向量场 $\boldsymbol{F}(M)=[x^2,y^2,z^2]^{\mathrm{T}}$ 穿过球面 $x^2+y^2+z^2=1$ 在第一卦限部分(取上侧)的通量.

3.4　求向量场

$$\boldsymbol{F}(M)=(x+\cos y)\boldsymbol{i}+(y+\cos z)\boldsymbol{j}+(z+\cos x)\boldsymbol{k}$$

穿过曲面 S 的通量. 其中 S 是平面 $x+y+z=1$ 在第一卦限部分，取上侧.

3.5　应用高斯定理计算练习 3.4.

3.6　$\boldsymbol{a}$ 是常向量，证明 $\boldsymbol{a}$ 穿出任何光滑闭曲面的通量

$$\varPhi=\oiint_S \boldsymbol{a}\cdot\mathrm{d}\boldsymbol{S}=0.$$

3.7　已知向量场

$$\boldsymbol{F}(M)=y^2x\boldsymbol{i}+x^2y\boldsymbol{j}+\left(\frac{1}{3}z^3-a^2z\right)\boldsymbol{k},\quad a \text{ 为常数}.$$

求(1) $\boldsymbol{F}(M)$ 穿出曲面 $\nabla\cdot\boldsymbol{F}(M)=0$ 的通量；(2) $\nabla\cdot\boldsymbol{F}(M)$ 在 $M(2,-2,-1)$ 处的最大变化率.

3.8　设函数 $u(x,y,z)$ 除坐标原点外可微，其等值面是以原点为中心的球面，又 $\nabla\cdot\nabla u=0$，证明函数 u 与 $\dfrac{k}{r}$ 仅差一个常数，其中 $r=\sqrt{x^2+y^2+z^2}$，k 为常数.

3.9　已知向量场

$$\boldsymbol{F}(M)=(x-y+z)\boldsymbol{i}+(y-z+x)\boldsymbol{j}+(z-x+y)\boldsymbol{k},$$

求 $\boldsymbol{F}(M)$ 穿出椭球面 $S:\dfrac{x^2}{a^2}+\dfrac{y^2}{b^2}+\dfrac{z^2}{c^2}=1$ 的通量.

3.10　求力场 $\boldsymbol{F}(M)=-x\boldsymbol{i}+y\boldsymbol{j}+z\boldsymbol{k}$ 沿闭曲线

$$l: x=a\cos t,\ y=a\sin t,\ z=bt,\quad 0\leqslant t\leqslant 2\pi$$

所做的功.

3.11　求向量场 $\boldsymbol{F}(M)=-y\boldsymbol{i}+x\boldsymbol{j}+C\boldsymbol{k}$ (C 是常数)沿下列闭曲线的

环量：

(1) 圆周 $x^2+y^2=R^2, z=0$；

(2) 圆周 $(x-2)^2+y^2=R^2, z=0$.

3.12 由斯托克斯定理求向量场

$$\boldsymbol{F}(M)=ay\boldsymbol{i}+bz\boldsymbol{j}+cx\boldsymbol{k}$$

沿闭曲线 l 的环量，l 为圆周 $x^2+y^2+z^2=R^2$，$x+y+z=0$，由 x 轴看上去，l 的正向为逆时针方向，a,b,c 是已知常数.

3.13 由斯托克斯定理求 $\iint_S(\nabla\times\boldsymbol{F})\cdot\mathrm{d}\boldsymbol{S}$，其中向量场

$$\boldsymbol{F}(M)=(y+z)\boldsymbol{i}-xz\boldsymbol{j}+y^2\boldsymbol{k},$$

S 是由第一卦限内以平面 $2x+z=6$ 和平面 $y=2$ 为边界的空间区域的表面，去除 xOy 面后得到（S 在第一卦限内，由 yOz 面、xOz 面、平面 $2x+z=6$、平面 $y=2$，这四个平面构成）.

3.14 求向量场

$$\boldsymbol{F}(M)=(3x^2-2yz)\boldsymbol{i}+(y^3+yz^2)\boldsymbol{j}+(xyz-3xz^2)\boldsymbol{k}$$

所产生的散度场通过点 $M(2,-1,1)$ 的等值面及其在点 M 处沿 x 轴正向的变化率.

3.15 设 $r=\sqrt{x^2+y^2+z^2}$，闭曲面 S 所包围的立体体积为 V，证明 $V=\dfrac{1}{6}\oiint_S(\nabla r^2)\cdot\mathrm{d}\boldsymbol{S}$.

3.16 验证 $\oint_l(\boldsymbol{a}\times\boldsymbol{r})\cdot\mathrm{d}\boldsymbol{l}=2\iint_S\boldsymbol{a}\cdot\mathrm{d}\boldsymbol{S}$，其中 $\boldsymbol{a}$ 是常向量，闭曲线 l 是曲面 S 的边界曲线.

第 4 章 三种特殊形式的向量场

本章讨论在物理学、力学和工程技术中有着重要应用的三种向量场：保守场、管形场和调和场.在此之前，先对空间区域的连通性做一些介绍.

设 D 是一个空间区域，若对 D 内任意两点，都可以用属于 D 的一条曲线连接起来，则称 D 为**连通区域**. D 是一个连通区域，若 D 内任何闭曲面 S 所围的立体都属于 D，则称 D 是**二维单连通区域**. 若 D 内任何闭曲线 C，都存在以 C 为边界曲线的曲面属于 D，则称 D 为**一维单连通区域**.

例如，一个球体内部的区域既是一维单连通区域，也是二维单连通区域；两个同心球面之间的区域是一维单连通的区域，而不是二维单连通的区域(图 4.1)；环行轮胎面的内部区域是二维单连通的区域，而不是一维单连通的区域(图 4.2). 显然在一维单连通区域内可应用斯托克斯定理，在二维单连通区域内可应用高斯定理.

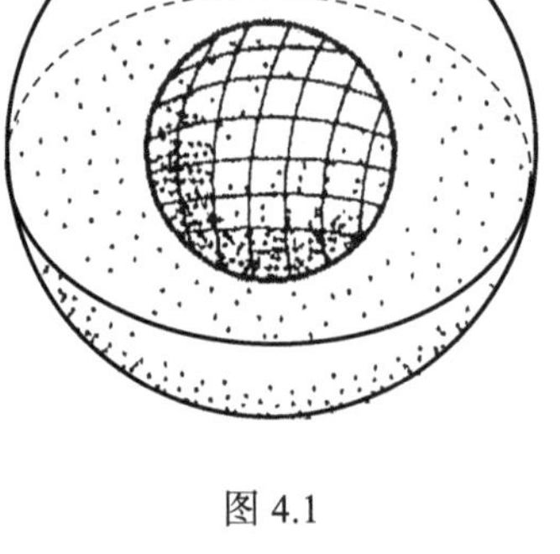

图 4.1

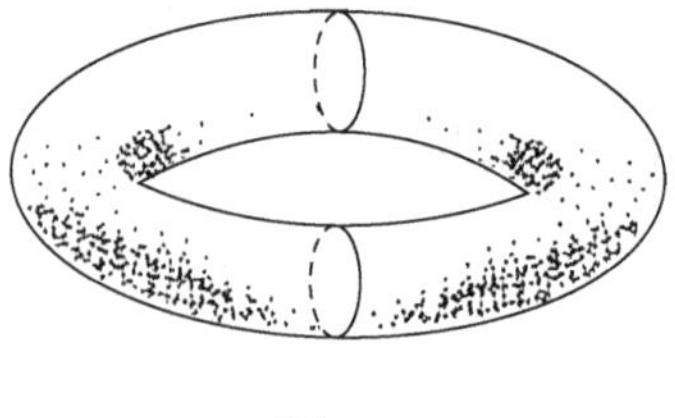

图 4.2

4.1 保 守 场

引力场、静电场都有一个十分重要的特性，就是当质点在场内运动时，场量对质点所做的功只和质点的起始和终了位置有关，而和质点所经过的路径无关. 物理上称这种场为保守力场，由此我们可以给出下面的定义.

定义 4.1　设$\boldsymbol{F}(M)$是区域D内的向量场，若$\boldsymbol{F}(M)$的各分量在D内连续，且对D内任一条分段光滑的简单曲线l，积分

$$\int_l \boldsymbol{F}(M)\cdot \mathrm{d}\boldsymbol{l}$$

只依赖于l的起点A和终点B，而和l的形状无关，则称$\boldsymbol{F}(M)$是D中的保守场.

对于保守场，容易得到如下的定理.

定理 4.1　$\boldsymbol{F}(M)$是区域D内的保守场的充要条件是：对D内任一条分段光滑的简单闭曲线C有

$$\oint_C \boldsymbol{F}(M)\cdot \mathrm{d}\boldsymbol{l}=0. \tag{4.1}$$

证　必要性. $\boldsymbol{F}(M)$是区域D内的保守场，C是D内任一条分段光滑的简单闭曲线，在C上任取A,B两点，将曲线C分为l_1,l_2两部分(图4.3)，记l_1,l_2由A到B为正向，由$\boldsymbol{F}(M)$是D内的保守场，知

$$\int_{l_1} \boldsymbol{F}(M)\cdot \mathrm{d}\boldsymbol{l}=\int_{l_2} \boldsymbol{F}(M)\cdot \mathrm{d}\boldsymbol{l},$$

又因为$C=l_1+l_2^-$，故

$$\begin{aligned}\oint_C \boldsymbol{F}(M)\cdot \mathrm{d}\boldsymbol{l}&=\int_{l_1} \boldsymbol{F}(M)\cdot \mathrm{d}\boldsymbol{l}+\int_{l_2^-} \boldsymbol{F}(M)\cdot \mathrm{d}\boldsymbol{l}\\&=\int_{l_1} \boldsymbol{F}(M)\cdot \mathrm{d}\boldsymbol{l}-\int_{l_2} \boldsymbol{F}(M)\cdot \mathrm{d}\boldsymbol{l}\\&=0.\end{aligned}$$

充分性. 设对 D 内任一条分段光滑的简单闭曲线 C 有 $\oint_C \boldsymbol{F}(M)\cdot \mathrm{d}\boldsymbol{l}=0$，则在 D 内任取两点 A,B，任意作两条以 A 为起点，B 为终点的分段光滑的简单曲线 l_1,l_2（图 4.4），则 $C=l_1+l_2^-$ 是一条分段光滑的简单闭曲线，有

$$\oint_C \boldsymbol{F}(M)\cdot \mathrm{d}\boldsymbol{l}=\int_{l_1}\boldsymbol{F}(M)\cdot \mathrm{d}\boldsymbol{l}+\int_{l_2^-}\boldsymbol{F}(M)\cdot \mathrm{d}\boldsymbol{l}$$

$$=\int_{l_1}\boldsymbol{F}(M)\cdot \mathrm{d}\boldsymbol{l}-\int_{l_2}\boldsymbol{F}(M)\cdot \mathrm{d}\boldsymbol{l}=0,$$

即有

$$\int_{l_1}\boldsymbol{F}(M)\cdot \mathrm{d}\boldsymbol{l}=\int_{l_2}\boldsymbol{F}(M)\cdot \mathrm{d}\boldsymbol{l},$$

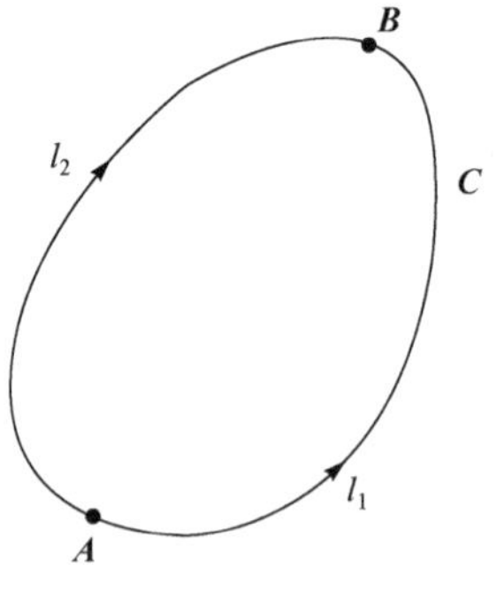

图 4.3

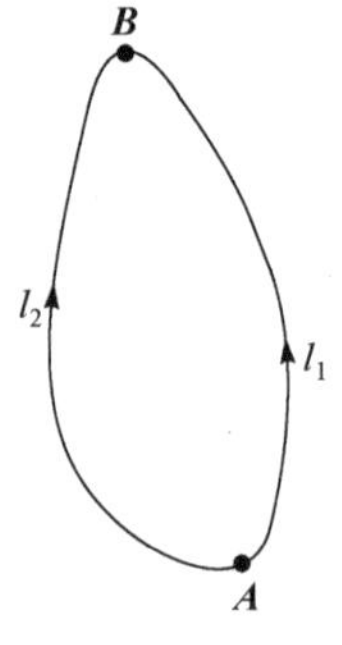

图 4.4

从而 $\boldsymbol{F}(M)$ 是 D 内的保守场.

其次，对于保守场，还有如下的充要条件.

定理 4.2　设 D 是一维单连通的区域，$\boldsymbol{F}(M)$ 是 D 内的向量场，其各分量在 D 内具有对各个变量的一阶连续偏导数，则 $\boldsymbol{F}(M)$ 是 D 内保守场的充要条件是

$$\nabla\times\boldsymbol{F}(M)=\boldsymbol{0},\quad M\in D. \tag{4.2}$$

证　必要性. 因 $\boldsymbol{F}(M)$ 是 D 内的保守场，故对 D 内任一条简单闭曲线 l，有

$$\oint_l \boldsymbol{F}(M)\cdot \mathrm{d}\boldsymbol{l}=0,$$

从而在 D 内任一点 M，$\boldsymbol{F}(M)$ 沿任一个方向 $\boldsymbol{n}$ 的环量面密度

$$\mu_n(M)=\lim_{\Delta S\to M}\frac{\oint_l \boldsymbol{F}(M)\cdot \mathrm{d}\boldsymbol{l}}{\Delta S}=0,$$

其中 l 是过 M 点且以 $\boldsymbol{n}$ 为法向量的微小曲面 ΔS 的边界曲线，ΔS 也表示该曲面的面积，$\boldsymbol{n}$ 与 l 的正向成右手系.于是由旋度的定义，对 $\forall M\in D$，有

$$\nabla\times\boldsymbol{F}(M)=\boldsymbol{0}.$$

充分性.设 $\nabla\times\boldsymbol{F}(M)=\boldsymbol{0}$，设 l 是 D 内任一条光滑简单闭曲线，由于 D 是一维单连通的区域，所以在 D 内存在以 l 为边界曲线的曲面 S，取 S 的法向量与 l 的正向成右手系，由斯托克斯定理，有

$$\oint_l \boldsymbol{F}(M)\cdot \mathrm{d}\boldsymbol{l}=\iint_S \nabla\times\boldsymbol{F}(M)\cdot \mathrm{d}\boldsymbol{S}=0,$$

从而 $\boldsymbol{F}(M)$ 是 D 内的保守场.

当向量场 $\boldsymbol{F}(M)$ 在区域 D 内旋度处处为零时，称 $\boldsymbol{F}(M)$ 为**无旋场**.

定理 4.2 为我们判定一个向量场是否为保守场提供了一个简便的方法，但要注意定理中一维单连通区域的条件，事实上由定理 4.2 的证明过程可以看到，保守场一定是无旋场，但无旋场作为保守场，要求 D 是一维单连通区域，即若去掉一维单连通区域的条件，旋度为零不是 $\boldsymbol{F}(M)$ 为 D 内保守场的充分条件，例如，考虑平面向量场

$$\boldsymbol{F}(M)=\frac{-y}{x^2+y^2}\boldsymbol{i}+\frac{x}{x^2+y^2}\boldsymbol{j},$$

在任何 $x^2+y^2\neq 0$ 的点，有

$$\nabla\times\boldsymbol{F}=\left[\frac{\partial}{\partial x}\left(\frac{x}{x^2+y^2}\right)-\frac{\partial}{\partial y}\left(\frac{-y}{x^2+y^2}\right)\right]\boldsymbol{k}=\boldsymbol{0}.$$

但若取 l 为圆

$$l: x=R\cos\theta,\ y=R\sin\theta,\ 0\leqslant\theta\leqslant 2\pi,$$

则有

$$\oint_l \boldsymbol{F}(M)\cdot \mathrm{d}\boldsymbol{l} = \oint_l \frac{-y}{x^2+y^2}\mathrm{d}x + \frac{x}{x^2+y^2}\mathrm{d}y$$
$$= \frac{1}{R^2}\int_0^{2\pi} R^2 \mathrm{d}\theta = 2\pi.$$

故 $\boldsymbol{F}(M)$ 在去掉原点的平面区域内不是保守场，这里去掉原点的平面区域不是一维单连通区域.

练习 4.1 判断下列向量场是否为保守场:

(1) $\boldsymbol{F}(M) = yz(2x+y+z)\boldsymbol{i} + xz(x+2y+z)\boldsymbol{j} + xy(x+y+2z)\boldsymbol{k}$；

(2) $\boldsymbol{F}(M) = f(x^2+y^2+z^2)(\boldsymbol{i}+\boldsymbol{j}+\boldsymbol{k})$；

(3) $\boldsymbol{F}(M) = f(x+y+z)(\boldsymbol{i}+\boldsymbol{j}+\boldsymbol{k})$.

在物理学中，我们知道保守力场存在势能，例如，试验电荷在电场中任一点具有电势能，具有质量的任一个物体在引力场中具有引力势能. 为了描述这个现象，我们给出保守场的如下充要条件.

定理 4.3 设 D 是一维单连通的区域，$\boldsymbol{F}(M)$ 是 D 内的向量场，则 $\boldsymbol{F}(M)$ 是 D 内的保守场的充要条件是存在函数 u，使

$$\boldsymbol{F}(M) = \nabla u(M), \quad M \in D. \tag{4.3}$$

证 充分性.设存在函数 u，使

$$\boldsymbol{F}(M) = \nabla u(M), \quad M \in D,$$

则在 D 内有

$$\nabla \times \boldsymbol{F}(M) = \nabla \times \nabla u(M) = \boldsymbol{0},$$

由 D 是一维单连通的区域，知 $\boldsymbol{F}(M)$ 是 D 内的保守场.

必要性.设 $\boldsymbol{F}(M)$ 是 D 内的保守场，则 $\boldsymbol{F}(M)$ 在 D 内沿任一曲线 l 的积分

$$\int_l \boldsymbol{F}(M)\cdot \mathrm{d}\boldsymbol{l}$$

只与 l 的起点 $M^0(x_0, y_0, z_0)$ 和终点 $M(x,y,z)$ 有关，若固定起点 M^0，则 $\int_l \boldsymbol{F}(M)\cdot \mathrm{d}\boldsymbol{l}$ 是终点 M 的函数，记为

$$u(M) = u(x,y,z) = \int_{M^0}^{M} \boldsymbol{F}(M)\cdot \mathrm{d}\boldsymbol{l}. \tag{4.4}$$

设 $\boldsymbol{F}(M)=P\boldsymbol{i}+Q\boldsymbol{j}+R\boldsymbol{k}$，则

$$u(M)=u(x,y,z)=\int_{M^0}^{M}\boldsymbol{F}(M)\cdot \mathrm{d}\boldsymbol{l}=\int_{(x_0,y_0,z_0)}^{(x,y,z)}P\mathrm{d}x+Q\mathrm{d}y+R\mathrm{d}z .$$

下面我们证明

$$\frac{\partial u}{\partial x}=P(x,y,z) .$$

令 $M^1(x+\Delta x,y,z)\in D$，则

$$\frac{\partial u}{\partial x}=\lim_{\Delta x\to 0}\frac{u(x+\Delta x,y,z)-u(x,y,z)}{\Delta x}=\lim_{\Delta x\to 0}\frac{u(M^1)-u(M)}{\Delta x}, \tag{4.5}$$

其中

$$u(M^1)-u(M)=\int_{M^0}^{M^1}\boldsymbol{F}(M)\cdot \mathrm{d}\boldsymbol{l}-\int_{M^0}^{M}\boldsymbol{F}(M)\cdot \mathrm{d}\boldsymbol{l} . \tag{4.6}$$

由于积分和路径无关，(4.6) 式右端的第一个积分选择如下路线：由 M^0 到 M 选与第二个积分同样的路线，而由 M 到 M^1 取平行于 x 轴的线段（图 4.5），于是

$$u(M^1)-u(M)=\int_{M}^{M^1}\boldsymbol{F}(M)\cdot \mathrm{d}\boldsymbol{l}=\int_{\overline{MM^1}}\boldsymbol{F}(M)\cdot \mathrm{d}\boldsymbol{l} ,$$

而在线段 $\overline{MM^1}$ 上，有 $\mathrm{d}y=\mathrm{d}z=0$，故

$$u(M^1)-u(M)=\int_{\overline{MM^1}}\boldsymbol{F}(M)\cdot \mathrm{d}\boldsymbol{l}$$
$$=\int_{x}^{x+\Delta x}P(x,y,z)\mathrm{d}x,$$

再利用积分中值定理，便有

$$u(M^1)-u(M)$$
$$=P(x+\theta\Delta x,y,z)\Delta x,\quad 0<\theta<1,$$

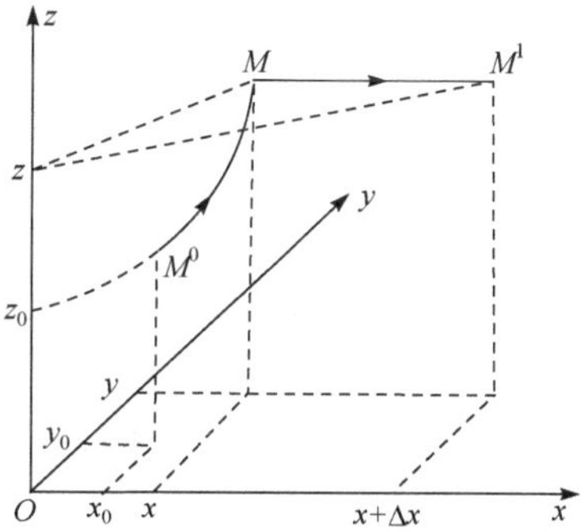

图 4.5

将这个结果代入到 (4.5) 式中，由 $P(x,y,z)$ 的连续性，有

$$\frac{\partial u}{\partial x}=\lim_{\Delta x\to 0}P(x+\theta\Delta x,y,z)=P(x,y,z) .$$

同理可证$\dfrac{\partial u}{\partial y}=Q$，$\dfrac{\partial u}{\partial z}=R$，这样有

$$\nabla u=\frac{\partial u}{\partial x}\boldsymbol{i}+\frac{\partial u}{\partial y}\boldsymbol{j}+\frac{\partial u}{\partial z}\boldsymbol{k}=P\boldsymbol{i}+Q\boldsymbol{j}+Rk=\boldsymbol{F}(M),$$

即存在函数u，使

$$\boldsymbol{F}(M)=\nabla u(M),$$

从而定理的必要性得证.

定义 4.2　若存在数量函数$u(M)$，使$\boldsymbol{F}(M)=\nabla u(M)$，则$u(M)$称为$\boldsymbol{F}(M)$的**势函数**.

根据定理 4.3，保守场一定存在势函数，故保守场又称为**有势场**. 有势场的势函数可由(4.4)式确定，并且由于积分的起点M^0可以任意选取，故有势场的势函数不是唯一的. 事实上，若$u(M)$称为$\boldsymbol{F}(M)$的势函数，C是任意常数，则$u(M)+C$也是$\boldsymbol{F}(M)$的势函数，并且可以证明一个有势场的任意两个势函数之间相差一个常数.

当$\boldsymbol{F}(M)=\nabla u(M)$时，由

$$P=\frac{\partial u}{\partial x},\quad Q=\frac{\partial u}{\partial y},\quad R=\frac{\partial u}{\partial z},$$

可推出

$$\begin{aligned}\boldsymbol{F}(M)\cdot\mathrm{d}\boldsymbol{l}&=P\mathrm{d}x+Q\mathrm{d}y+R\mathrm{d}z\\&=\frac{\partial u}{\partial x}\mathrm{d}x+\frac{\partial u}{\partial y}\mathrm{d}y+\frac{\partial u}{\partial z}\mathrm{d}z=\mathrm{d}u.\end{aligned}\tag{4.7}$$

由(4.7)式知，表达式

$$\boldsymbol{F}(M)\cdot\mathrm{d}\boldsymbol{l}=P\mathrm{d}x+Q\mathrm{d}y+R\mathrm{d}z$$

是函数u的全微分，故也称u为该表达式的**原函数.**

可以看出，在一维单连通区域内，“保守场”“无旋场”“有势场”和“表达式$\boldsymbol{F}(M)\cdot\mathrm{d}\boldsymbol{l}=P\mathrm{d}x+Q\mathrm{d}y+R\mathrm{d}z$的是某个函数的全微分”这四者是彼此等价的.

由(4.4)式我们可以求出保守场$\boldsymbol{F}(M)$的势函数. 设$M^0(x_0,y_0,z_0)$和$M(x,y,z)$，且

$$\boldsymbol{F}(M)=P\boldsymbol{i}+Q\boldsymbol{j}+R\boldsymbol{k},$$

则 $\boldsymbol{F}(M)$ 的势函数

$$
\begin{aligned}
u = u(M) &= \int_{M^0}^{M} \boldsymbol{F}(M)\cdot \mathrm{d}\boldsymbol{l} \\
&= \int_{(x_0,y_0,z_0)}^{(x,y,z)} P(x,y,z)\mathrm{d}x + Q(x,y,z)\mathrm{d}y + R(x,y,z)\mathrm{d}z\,, \qquad (4.8)
\end{aligned}
$$

由于积分与路径无关，故在计算(4.8)式时，积分路径取与坐标轴平行的折线(图 4.6)，

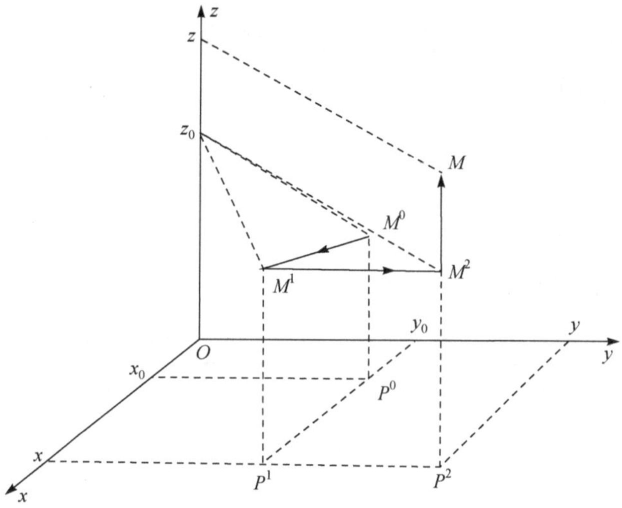

图 4.6

沿 $\overline{M^0M^1}$， $y=y_0, z=z_0, \mathrm{d}y=\mathrm{d}z=0$，故

$$\int_{\overline{M^0M^1}} \boldsymbol{F}(M)\cdot \mathrm{d}\boldsymbol{l} = \int_{x_0}^{x} P(x,y_0,z_0)\mathrm{d}x\,,$$

沿 $\overline{M^1M^2}$， $x=x,\ z=z_0,\ \mathrm{d}x=\mathrm{d}z=0$，故

$$\int_{\overline{M^1M^2}} \boldsymbol{F}(M)\cdot \mathrm{d}\boldsymbol{l} = \int_{y_0}^{y} Q(x,y,z_0)\mathrm{d}y\,,$$

沿 $\overline{M^2M}$， $x=x,\ y=y,\ \mathrm{d}x=\mathrm{d}y=0$，故

$$\int_{\overline{M^2M}} \boldsymbol{F}(M)\cdot \mathrm{d}\boldsymbol{l} = \int_{z_0}^{z} R(x,y,z)\mathrm{d}z\,,$$

于是

$$u=u(M)=\int_{x_0}^{x}P(x,y_0,z_0)\mathrm{d}x+\int_{y_0}^{y}Q(x,y,z_0)\mathrm{d}y+\int_{z_0}^{z}R(x,y,z)\mathrm{d}z\,. \tag{4.9}$$

(4.9)式可以作为求势函数的公式，通常为简单起见，在可能的情况下，可取 M^0 为坐标原点，即 $(x_0,y_0,z_0)=(0,0,0)$.

例 4.1 设向量场

$$\boldsymbol{F}(M)=(yz+2xy)\boldsymbol{i}+(xz+x^2+2yz)\boldsymbol{j}+(xy+y^2)\boldsymbol{k}\,,$$

证明 $\boldsymbol{F}(M)$ 是保守场，并求 $\boldsymbol{F}(M)$ 的势函数.

解 首先计算 $\boldsymbol{F}(M)$ 的旋度，有

$$\begin{aligned}\nabla\times\boldsymbol{F}(M)&=\begin{vmatrix}\boldsymbol{i} & \boldsymbol{j} & \boldsymbol{k}\\ \dfrac{\partial}{\partial x} & \dfrac{\partial}{\partial y} & \dfrac{\partial}{\partial z}\\ yz+2xy & xz+x^2+2yz & xy+y^2\end{vmatrix}\\
&=\left[\frac{\partial(xy+y^2)}{\partial y}-\frac{\partial(xz+x^2+2yz)}{\partial z}\right]\boldsymbol{i}-\left[\frac{\partial(xy+y^2)}{\partial x}-\frac{\partial(yz+2xy)}{\partial z}\right]\boldsymbol{j}\\
&\quad+\left[\frac{\partial(xz+x^2+2yz)}{\partial x}-\frac{\partial(yz+2xy)}{\partial y}\right]\boldsymbol{k}\\
&=\left[(x+2y)-(x+2y)\right]\boldsymbol{i}-(y-y)\boldsymbol{j}+\left[(z+2x)-(z+2x)\right]\boldsymbol{k}\\
&=\boldsymbol{0},\end{aligned}$$

故 $\boldsymbol{F}(M)$ 是保守场.

取 $(x_0,y_0,z_0)=(0,0,0)$，由(4.9)式，有

$$\begin{aligned}u(M)&=\int_0^x P(x,0,0)\mathrm{d}x+\int_0^y Q(x,y,0)\mathrm{d}y+\int_0^z R(x,y,z)\mathrm{d}z\\
&=\int_0^x 0\mathrm{d}x+\int_0^y x^2\mathrm{d}y+\int_0^z (xy+y^2)\mathrm{d}z\\
&=x^2y+xyz+y^2z,\end{aligned}$$

故 $\boldsymbol{F}(M)$ 的势函数的全体是

$$u(x,y,z)=x^2y+xyz+y^2z+C\,,$$

其中，C 是任意常数.

例 4.2　用不定积分法求例 4.1 中 $\boldsymbol{F}(M)$ 的势函数. 事实上, 所求势函数 u 是满足以下三个式子的函数:

$$\begin{cases}\dfrac{\partial u}{\partial x}=P(x,y,z), & (4.10)\\[2mm] \dfrac{\partial u}{\partial y}=Q(x,y,z), & (4.11)\\[2mm] \dfrac{\partial u}{\partial z}=R(x,y,z). & (4.12)\end{cases}$$

由 (4.10) 式, 有

$$\frac{\partial u}{\partial x}=P(x,y,z)=yz+2xy\ ,$$

两边同时对 x 积分, 得

$$u(x,y,z)=\int(yz+2xy)\mathrm{d}x=xyz+x^2y+\varphi(y,z)\ , \tag{4.13}$$

这里 $\varphi(y,z)$ 是积分常数, 因积分是对 x 的, 故积分常数是 y,z 的函数. 由 (4.11) 式, 有

$$\frac{\partial u}{\partial y}=Q(x,y,z)=xz+x^2+2yz\ , \tag{4.14}$$

又由 (4.13) 式, 得

$$\frac{\partial u}{\partial y}=xz+x^2+\frac{\partial \varphi}{\partial y}\ , \tag{4.15}$$

比较 (4.14) 和 (4.15) 两个式子, 得

$$\frac{\partial \varphi}{\partial y}=2yz\ ,$$

此式两边对 y 积分, 得

$$\varphi(y,z)=y^2z+\psi(z)\ ,$$

这里 $\psi(z)$ 是积分常数, 该积分常数是 z 的函数. 将此 $\varphi(y,z)$ 的表达式代入到 (4.13) 式中, 得

$$u(x,y,z)=xyz+x^2y+y^2z+\psi(z)\,. \tag{4.16}$$

类似于上面的步骤, 由 (4.12) 式, 得

$$\frac{\partial u}{\partial z}=R(x,y,z)=xy+y^2, \tag{4.17}$$

又由(4.16)式，得

$$\frac{\partial u}{\partial z}=xy+y^2+\frac{\partial \psi}{\partial z}, \tag{4.18}$$

比较(4.17)和(4.18)两个式子，得

$$\frac{\partial \psi}{\partial z}=0,$$

解得

$$\psi(z)=C,$$

C是任意常数，最后得出

$$u(x,y,z)=x^2y+xyz+y^2z+C.$$

例 4.3　若$\boldsymbol{F}(M)$是保守场，l是以A为起点，B为终点的曲线，则存在函数$u(M)$，使

$$\int_l \boldsymbol{F}(M)\cdot \mathrm{d}\boldsymbol{l}=u(B)-u(A). \tag{4.19}$$

证　因$\boldsymbol{F}(M)$是保守场，所以积分$\int_l \boldsymbol{F}(M)\cdot \mathrm{d}\boldsymbol{l}$与路径无关，于是

$$\int_l \boldsymbol{F}(M)\cdot \mathrm{d}\boldsymbol{l}=\int_A^B \boldsymbol{F}(M)\cdot \mathrm{d}\boldsymbol{l}$$

$$=\int_A^{M^0} \boldsymbol{F}(M)\cdot \mathrm{d}\boldsymbol{l}+\int_{M^0}^B \boldsymbol{F}(M)\cdot \mathrm{d}\boldsymbol{l}=\int_{M^0}^B \boldsymbol{F}(M)\cdot \mathrm{d}\boldsymbol{l}-\int_{M^0}^A \boldsymbol{F}(M)\cdot \mathrm{d}\boldsymbol{l},$$

M^0为场中一点，根据(4.4)式，有

$$u(M)=\int_{M^0}^M \boldsymbol{F}(M)\cdot \mathrm{d}\boldsymbol{l},$$

所以

$$\int_l \boldsymbol{F}(M)\cdot \mathrm{d}\boldsymbol{l}=u(B)-u(A).$$

(4.4)式表示的函数$u(M)$是保守场$\boldsymbol{F}(M)$的一个势函数，于是对于保守场$\boldsymbol{F}(M)$，可利用(4.9)式求其势函数，然后利用(4.19)式求曲

线积分$\int_l \boldsymbol{F}(M)\cdot \mathrm{d}\boldsymbol{l}$. 例如，对于例 4.1 中的向量场

$$\boldsymbol{F}(M)=(yz+2xy)\boldsymbol{i}+(xz+x^2+2yz)\boldsymbol{j}+(xy+y^2)\boldsymbol{k},$$

已证明其为保守场，且已求出它的一个势函数为

$$u(M)=x^2y+xyz+y^2z,$$

若l是以$A(0,1,2)$为起点，$B(1,3,1)$为终点的曲线，则

$$\int_l \boldsymbol{F}(M)\cdot \mathrm{d}\boldsymbol{l}=u(M)\Big|_A^B=u(B)-u(A)=13.$$

例 4.4　试求微分方程$(z^3-4xy)\mathrm{d}x+(6y-2x^2)\mathrm{d}y+(3xz^2+1)\mathrm{d}z=0$的解.

解　设$\boldsymbol{F}(M)=(z^3-4xy)\boldsymbol{i}+(6y-2x^2)\boldsymbol{j}+(3xz^2+1)\boldsymbol{k}$，由

$$\nabla\times\boldsymbol{F}(M)=\begin{vmatrix}\boldsymbol{i} & \boldsymbol{j} & \boldsymbol{k}\\ \dfrac{\partial}{\partial x} & \dfrac{\partial}{\partial y} & \dfrac{\partial}{\partial z}\\ z^3-4xy & 6y-2x^2 & 3xz^2+1\end{vmatrix}=\boldsymbol{0},$$

知$\boldsymbol{F}(M)$为保守场. 其势函数$u(M)$是$\boldsymbol{F}(M)\cdot\mathrm{d}\boldsymbol{l}$的原函数，满足

$$\mathrm{d}u=\boldsymbol{F}(M)\cdot\mathrm{d}\boldsymbol{l}=(z^3-4xy)\mathrm{d}x+(6y-2x^2)\mathrm{d}y+(3xz^2+1)\mathrm{d}z,$$

于是，所给微分方程为

$$\mathrm{d}u=0,$$

从而其解为

$$u=C.$$

取$(x_0,y_0,z_0)=(0,0,0)$，由(4.9)式，有

$$\begin{aligned}u(x,y,z)&=\int_0^x P(x,0,0)\mathrm{d}x+\int_0^y Q(x,y,0)\mathrm{d}y+\int_0^z R(x,y,z)\mathrm{d}z\\&=\int_0^x 0\mathrm{d}x+\int_0^y(6y-2x^2)\mathrm{d}y+\int_0^z(3xz^2+1)\mathrm{d}z\\&=3y^2-2x^2y+xz^3+z,\end{aligned}$$

即所求微分方程的解为

$$3y^2-2x^2y+xz^3+z=C,\qquad C\text{为常数}.$$

练习 4.2　验证下列向量场为保守场，并求其势函数.

(1) $\boldsymbol{F}(M)=(2x+z^2)\boldsymbol{i}+z\boldsymbol{j}+(y+2xz)\boldsymbol{k}$;

(2) $\boldsymbol{F}(M)=(y\cos xy)\boldsymbol{i}+(x\cos xy)\boldsymbol{j}+(\sin z)\boldsymbol{k}$.

练习 4.3　l 是以 A 为起点，B 为终点的曲线，计算曲线积分 $\int_l \boldsymbol{F}(M)\cdot \mathrm{d}\boldsymbol{l}$.

(1) $\boldsymbol{F}(M)=(6xy+z^3)\boldsymbol{i}+(3x^2-z)\boldsymbol{j}+(3xz^2-y)\boldsymbol{k}$，$A(4,0,1)$，$B(2,1,-1)$;

(2) $\boldsymbol{F}(M)=2xz\boldsymbol{i}+2yz^2\boldsymbol{j}+(x^2+2y^2z-1)\boldsymbol{k}$，$A(3,0,1)$，$B(5,-1,3)$.

练习 4.4　求下列微分方程的解：

(1) $2x\mathrm{e}^{-y}\mathrm{d}x+(\cos z-x^2\mathrm{e}^{-y})\mathrm{d}y-y\sin z\mathrm{d}z=0$;

(2) $(2x+y)\mathrm{d}x+(4y+x+2z)\mathrm{d}y+(2y-z)\mathrm{d}z=0$.

4.2　管　形　场

对磁场而言，设 $\boldsymbol{B}$ 为磁感应强度，由磁场的高斯定理，$\boldsymbol{B}$ 通过磁场中任意闭合曲面的通量为零，于是由散度的定义，我们知道，在磁场中任一点处有

$$\mathrm{div}\boldsymbol{B}=\lim_{V\to M}\frac{\oiint_S \boldsymbol{B}\cdot \mathrm{d}\boldsymbol{S}}{V}=0,$$

其中 V 是 S 所围立体的体积.这种散度处处为零的场叫做管形场.

定义 4.3　若 $\boldsymbol{F}(M)$ 是区域 D 中的向量场，且在 D 内处处有

$$\nabla\cdot\boldsymbol{F}(M)=0,\quad M\in D, \tag{4.20}$$

则称 $\boldsymbol{F}(M)$ 是 D 中的**管形场.**

根据定义，管形场是一个无源场，之所以被称为管形场，是因为它具有如下性质.

定理 4.4　设 D 是一个二维单连通区域，$\boldsymbol{F}(M)$ 是 D 中的一个管形场，在场中任取一个向量管，设 S_1 与 S_2 是其任意两个横截面，其法线向量 $\boldsymbol{n}_1,\boldsymbol{n}_2$ 均指向 $\boldsymbol{F}(M)$ 所指的一侧（图 4.7），则

$$\iint_{S_1} \boldsymbol{F}(M)\cdot \mathrm{d}\boldsymbol{S} = \iint_{S_2} \boldsymbol{F}(M)\cdot \mathrm{d}\boldsymbol{S}. \tag{4.21}$$

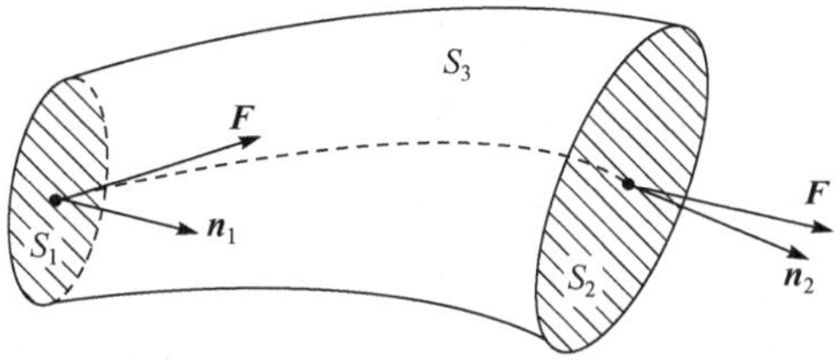

图 4.7

证　$\boldsymbol{F}(M)$是D中的一个管形场,所以在D中处处有$\mathrm{div}\boldsymbol{F}(M)=0$. 设向量管在二横截面$S_1$与$S_2$之间的部分是$S_3$，且$S_3$外侧法向量是$\boldsymbol{n}_3$，$S$是由$S_1$，$S_2$，$S_3$所围成的一个闭合曲面，有

$$S = S_1^- + S_2 + S_3,$$

其中S_1^-表示S_1的负侧，由$\mathrm{div}\boldsymbol{F}(M)=0$，根据高斯定理知

$$\oiint_S \boldsymbol{F}(M)\cdot \mathrm{d}\boldsymbol{S} = \iiint_V \mathrm{div}\boldsymbol{F}(M)\mathrm{d}V = 0,$$

其中V是S所围的空间区域，从而有

$$\iint_{S_1^-} \boldsymbol{F}(M)\cdot \mathrm{d}\boldsymbol{S} + \iint_{S_2} \boldsymbol{F}(M)\cdot \mathrm{d}\boldsymbol{S} + \iint_{S_3} \boldsymbol{F}(M)\cdot \mathrm{d}\boldsymbol{S} = 0,$$

又因S_3是由$\boldsymbol{F}(M)$的向量线所组成的曲面,其法向量$\boldsymbol{n}_3$与$\boldsymbol{F}(M)$垂直,于是

$$\iint_{S_3} \boldsymbol{F}(M)\cdot \mathrm{d}\boldsymbol{S} = 0,$$

故有

$$\iint_{S_1^-} \boldsymbol{F}(M)\cdot \mathrm{d}\boldsymbol{S} + \iint_{S_2} \boldsymbol{F}(M)\cdot \mathrm{d}\boldsymbol{S} = 0,$$

即

$$\iint_{S_1} \boldsymbol{F}(M)\cdot \mathrm{d}\boldsymbol{S} = \iint_{S_2} \boldsymbol{F}(M)\cdot \mathrm{d}\boldsymbol{S},$$

从而定理结论成立.

定理 4.4 说明，管形场 $\boldsymbol{F}(M)$ 穿过同一个向量管的所有横截面的通量都相等. 管形场 $\boldsymbol{F}(M)$ 穿过一个向量管的横截面的通量称为该向量管的强度，它描述了场量 $\boldsymbol{F}(M)$ 的大小.

假设 $\boldsymbol{F}(M)$ 是一个流速场，则流体流入向量管的流量和由向量管内流出的流量是一样的.流体在向量管内流动，就如同在一个真正的管子内流动一样，管形场由此而得名.

类似于保守场存在势函数，一个向量场 $\boldsymbol{F}(M)$ 为管形场的充要条件是它存在向量势.

定理 4.5 设 $\boldsymbol{F}(M)$ 是二维单连通区域 D 内的向量场，$\boldsymbol{F}(M)$ 为管形场的充要条件是存在另一个向量场 $\boldsymbol{G}(M)$，使

$$\boldsymbol{F}(M)=\nabla\times\boldsymbol{G}(M). \tag{4.22}$$

$\boldsymbol{G}(M)$ 称为 $\boldsymbol{F}(M)$ 的**向量势**.

证 充分性. 若 $\boldsymbol{F}(M)=\nabla\times\boldsymbol{G}(M)$，则由定理 3.7 得

$$\nabla\cdot\boldsymbol{F}(M)=\nabla\cdot\left[\nabla\times\boldsymbol{G}(M)\right]=0,$$

故 $\boldsymbol{F}(M)$ 为管形场.

必要性. 设 $\boldsymbol{F}(M)=P\boldsymbol{i}+Q\boldsymbol{j}+R\boldsymbol{k}$ 是管形场，即有

$$\frac{\partial P}{\partial x}+\frac{\partial Q}{\partial y}+\frac{\partial R}{\partial z}=0. \tag{4.23}$$

令 $\boldsymbol{G}(M)=U\boldsymbol{i}+V\boldsymbol{j}+W\boldsymbol{k}$，由 $\boldsymbol{G}(M)$ 满足(4.22)式知，U,V,W 应满足如下方程组

$$\begin{cases}\dfrac{\partial W}{\partial y}-\dfrac{\partial V}{\partial z}=P, & (4.24)\\[2ex] \dfrac{\partial U}{\partial z}-\dfrac{\partial W}{\partial x}=Q, & (4.25)\\[2ex] \dfrac{\partial V}{\partial x}-\dfrac{\partial U}{\partial y}=R. & (4.26)\end{cases}$$

为简单起见，取 $W=C$, C 为任意常数，则由(4.24)式和(4.25)式得

$$V=-\int_{z_0}^{z}P(x,y,z)\mathrm{d}z+\varphi(x,y),$$

$$U=\int_{z_0}^{z}Q(x,y,z)\mathrm{d}z+\psi(x,y),$$

其中 $M^0(x_0,y_0,z_0)$ 为场中任一定点，$\varphi(x,y)$ 和 $\psi(x,y)$ 均为积分常数，将 V 和 U 代入(4.26)式中，得

$$-\int_{z_0}^{z}\left(\frac{\partial P}{\partial x}+\frac{\partial Q}{\partial y}\right)\mathrm{d}z+\frac{\partial\varphi}{\partial x}-\frac{\partial\psi}{\partial y}=R, \tag{4.27}$$

由(4.23)式，得

$$\frac{\partial P}{\partial x}+\frac{\partial Q}{\partial y}=-\frac{\partial R}{\partial z},$$

将此式代入(4.27)式，得

$$\int_{z_0}^{z}\frac{\partial R}{\partial z}\mathrm{d}z+\frac{\partial\varphi}{\partial x}-\frac{\partial\psi}{\partial y}=R,$$

即

$$R(x,y,z)-R(x,y,z_0)+\frac{\partial\varphi}{\partial x}-\frac{\partial\psi}{\partial y}=R(x,y,z),$$

于是

$$\frac{\partial\varphi}{\partial x}-\frac{\partial\psi}{\partial y}=R(x,y,z_0). \tag{4.28}$$

取 $\psi(x,y)=0$，则(4.28)式简化为

$$\frac{\partial\varphi}{\partial x}=R(x,y,z_0),$$

从而

$$\varphi(x,y)=\int_{x_0}^{x}R(x,y,z_0)\mathrm{d}x+\lambda(y).$$

为简单起见，取 $\lambda(y)=0$，即 $\varphi(x,y)=\int_{x_0}^{x}R(x,y,z_0)\mathrm{d}x$，从而得到

$$U=\int_{z_0}^{z}Q(x,y,z)\mathrm{d}z,$$

$$V=-\int_{z_0}^{z}P(x,y,z)\mathrm{d}z+\int_{x_0}^{x}R(x,y,z_0)\mathrm{d}x,$$

$$W = C .$$

于是得到一个满足定理要求的向量场

$$\boldsymbol{G}(M) = \left(\int_{z_0}^{z} Q(x,y,z)\mathrm{d}z \right)\boldsymbol{i} + \left(-\int_{z_0}^{z} P(x,y,z)\mathrm{d}z + \int_{x_0}^{x} R(x,y,z_0)\mathrm{d}x \right)\boldsymbol{j} + C\boldsymbol{k}, \tag{4.29}$$

其中$M^0(x_0,y_0,z_0)$为场中的某一固定点.

例 4.5　设向量场$\boldsymbol{F}(M) = y\boldsymbol{i} + z\boldsymbol{j} + x\boldsymbol{k}$，判断是否存在向量场$\boldsymbol{G}(M)$，使得$\nabla\times\boldsymbol{G}(M) = \boldsymbol{F}(M)$，并求出一个满足条件的$\boldsymbol{G}(M)$.

解　由$\nabla\cdot\boldsymbol{F}(M) = \frac{\partial y}{\partial x} + \frac{\partial z}{\partial y} + \frac{\partial x}{\partial z} = 0$知$\boldsymbol{F}(M)$是管形场，故存在向量场$\boldsymbol{G}(M)$，使得$\nabla\times\boldsymbol{G}(M) = \boldsymbol{F}(M)$，由(4.29)式，取$(x_0,y_0,z_0) = (0,0,0)$，得

$$U = \int_{z_0}^{z} Q(x,y,z)\mathrm{d}z = \int_{0}^{z} z\mathrm{d}z = \frac{1}{2}z^2 ,$$

$$V = -\int_{z_0}^{z} P(x,y,z)\mathrm{d}z + \int_{x_0}^{x} R(x,y,z_0)\mathrm{d}x = -\int_{0}^{z} y\mathrm{d}z + \int_{0}^{x} x\mathrm{d}x = \frac{1}{2}x^2 - yz ,$$

再取$W = 0$，得

$$\boldsymbol{G}(M) = \frac{1}{2}z^2\boldsymbol{i} + \left(\frac{1}{2}x^2 - yz\right)\boldsymbol{j} .$$

由定理 4.5 的证明可见，管形场$\boldsymbol{F}(M)$的向量势不是唯一的.若$\boldsymbol{G}(M)$是管形场$\boldsymbol{F}(M)$的一个向量势，则对任意数量场$u = u(M)$，因为

$$\nabla\times\nabla u = \boldsymbol{0},$$

所以

$$\nabla\times[\boldsymbol{G}(M) + \nabla u(M)] = \nabla\times\boldsymbol{G}(M) + \nabla\times\nabla u(M) = \boldsymbol{F}(M) ,$$

从而$\boldsymbol{G}(M) + \nabla u(M)$也是$\boldsymbol{F}(M)$的向量势.

为了唯一地确定一个管形场的向量势，通常需要对$\boldsymbol{G}(M)$的散度作一规定. 例如，在恒定磁场的情况下，设$\boldsymbol{B}$是磁感应强度，则$\boldsymbol{B}$的向量势$\boldsymbol{A}$，通常要满足条件

$$\nabla\cdot\boldsymbol{A}(M) = 0 . \tag{4.30}$$

电磁学中，(4.30)式通常称为**库仑规范**. 在库仑规范下，磁感应强度的向量势可被唯一确定.

练习 4.5　设 $u=xyz^2$, $\boldsymbol{F}=(2x^2+8xy^2z)\,\boldsymbol{i}+(3x^3y-3xy)\,\boldsymbol{j}-(4x^2z^2+2x^3z)\,\boldsymbol{k}$，证明 $u\boldsymbol{F}$ 为管形场.

练习 4.6　利用(4.29)式求上题中的向量场 $u\boldsymbol{F}$ 的向量势.

4.3　调　和　场

定义 4.4　若向量场 $\boldsymbol{F}(M)$ 在场中处处有

$$\nabla\cdot\boldsymbol{F}(M)=0,\quad \nabla\times\boldsymbol{F}(M)=\boldsymbol{0}, \tag{4.31}$$

则称 $\boldsymbol{F}(M)$ 是一个**调和场**.

调和场是指既无源又无旋的向量场. 例如，位于原点的点电荷 q 产生的电场中，除去电荷 q 所在的原点外，电位移向量 $\boldsymbol{D}$ 处处有

$$\nabla\cdot\boldsymbol{D}=0,\quad \nabla\times\boldsymbol{D}=\boldsymbol{0},$$

所以电位移向量 $\boldsymbol{D}$ 在除去原点外的区域内形成一个调和场. 根据散度和旋度运算的基本公式，对电场强度 $\boldsymbol{E}$，有

$$\nabla\cdot\boldsymbol{E}=\nabla\cdot\left(\frac{1}{\varepsilon}\boldsymbol{D}\right)=\frac{1}{\varepsilon}\nabla\cdot\boldsymbol{D}=0,$$

$$\nabla\times\boldsymbol{E}=\nabla\times\left(\frac{1}{\varepsilon}\boldsymbol{D}\right)=\frac{1}{\varepsilon}\nabla\times\boldsymbol{D}=\boldsymbol{0},$$

所以电场强度 $\boldsymbol{E}$ 同样在除去原点外的区域内形成一个调和场.

对于调和场 $\boldsymbol{F}(M)$，因为 $\nabla\times\boldsymbol{F}(M)=\boldsymbol{0}$，故存在势函数 $u(M)$，使

$$\boldsymbol{F}(M)=\nabla u(M),$$

又由 $\nabla\cdot\boldsymbol{F}(M)=0$，知

$$\nabla\cdot\nabla u(M)=0,$$

故势函数 $u(M)$ 满足

$$\nabla\cdot(\nabla u)=\frac{\partial^2 u}{\partial x^2}+\frac{\partial^2 u}{\partial y^2}+\frac{\partial^2 u}{\partial z^2}=0. \tag{4.32}$$

称

$$\frac{\partial^2 u}{\partial x^2}+\frac{\partial^2 u}{\partial y^2}+\frac{\partial^2 u}{\partial z^2}=0 \tag{4.33}$$

为**拉普拉斯方程**或**调和方程**，满足调和方程的函数称为**调和函数**. 调和场一定存在调和函数，调和场由此而得名.

引进数性二阶微分算子

$$\Delta=\nabla\cdot\nabla=\frac{\partial^2}{\partial x^2}+\frac{\partial^2}{\partial y^2}+\frac{\partial^2}{\partial z^2}, \tag{4.34}$$

Δ称为**拉普拉斯算子**，$\nabla\cdot\nabla$表示两个哈密顿算子的数量积，因此它是一个数性微分算子，利用拉普拉斯算子，调和方程(4.33)可以表示为

$$\Delta u=0. \tag{4.35}$$

Δu 也称为**调和量**.

显然，调和场的调和函数$u(M)$满足$\Delta u(M)=0$.

例 4.6 设向量场

$$\boldsymbol{F}(M)=[2x+y\,,x+4y+2z\,,2y-6z]^{\mathrm{T}},$$

证明向量场$\boldsymbol{F}(M)$是调和场，并求其调和函数.

解 $$\nabla\times\boldsymbol{F}(M)=\begin{vmatrix}\boldsymbol{i} & \boldsymbol{j} & \boldsymbol{k}\\ \dfrac{\partial}{\partial x} & \dfrac{\partial}{\partial y} & \dfrac{\partial}{\partial z}\\ 2x+y & x+4y+2z & 2y-6z\end{vmatrix}=\boldsymbol{0},$$

$$\nabla\cdot\boldsymbol{F}(M)=2+4-6=0,$$

故$\boldsymbol{F}(M)$是调和场.

取$(x_0,y_0,z_0)=(0,0,0)$，由(4.9)式，有

$$u(x,y,z)=\int_0^x P(x,0,0)\mathrm{d}x+\int_0^y Q(x,y,0)\mathrm{d}y+\int_0^z R(x,y,z)\mathrm{d}z$$

$$=\int_0^x 2x\mathrm{d}x+\int_0^y (x+4y)\mathrm{d}y+\int_0^z (2y-6z)\mathrm{d}z=x^2+xy+2y^2+2yz-3z^2,$$

故其调和函数为$u=x^2+xy+2y^2+2yz-3z^2+C$，C是任意常数.

可以验证该例中求出的函数$u=x^2+xy+2y^2+2yz-3z^2+C$一定满足调和方程，即有

$$\frac{\partial^2 u}{\partial x^2}=2,\qquad \frac{\partial^2 u}{\partial y^2}=4,\qquad \frac{\partial^2 u}{\partial z^2}=-6,$$

从而有 $\frac{\partial^2 u}{\partial x^2}+\frac{\partial^2 u}{\partial y^2}+\frac{\partial^2 u}{\partial z^2}=0$.

例 4.7　设 $\boldsymbol{r}=x\boldsymbol{i}+y\boldsymbol{j}+z\boldsymbol{k}$，$r=|\boldsymbol{r}|=\sqrt{x^2+y^2+z^2}$，求 Δr.

解　$$\Delta r=\nabla\cdot(\nabla r)=\nabla\cdot\left(\frac{1}{r}\boldsymbol{r}\right)=\nabla\cdot(r^{-1}\boldsymbol{r})=(\nabla r^{-1})\cdot\boldsymbol{r}+r^{-1}\nabla\cdot\boldsymbol{r}$$

$$=(-r^{-2}\nabla r)\cdot\boldsymbol{r}+3r^{-1}=\left(-r^{-2}\frac{\boldsymbol{r}}{r}\right)\cdot\boldsymbol{r}+3r^{-1}=-r^{-3}\boldsymbol{r}\cdot\boldsymbol{r}+3r^{-1}$$

$$=-r^{-3}r^2+3r^{-1}=\frac{2}{r}.$$

例 4.8　设 S 为区域 V 的边界曲面，$\boldsymbol{n}$ 为 S 的外侧单位法向量，函数 $f(x,y,z)$ 在 V 和 S 上均具有二阶连续偏导数，证明

$$\oiint_S \frac{\partial f}{\partial \boldsymbol{n}}\mathrm{d}S=\iiint_V \Delta f\mathrm{d}V,$$

其中 $\frac{\partial f}{\partial \boldsymbol{n}}$ 为 f 沿 $\boldsymbol{n}$ 的方向导数.

证　$\oiint_S \frac{\partial f}{\partial \boldsymbol{n}}\mathrm{d}S=\oiint_S \mathrm{grad}f\cdot\boldsymbol{n}\mathrm{d}S=\oiint_S \mathrm{grad}f\cdot\mathrm{d}\boldsymbol{S}$，由高斯定理，有

$$\oiint_S \frac{\partial f}{\partial \boldsymbol{n}}\mathrm{d}S=\iiint_V \mathrm{div}(\mathrm{grad}f)\mathrm{d}V=\iiint_V \Delta f\mathrm{d}V.$$

由该例题的结果知，若 $f(x,y,z)$ 是 V 中的调和函数，则有

$$\oiint_S \frac{\partial f}{\partial \boldsymbol{n}}\mathrm{d}S=0.$$

就向量场整体而言，无旋场的散度不能处处为零，而无源场的旋度也不能处处为零. 因为任何一个物理向量场都必须有"源"，场是与"源"一起出现在某一空间内的物理现象. 假如我们把"源"看作场的起因，向量场的散度便对应于场的一种源，称为**发散源**；而向量场的旋度则对应着场的另一种源，称为**旋涡源**. 一个不存在任何旋涡的向量场，其散度便不能再在处处为零，否则这个场便不能存在. 同样，

一个无源场其旋度也不能处处为零.

对一般的向量场 $\boldsymbol{F}(M)$，如果

$$\nabla\cdot\boldsymbol{F}(M)\neq 0,\quad \nabla\times\boldsymbol{F}(M)\neq\boldsymbol{0},$$

则 $\boldsymbol{F}(M)$ 可以分解为一个保守场和一个管形场之和，即存在向量场 $\boldsymbol{F}_1(M)$ 和 $\boldsymbol{F}_2(M)$，使

$$\boldsymbol{F}(M)=\boldsymbol{F}_1(M)+\boldsymbol{F}_2(M),$$

而这里的 $\boldsymbol{F}_1(M)$ 和 $\boldsymbol{F}_2(M)$ 满足

$$\nabla\times\boldsymbol{F}_1(M)=\boldsymbol{0},\quad \nabla\cdot\boldsymbol{F}_2(M)=0.$$

于是存在数量函数 $u(M)$（$\boldsymbol{F}_1(M)$ 的势函数）和一个向量场 $\boldsymbol{G}(M)$（$\boldsymbol{F}_2(M)$ 的向量势），使

$$\boldsymbol{F}(M)=\nabla u(M)+\nabla\times\boldsymbol{G}(M).$$

设 $\nabla\cdot\boldsymbol{F}_1(M)=\rho$，$\nabla\times\boldsymbol{F}_2(M)=I$，则

$$\nabla\cdot\boldsymbol{F}(M)=\nabla\cdot\boldsymbol{F}_1(M)+\nabla\cdot\boldsymbol{F}_2(M)=\rho,$$

$$\nabla\times\boldsymbol{F}(M)=\nabla\times\boldsymbol{F}_1(M)+\nabla\times\boldsymbol{F}_2(M)=I.$$

$\boldsymbol{F}(M)$ 的散度 ρ 代表形成向量场的发散源，$\boldsymbol{F}(M)$ 的旋度 I 代表形成向量场的旋涡源，当这两种源在空间的分布已经确定时，向量场 $\boldsymbol{F}(M)$ 就唯一确定了，这个结论称为**亥姆霍兹定理**.

我们指出，只有在 $\boldsymbol{F}(M)$ 连续（即 $\boldsymbol{F}(M)$ 的三个分量函数连续）的区域内，$\nabla\cdot\boldsymbol{F}(M)$ 和 $\nabla\times\boldsymbol{F}(M)$ 才有意义，因为它们都包括 $\boldsymbol{F}(M)$ 对空间变量的导数. 在区域内如果存在 $\boldsymbol{F}(M)$ 不连续的点，例如，点电荷形成的电场中点电荷所在的点，电流沿无限长直导线流动形成的磁场中导线所在的点，这些点附近不能用散度和旋度分析场的性质.

练习 4.7 证明下列向量场 $\boldsymbol{F}(M)$ 是调和场，并求其势函数和向量势各一个，验证求出的势函数为调和函数.

(1) $\boldsymbol{F}(M)=[1+2x-5y,\ 4y-5x+7z,\ 7y-6z]^{\mathrm{T}}$；

(2) $\boldsymbol{F}(M)=[yz,\ zx,\ xy]^{\mathrm{T}}$.

练习 4.8 设 $r=\sqrt{x^2+y^2+z^2}$，m 为常数，证明 $u=\dfrac{m}{r}$ 是调和函数.

练习 4.9　设 $r=\sqrt{x^2+y^2+z^2}$ ，利用 $\Delta u=\nabla\cdot\nabla u$ ，证明：

(1) $\Delta\ln r=\dfrac{1}{r^2}$ ；(2) $\Delta r^n=n(n+1)r^{n-2}$.

习　题　4

4.1　设 $\boldsymbol{F}(M)=P\boldsymbol{i}+Q\boldsymbol{j}+R\boldsymbol{k}$ ，其中 $P(x,y,z)=x^2+5\lambda y+3yz$ ，$Q(x,y,z)=5x+3\lambda xz-2$ ，$R(x,y,z)=(\lambda+2)xy-4z$ ，求 $\nabla\times\boldsymbol{F}(M)$ ，问 λ 等于多少时，$\boldsymbol{F}(M)$ 是保守场？

4.2　设 $\varphi(x),\psi(y),\chi(z)$ 均为可微函数，证明 $\boldsymbol{F}(M)=[\varphi(x),\psi(y),\chi(z)]^{\mathrm{T}}$ 为保守场，并求出势函数.

4.3　证明 $\boldsymbol{F}(M)$ 为保守场，并计算曲线积分 $\int_l \boldsymbol{F}(M)\cdot\mathrm{d}\boldsymbol{l}$ ，l 是以 A 为起点，B 为终点的曲线：

(1) $\boldsymbol{F}(M)=(2xy+3)\boldsymbol{i}+(x^2-4z)\boldsymbol{j}-4y\boldsymbol{k}$ ，$A(3,-1,2)$ ，$B(2,1,-1)$ ；

(2) $\boldsymbol{F}(M)=(x^2+y)\boldsymbol{i}+(x-\cos y)\boldsymbol{j}$ ，$A(0,0)$ ，$B\left(2,\dfrac{\pi}{2}\right)$.

4.4　求解微分方程

$$\left(2x\cos y-y^2\sin x\right)\mathrm{d}x+\left(2y\cos x-x^2\sin y\right)\mathrm{d}y+z\mathrm{d}z=0 .$$

4.5　若力 $\boldsymbol{F}(M)$ 为恒指向某定点的向心力，且其大小仅与 M 至该点的距离 r 有关，证明此力场为保守场.

4.6　判断是否存在向量场 $\boldsymbol{G}(M)$ ，使得 $\nabla\times\boldsymbol{G}(M)=\boldsymbol{F}(M)$ ，并求出一个满足条件的 $\boldsymbol{G}(M)$.

(1) $\boldsymbol{F}(M)=x\boldsymbol{i}+y\boldsymbol{j}+C\boldsymbol{k}$ ，C 是常数；

(2) $\boldsymbol{F}(M)=y^2\boldsymbol{i}+z^2\boldsymbol{j}+x^2\boldsymbol{k}$.

4.7　试确定常数 a,b,c 的值，使向量场

$$\boldsymbol{F}(M)=(axz+x^2)\boldsymbol{i}+(by+xy^2)\boldsymbol{j}+(z-z^2+cxz-2xyz)\boldsymbol{k}$$

为管形场.

4.8　已知函数 $R(x,y,z)$ 满足条件 $\dfrac{\partial R}{\partial z}=0$ ，且当 $x=y=0$ 时，

$R=0$，求 R，使向量场

$$\boldsymbol{F}(M)=(x^3+3y^2z)\boldsymbol{i}+6xyz\boldsymbol{j}+R(x,y,z)\boldsymbol{k}$$

为保守场，问此时 $\boldsymbol{F}(M)$ 是否为管形场?

4.9　已知 $u=3x^2z-y^2z^3+4x^3y+2x-3y-5$，求 Δu.

4.10　若数量函数 u 满足拉普拉斯方程 $\Delta u=0$，证明其梯度场 $\mathrm{grad}u$ 为调和场.

4.11　S 是一个包含点 M 在内的光滑闭曲面，V 是 S 所包围的空间区域的体积，$\boldsymbol{n}$ 为曲面 S 外侧的法线向量，则在点 M 处，调和量 Δu 可以表示为

$$\Delta u=\lim_{V\to M}\frac{\displaystyle\oiint_S\frac{\partial u}{\partial \boldsymbol{n}}\mathrm{d}S}{V}.$$

第 5 章　平面向量场

如果一个向量场的场向量平行于某个平面 π，且在与 π 垂直的任一条直线 L 上，场向量都相等，则称这个向量场为平行平面向量场，简称为平面向量场.

平面向量场是物理学中常见的一种向量场. 例如，均匀带电的一条无限长直导线上电荷分布形成的电场，其电场强度向量可以看作平面向量场；沿无限长直导线流动的电流形成的磁场，其磁场强度向量也可以看作平面向量场.

设 $\boldsymbol{F}(M)$ 是一个平面向量场，如果在平行于 π 的平面中任选一块作为 xOy 平面，则 $\boldsymbol{F}(M)$ 的坐标表示中不含变量 z，这时向量场 $\boldsymbol{F}(M)$ 可以表示为

$$\boldsymbol{F}(M)=\boldsymbol{F}\left(x,y\right)=P(x,y)\boldsymbol{i}+Q(x,y)\boldsymbol{j}.$$

我们主要讨论平面向量场有别于空间向量场的一些特殊的性质，包括平面向量场的通量和散度、平面调和场的特征等.

5.1　平面向量场的通量和环量

对于平面向量场

$$\boldsymbol{F}(M)=P(x,y)\boldsymbol{i}+Q(x,y)\boldsymbol{j}, \tag{5.1}$$

可以仿照空间向量场的方式，引进向量场的通量和散度的概念.

设 l 是一条平面曲线，规定它的一个方向为正向(对于闭合曲线，通常选定正向的方法是：当一个人沿闭合曲线的正向前行时，曲线的内部区域位于人的左边；对于非闭合曲线，则由规定起点和终点的方法确定其正向)，取 l 的切线向量 $\boldsymbol{t}$ 与曲线的正向一致，法线向量 $\boldsymbol{n}$ 与切线向量 $\boldsymbol{t}$ 垂直且与 $\boldsymbol{t}$ 成右手系，即由 $\boldsymbol{t}$ 到 $\boldsymbol{n}$ 的方向为顺时针(图 5.1).

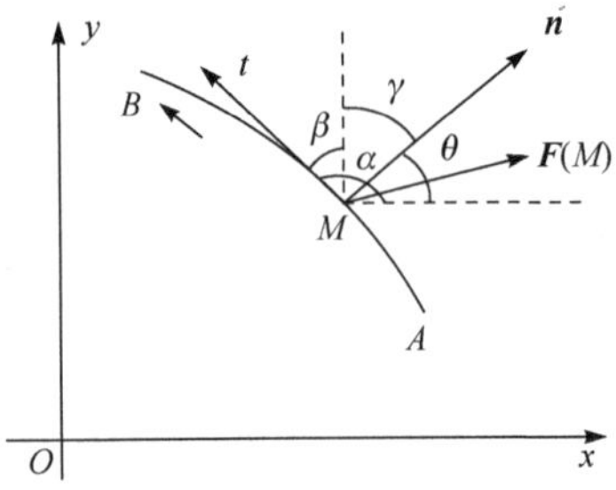

图 5.1

定义 5.1 设 D 是一个平面区域，$\boldsymbol{F}(M)$，$M\in D$ 是一个平面向量场，l 是 D 内的一条有向曲线，$\boldsymbol{F}_{\boldsymbol{n}}(M)=\boldsymbol{F}(M)\cdot\boldsymbol{n}^0$ 表示 $\boldsymbol{F}(M)$ 在 l 的法线方向 $\boldsymbol{n}$ 上的投影，若曲线积分

$$\Phi=\int_l \boldsymbol{F}_{\boldsymbol{n}}(M)\mathrm{d}l \tag{5.2}$$

存在，则称 Φ 为 $\boldsymbol{F}(M)$ 沿法线 $\boldsymbol{n}$ 的方向穿过曲线 l 的**通量**，其中 $\mathrm{d}l$ 为弧微分.

设 $\boldsymbol{F}(M)$ 为底部平坦的河床中流动的水流的速度场，水流的深度为 h，则在单位时间内穿过曲线 l 指定一侧的流量为

$$h\int_l \boldsymbol{F}_{\boldsymbol{n}}(M)\mathrm{d}l=h\Phi .$$

当 $h=1$ 时，这个流量就是 $\boldsymbol{F}(M)$ 沿 $\boldsymbol{n}$ 的方向穿过 l 的通量.

在直角坐标系下，设曲线 l 的切线向量 $\boldsymbol{t}$ 与 Ox 轴、Oy 轴夹角分别为 α，β，法线向量 $\boldsymbol{n}$ 和 Ox 轴、Oy 轴夹角分别为 θ，γ，则有(图 5.1)

$$\theta=\beta,\quad \gamma=\pi-\alpha . \tag{5.3}$$

于是

$$\begin{aligned}\boldsymbol{F}_{\boldsymbol{n}}(M)&=\boldsymbol{F}(M)\cdot\boldsymbol{n}^0\\&=P(x,y)\cos\theta+Q(x,y)\cos\gamma\\&=P(x,y)\cos\beta-Q(x,y)\cos\alpha.\end{aligned}$$

因为 $\cos\alpha=\dfrac{\mathrm{d}x}{\mathrm{d}l}$，$\cos\beta=\dfrac{\mathrm{d}y}{\mathrm{d}l}$，故可得到

$$\begin{aligned}\Phi&=\int_l\left(P(x,y)\frac{\mathrm{d}y}{\mathrm{d}l}-Q(x,y)\frac{\mathrm{d}x}{\mathrm{d}l}\right)\mathrm{d}l\\&=\int_l P(x,y)\mathrm{d}y-Q(x,y)\mathrm{d}x .\end{aligned} \tag{5.4}$$

(5.4)式是平面向量场 $\boldsymbol{F}(M)$ 沿曲线 l 法线方向的通量的表示式.记

$$\mathrm{d}\boldsymbol{l}=\boldsymbol{i}\mathrm{d}y-\boldsymbol{j}\mathrm{d}x$$

表示曲线**法向弧微分向量**，则(5.4)式可以表示为

$$\Phi = \int_l \boldsymbol{F}(M)\cdot \mathrm{d}\boldsymbol{l}. \tag{5.5}$$

例 5.1　求向量$\boldsymbol{r} = x\boldsymbol{i} + y\boldsymbol{j}$沿曲线$l: x^2 + y^2 = a^2$的外法线方向穿出$l$的通量.

解　由(5.4)式，得到

$$\begin{aligned}\Phi &= \int_l x\mathrm{d}y - y\mathrm{d}x \\ &= \int_0^{2\pi} a^2\left(\cos^2\theta + \sin^2\theta\right)\mathrm{d}\theta = 2\pi a^2.\end{aligned}$$

平面向量场的散度定义为点M附近单位面积内散发出的通量.

定义 5.2　设$\boldsymbol{F}(M)$，$M \in D$是一个平面向量场，M为场中任一点，在M点附近作一个包围M的闭曲线l，设l包围的平面区域及其面积均为S，若当S以任意方式缩向点M时，极限

$$\lim_{S \to M} \frac{\int_l \boldsymbol{F}(M)\cdot \mathrm{d}\boldsymbol{l}}{S} \tag{5.6}$$

存在且和l的取法无关，则称这个极限为$\boldsymbol{F}(M)$在M点的散度，记为$\mathrm{div}\boldsymbol{F}(M)$.

设$P(x,y)$和$Q(x,y)$在平面区域D内连续且有连续的一阶偏导数，D是一个单连通区域，对(5.4)式应用格林公式，可以得到直角坐标系下的散度计算公式

$$\mathrm{div}\boldsymbol{F}(M) = \frac{\partial P(x,y)}{\partial x} + \frac{\partial Q(x,y)}{\partial y}. \tag{5.7}$$

以$\nabla = \boldsymbol{i}\dfrac{\partial}{\partial x} + \boldsymbol{j}\dfrac{\partial}{\partial y}$表示二维的哈密顿算子，则平面向量场的散度公式可以表示为

$$\mathrm{div}\boldsymbol{F}(M) = \nabla \cdot \boldsymbol{F}(M). \tag{5.8}$$

利用(5.8)式，平面向量场的格林公式可以表示为

$$\int_l \boldsymbol{F}(M)\cdot \mathrm{d}\boldsymbol{l} = \iint_S \nabla\cdot \boldsymbol{F}(M)\mathrm{d}x\mathrm{d}y \,, \tag{5.9}$$

其中对l的积分沿逆时针方向，S是l内所包围的平面区域. 由此可知，格林公式可以看作高斯公式在平面向量场情形的特例.

例 5.2　设有无限长直导线，与Oz轴重合，沿Oz轴正向通以电流I，在导线周围产生磁场，在空间点$M(x,y,z)$处，磁场强度为

$$\boldsymbol{H} = \frac{I}{2\pi r^2}(-y\boldsymbol{i} + x\boldsymbol{j}),$$

其中$r=\sqrt{x^2+y^2}\neq 0$，求$\mathrm{div}\boldsymbol{H}$.

解　在导线外的任一点处，由(5.7)式，有

$$\nabla\cdot\boldsymbol{H} = \frac{I}{2\pi}\left[\frac{\partial\left(-\dfrac{y}{r^2}\right)}{\partial x} + \frac{\partial\left(\dfrac{x}{r^2}\right)}{\partial y}\right]$$

$$= \frac{I}{2\pi}\left(\frac{2xy}{r^3} - \frac{2xy}{r^3}\right) = 0,$$

即磁场中除去导线上的点外，磁场强度$\boldsymbol{H}$在任一点散度为零.

此外，平面向量场$\boldsymbol{F}(M)$沿闭曲线l的环量，与空间场的情形类似，设$\boldsymbol{t}$表示l上M点处的切线，方向指向l的正向，$\boldsymbol{F}_t(M)$表示$\boldsymbol{F}(M)$在$\boldsymbol{t}$方向的投影(图 5.2)，则$\boldsymbol{F}(M)$沿l的环量定义为

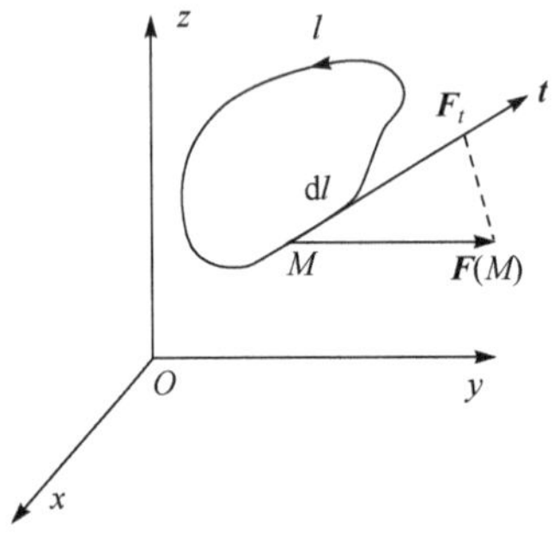

图 5.2

$$\Gamma = \oint_l \boldsymbol{F}_t(M)\mathrm{d}l. \tag{5.10}$$

$\mathrm{d}l$表示曲线l的弧长微元，设α，β分别表示$\boldsymbol{t}$和Ox轴、Oy轴的夹角，则$\boldsymbol{t}$的单位向量

$$\boldsymbol{t}^0 = [\cos\alpha, \cos\beta]^{\mathrm{T}} = \left[\frac{\mathrm{d}x}{\mathrm{d}l}, \frac{\mathrm{d}y}{\mathrm{d}l}\right]^{\mathrm{T}},$$

从而 $\boldsymbol{F}(M)$ 沿 l 的环量在直角坐标系下可以表示为

$$\begin{aligned}\Gamma &= \oint_l P(x,y)\mathrm{d}x + Q(x,y)\mathrm{d}y \\ &= \oint_l \boldsymbol{F}(M)\cdot \mathrm{d}\boldsymbol{l}\ ,\end{aligned} \tag{5.11}$$

这里

$$\mathrm{d}\boldsymbol{l} = \boldsymbol{i}\mathrm{d}x + \boldsymbol{j}\mathrm{d}y$$

为**切向弧微分向量**.

由 (5.11) 式，根据 (3.22) 和 (3.25) 式，分别可以得到平面向量场 $\boldsymbol{F}(M)$ 沿 z 轴方向的**环量面密度**为

$$\mu_k(M) = \frac{\partial Q}{\partial x} - \frac{\partial P}{\partial y} \tag{5.12}$$

及 $\boldsymbol{F}(M)$ 在 M 点的旋度向量

$$\nabla \times \boldsymbol{F}(M) = \left(\frac{\partial Q}{\partial x} - \frac{\partial P}{\partial y}\right)\boldsymbol{k}\ . \tag{5.13}$$

同时，(5.11) 式的格林公式可以表示为

$$\begin{aligned}\oint_l \boldsymbol{F}(M)\cdot \mathrm{d}\boldsymbol{l} &= \iint_S \left(\frac{\partial Q}{\partial x} - \frac{\partial P}{\partial y}\right)\mathrm{d}x\mathrm{d}y \\ &= \iint_S \nabla \times \boldsymbol{F}(M)\cdot \mathrm{d}\boldsymbol{S}\ ,\end{aligned} \tag{5.14}$$

其中 S 是曲线 l 所围区域，其法线和 l 的正向成右手系，$\mathrm{d}\boldsymbol{S} = \mathrm{d}x\mathrm{d}y\boldsymbol{k}$.

由 (5.14) 式可见，格林公式也可看作斯托克斯公式在平面向量场情形的特例. 最后我们指出，空间向量场中的通量与散度，以及环量和旋度的物理意义和它们的运算法则等,都适合于平面向量场的情形,在此就不一一赘述了.

练习 5.1　设 $\boldsymbol{F}(M) = xy^2\boldsymbol{i} - yx^2\boldsymbol{j}$,求 $\boldsymbol{F}(M)$ 沿下列曲线的法线方向穿过曲线 l 的通量，其中

(1) l 为圆周 $x^2 + y^2 = R^2$ ，取正方向；

(2) l 为上半圆周 $y = \sqrt{R^2 - x^2}$ ，方向从 $A(R,0)$ 到 $B(-R,0)$.

练习 5.2　求练习 5.1 中向量场 $\boldsymbol{F}(M)$ 沿曲线 $l: x^2 + y^2 = R^2$ 的环量.

5.2　平面调和场

设平面向量场 $\boldsymbol{F}(M)=P(x,y)\boldsymbol{i}+Q(x,y)\boldsymbol{j}$ 满足条件

$$\nabla\cdot\boldsymbol{F}(M)=0,\quad \nabla\times\boldsymbol{F}(M)=\boldsymbol{0},$$

则称 $\boldsymbol{F}(M)$ 为平面调和场，即平面调和场是既无源又无旋的平面向量场.

5.2.1　平面调和场的调和函数

由于 $\nabla\times\boldsymbol{F}(M)=\boldsymbol{0}$，即 $P(x,y)$，$Q(x,y)$ 满足

$$\frac{\partial Q}{\partial x}-\frac{\partial P}{\partial y}=0. \tag{5.15}$$

故 $\boldsymbol{F}(M)$ 存在势函数 $u(x,y)$，满足 $\boldsymbol{F}(M)=\nabla u(x,y)$，即有

$$P(x,y)=\frac{\partial u}{\partial x},\quad Q(x,y)=\frac{\partial u}{\partial y}. \tag{5.16}$$

由(4.9)式，势函数 $u(x,y)$ 可以由如下的积分公式求出：

$$u(x,y)=\int_{x_0}^{x}P(x,y_0)\mathrm{d}x+\int_{y_0}^{y}Q(x,y)\mathrm{d}y. \tag{5.17}$$

由于 $\nabla\cdot\boldsymbol{F}(M)=0$，故 $P(x,y)$，$Q(x,y)$ 满足

$$\frac{\partial P}{\partial x}+\frac{\partial Q}{\partial y}=0. \tag{5.18}$$

比较(5.18)式与(5.15)式，知向量

$$\boldsymbol{G}(M)=-Q(x,y)\boldsymbol{i}+P(x,y)\boldsymbol{j} \tag{5.19}$$

是无旋场. 于是向量场 $\boldsymbol{G}(M)$ 存在势函数 $v(x,y)$，满足 $\boldsymbol{G}(M)=\nabla v(x,y)$，即

$$-Q(x,y)=\frac{\partial v}{\partial x},\quad P(x,y)=\frac{\partial v}{\partial y}. \tag{5.20}$$

由(4.9)式，函数 $v(x,y)$ 可以由以下积分公式求出：

$$v(x,y)=\int_{x_0}^{x}-Q(x,y_0)\mathrm{d}x+\int_{y_0}^{y}P(x,y)\mathrm{d}y. \tag{5.21}$$

显然，$\boldsymbol{F}(M)$的势函数$u(x,y)$和$\boldsymbol{G}(M)$的势函数$v(x,y)$均满足调和方程

$$\Delta u=\nabla\cdot\nabla u=\frac{\partial^2 u}{\partial x^2}+\frac{\partial^2 u}{\partial y^2}=0.$$

$$\Delta v=\nabla\cdot\nabla v=\frac{\partial^2 v}{\partial x^2}+\frac{\partial^2 v}{\partial y^2}=0.$$

故u,v均为满足二维调和方程的调和函数. 又由(5.16)式与(5.20)式，有

$$\frac{\partial u}{\partial x}=\frac{\partial v}{\partial y},\quad \frac{\partial u}{\partial y}=-\frac{\partial v}{\partial x}. \tag{5.22}$$

我们称$u(x,y)$和$v(x,y)$为**共轭调和函数**，(5.22)式称为**共轭调和条件**. 应用这个条件，当u和v中的一个已知时，可以求出另一个.

例 5.3　已知调和函数$u=x^3-3xy^2$，求其共轭调和函数$v(x,y)$.

解　由$\frac{\partial u}{\partial x}=\frac{\partial v}{\partial y}$，得$\frac{\partial v}{\partial y}=3x^2-3y^2$，故

$$v(x,y)=\int\frac{\partial v}{\partial y}\mathrm{d}y=\int(3x^2-3y^2)\mathrm{d}y$$
$$=3x^2y-y^3+\varphi(x),$$

其中，$\varphi(x)$是积分常数.

由$\frac{\partial u}{\partial y}=-\frac{\partial v}{\partial x}$，得

$$-6xy=-6xy+\varphi'(x),$$

即$\varphi'(x)=0$，所以$\varphi(x)=C$，C为任意常数，于是得

$$v(x,y)=3x^2y-y^3+C.$$

例 5.4　位于原点处的电量为q的点电荷产生的平面静电场中，电场强度为

$$\boldsymbol{E}=\frac{q}{2\pi\varepsilon r^2}\boldsymbol{r}=\frac{q}{2\pi\varepsilon}\left(\frac{x}{x^2+y^2}\boldsymbol{i}+\frac{y}{x^2+y^2}\boldsymbol{j}\right),$$

容易证明，除去点电荷所在的坐标原点外，电场强度$\boldsymbol{E}$满足条件

$$\nabla\cdot\boldsymbol{E}=0,\quad \nabla\times\boldsymbol{E}=\boldsymbol{0}.$$

故$\boldsymbol{E}$构成一个平面调和场，利用(5.17)式与(5.21)式，可依次求出：

$$u(x,y)=\frac{q}{2\pi\varepsilon}\left[\int_1^x\frac{1}{x}\mathrm{d}x+\int_0^y\frac{y}{x^2+y^2}\mathrm{d}y\right]$$

$$=\frac{q}{4\pi\varepsilon}\ln\left(x^2+y^2\right).$$

$$v(x,y)=\frac{q}{2\pi\varepsilon}\left[-\int_1^x 0\mathrm{d}x+\int_0^y\frac{x}{x^2+y^2}\mathrm{d}y\right]$$

$$=\frac{q}{2\pi\varepsilon}\arctan\frac{y}{x},$$

这里积分中选取起点(x_0,y_0)为$(1,0)$，避开了坐标原点.

可以看到，函数$u(x,y)$和$v(x,y)$的等值线方程分别为

$$y=C_1x;$$

$$x^2+y^2=C_2.$$

从原点出发的一族射线和一族同心圆(图 5.3)，分别是电场的电力线和等位线. 显然，这两组曲线相互正交.

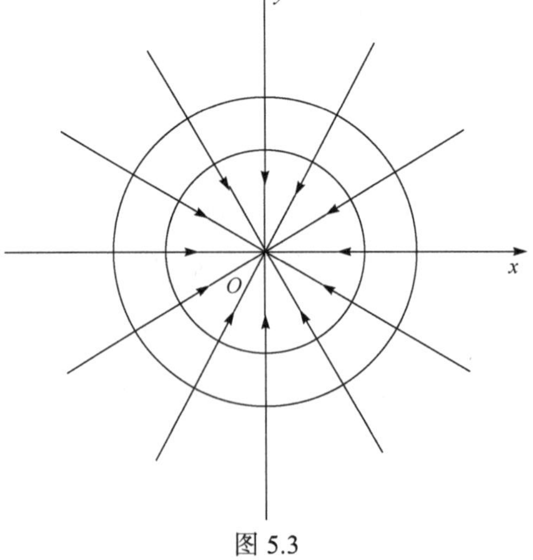

图 5.3

5.2.2　表征平面调和场的解析函数

设有平面调和场

$$\boldsymbol{F}(M)=P(x,y)\boldsymbol{i}+Q(x,y)\boldsymbol{j}\,,\qquad M(x,y)\in D\,,$$

D 为平面单连通区域. 我们来构造一个解析函数，并用它来表征平面调和场的基本量.

首先，记 $z=x+\mathrm{i}y$，将平面上的点 $M(x,y)$ 用复数 z 来表示，这里 $\mathrm{i}=\sqrt{-1}$ 表示虚数单位. 于是平面向量场 $\boldsymbol{F}(M)$ 可以表示为

$$F(z)=P(x,y)+\mathrm{i}Q(x,y),\quad z=x+\mathrm{i}y\in D. \tag{5.23}$$

由 (5.15) 式和 (5.18) 式

$$\frac{\partial P}{\partial x}=\frac{\partial(-Q)}{\partial y},\quad \frac{\partial P}{\partial y}=-\frac{\partial(-Q)}{\partial x}. \tag{5.24}$$

由假设，P，Q 在 D 内有连续偏导数，故根据复变函数论中的柯西-黎曼定理，$F(z)$ 的共轭复函数

$$\overline{F(z)}=P(x,y)-\mathrm{i}Q(x,y)$$

在平面区域 D 内解析. 由 (5.24) 式易得，$-Q$ 为 P 在 D 内的共轭调和函数.

又设 $u(x,y)$ 是平面调和场 $\boldsymbol{F}(M)$ 在 D 内的势函数，$v(x,y)$ 表示它的共轭调和函数，则由 (5.22) 式知，函数 u,v 满足柯西-黎曼定理，记

$$f(z)=u(x,y)+\mathrm{i}v(x,y),\quad z=x+\mathrm{i}y\in D\,,$$

则 $f(z)$ 也是 D 内的解析函数，且

$$\begin{aligned} f'(z)&=\frac{\partial u}{\partial x}+\mathrm{i}\frac{\partial v}{\partial x}=P(x,y)-\mathrm{i}Q(x,y)\\ &=\overline{F(z)}, \end{aligned}$$

即 $F(z)=\overline{f'(z)}$.

设 C 是 D 内的任一条闭曲线，则

$$\begin{aligned} \int_C f'(z)\mathrm{d}z&=\int_C[P(x,y)-\mathrm{i}Q(x,y)](\mathrm{d}x+\mathrm{i}\mathrm{d}y)\\ &=\int_C P(x,y)\mathrm{d}x+Q(x,y)\mathrm{d}y+\mathrm{i}\int_C P(x,y)\mathrm{d}y-Q(x,y)\mathrm{d}x \end{aligned}$$

所以

$$\Gamma = \mathrm{Re}\int_C f'(z)\mathrm{d}z = \int_C P(x,y)\mathrm{d}x + Q(x,y)\mathrm{d}y$$

是向量场 $\boldsymbol{F}(M)$ 绕曲线 C 的环量，而

$$\Phi = \mathrm{Im}\int_C f'(z)\mathrm{d}z = \int_C P(x,y)\mathrm{d}y - Q(x,y)\mathrm{d}x$$

正是向量场 $\boldsymbol{F}(M)$ 沿曲线 C 法线方向的通量，

$$\int_C f'(z)\mathrm{d}z = \Gamma + \mathrm{i}\Phi .$$

$f(z)$ 称为向量场 $\boldsymbol{F}(M)$ 在 D 内的**复势函数**，简称为**复势**. $u(x,y)$ 称为 $\boldsymbol{F}(M)$ 的势函数，$v(x,y)$ 称为 $\boldsymbol{F}(M)$ 的**力函数**.

势函数 $u(x,y)$ 与力函数 $v(x,y)$ 的等值线

$$u(x,y)=C_1,\quad v(x,y)=C_2$$

相应地称为平面调和场 $\boldsymbol{F}(M)$ 的等势线与力线. 其法线向量分别为

$$\boldsymbol{t}_{势} = \frac{\partial u}{\partial x}\boldsymbol{i} + \frac{\partial u}{\partial y}\boldsymbol{j} = P(x,y)\boldsymbol{i} + Q(x,y)\boldsymbol{j} = \boldsymbol{F}(M),$$

$$\boldsymbol{t}_{力} = \frac{\partial v}{\partial x}\boldsymbol{i} + \frac{\partial v}{\partial y}\boldsymbol{j} = -Q(x,y)\boldsymbol{i} + P(x,y)\boldsymbol{j} = \boldsymbol{G}(M).$$

因此，在场中任一点处，两组曲线相互正交. 力线 $v(x,y)=C$，就是向量场 $\boldsymbol{F}(M)$ 的向量线.

综上所述，对单连通区域 D 内的任一个平面调和场 $\boldsymbol{F}(M)$，对应一个区域 D 内的解析函数 $f(z)$；反之，给定一个区域 D 内的解析函数 $f(z)$，也就确定了区域 D 内的一个平面调和场 $\boldsymbol{F}(M)$. 平面调和场和解析函数的这种密切关系，不仅说明了解析函数具有明确的物理背景，也启示我们可以利用解析函数的知识来研究平面调和场的有关问题，为平面调和场的研究提供了一个新方法.

例 5.5 设平面流速场的复势为

$$f(z)=az ,$$

其中 $a>0$，因 $f'(z)=a$，故场内任一点的速度场

$$\boldsymbol{F}(M)=a\boldsymbol{i},$$

其方向指向 x 轴的正向.

因 $f(z)=a(x+\mathrm{i}y)=ax+\mathrm{i}ay$，故 $\boldsymbol{F}(M)$ 的势函数为 $u=ax$，力函数为 $v=ay$．等势线为平行于 y 轴的直线 $x=C_1$，而力线为平行于 x 轴的直线 $y=C_2$.

在流速场中，**力函数**又叫**流函数**，**力线**相应地又称为**流线**.

这个场的流动图像如图 5.4 所示．它表明物体以等速 a 由 x 轴负向流向正向，虚线表示它的等势线.

例 5.6　设平面流速场的复势为

$$f(z)=z^2.$$

因为 $f'(z)=2z$，故 $\overline{f'(z)}=2\bar{z}=2(x-\mathrm{i}y)$，所以场中任一点 M 的流速场为

$$\boldsymbol{F}(M)=2x\boldsymbol{i}-2y\boldsymbol{j}.$$

因 $f(z)=z^2=(x+\mathrm{i}y)^2=x^2-y^2+\mathrm{i}2xy$，故 $\boldsymbol{F}(M)$ 的势函数为 $u=x^2-y^2$，流函数为 $v=2xy$．其等势线和流线分别在图 5.5 中以虚线和实线表示．它表明流体沿双曲线族 $xy=C$ 从实轴上、下两方以相同的速率流动而在实轴相遇的情况．$\boldsymbol{F}(M)$ 的等势线和流线是两族相互正交的双曲线

$$x^2-y^2=C_1,\quad xy=C_2.$$

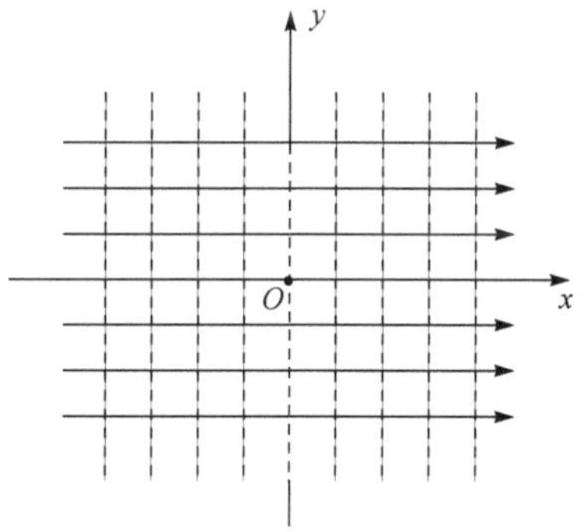

图 5.4

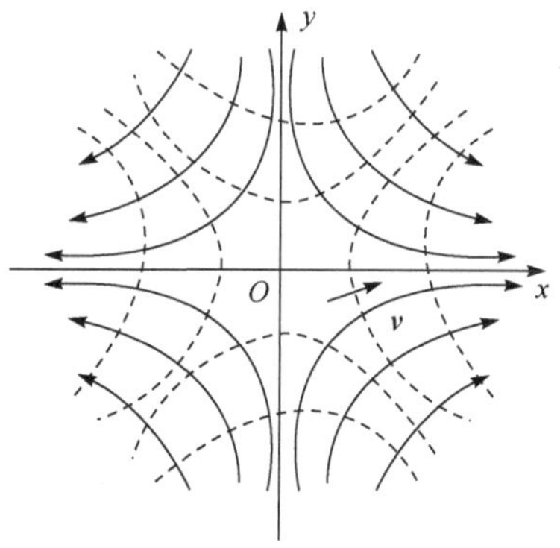

图 5.5

例 5.7　设平面流速场的复势为

$$f(z)=\frac{1}{z},$$

则在任何 $z\neq 0$ 的点，$f'(z)=-\frac{1}{z^2}$. 于是流速场的速度向量为

$$\boldsymbol{F}(M)=\overline{f'(z)}=-\frac{x^2-y^2}{\left(x^2+y^2\right)^2}\boldsymbol{i}-\frac{2xy}{\left(x^2+y^2\right)^2}\boldsymbol{j}.$$

又因

$$f(z)=\frac{1}{z}=\frac{\bar{z}}{z\bar{z}}=\frac{x}{x^2+y^2}+\mathrm{i}\frac{-y}{x^2+y^2},$$

故势函数为 $u(x,y)=\frac{x}{x^2+y^2}$，流函数为 $v(x,y)=\frac{-y}{x^2+y^2}$，于是 $\boldsymbol{F}(M)$ 的等势线为一族与 y 轴相切的圆

$$\left(x-\frac{1}{2C}\right)^2+y^2=\frac{1}{4C^2},$$

而 $\boldsymbol{F}(M)$ 的流线则为一族与 x 轴相切的曲线

$$x^2+\left(y+\frac{1}{2C}\right)^2=\frac{1}{4C^2}.$$

等势线和流线如图 5.6 所示，其中等势线用虚线表示. 流体可看成从原点 $z=0$ 的左侧流出，从右侧流入. 原点 $z=0$ 既是流体的源点，又是汇点.

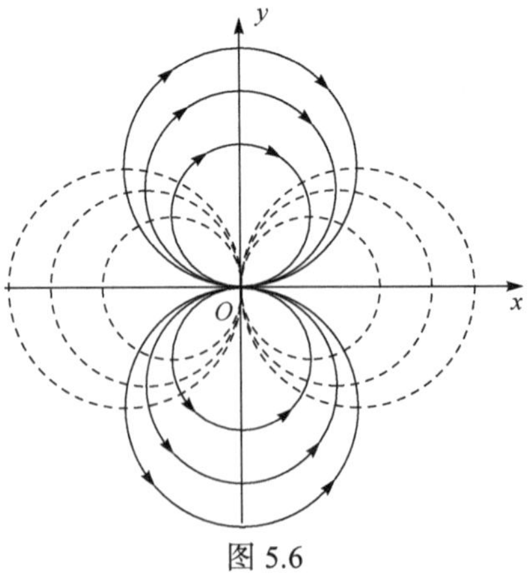

图 5.6

练习 5.3　证明函数 $u=x^2-y^2$，$v=2xy$ 在 xOy 平面内均为调和函数，且 v 是函数 u 的共轭调和函数，但 u 不是 v 的共轭调和函数.

练习 5.4　已知平面调和场的力函数 $v=x^2-y^2+xy$，求场的势函数 u 和场向量 $\boldsymbol{F}(M)$.

练习 5.5　证明 v 是 u 的共轭调和函数与 u 是 $-v$ 的共轭调和函数等价.

练习 5.6　已知平面调和场的势函数为 $u=2(x-1)y$，试求其力函数 $v(x,y)$，进而求出其复势 $f(z)$，且使 $f(2)=-\mathrm{i}$.

练习 5.7　已知平面流速场的复势为

(1) $(z+i)^2$；(2) z^3；(3) $z+\dfrac{1}{z}$.

求流体的流速以及流线和等势线的方程.

习　题　5

5.1　设有二维数量场 $u(x,y)=y^2-x$，求 u 的等值线及 u 的梯度 ∇u，试计算 ∇u 沿单位圆周 $C: x^2+y^2=1$ 的环量及 ∇u 沿 C 外侧法线方向穿过 C 的通量.

5.2　求向量场 $\boldsymbol{F}(M)=\nabla\left(\arctan\dfrac{y}{x}\right)$ 沿曲线 l 的环量，设

(1) $l:(x-2)^2+(y-2)^2=1$；

(2) $l: x^2+y^2=1$.

5.3　平面向量场 $\boldsymbol{F}(M)=(x^2-y^2+x)\boldsymbol{i}-(2xy+y)\boldsymbol{j}$ 是否为平面调和场，若是，求其势函数 u 和力函数 v.

5.4　已知平面调和场 $\boldsymbol{F}(M)$ 的势函数为

$$u(x,y)=(x-y)(x^2+4xy+y^2),$$

求其力函数 v，并求其复势 $f(z)$.

5.5　设 $z=x+\mathrm{i}y$，$f(z)=P(x,y)+\mathrm{i}Q(x,y)$，试证明 $f(z)$ 为区域 D 内解析函数的充要条件是，在区域 D 内，$Q(x,y)$ 是 $P(x,y)$ 的共轭调

和函数.

5.6　设D是单连通区域，考虑如下两个问题：

(1) 已知D内的调和函数$u(x,y)$，在D内求u的共轭调和函数$v(x,y)$；

(2) 已知D内的调和函数$v(x,y)$，在D内求$-v$的共轭调和函数$u(x,y)$.

由共轭调和条件，应在D内有

$$\mathrm{d}v=\frac{\partial v}{\partial x}\mathrm{d}x+\frac{\partial v}{\partial y}\mathrm{d}y=-\frac{\partial u}{\partial y}\mathrm{d}x+\frac{\partial u}{\partial x}\mathrm{d}y,$$

$$\mathrm{d}u=\frac{\partial u}{\partial x}\mathrm{d}x+\frac{\partial u}{\partial y}\mathrm{d}y=\frac{\partial v}{\partial y}\mathrm{d}x-\frac{\partial v}{\partial x}\mathrm{d}y,$$

故问题(1)、(2)可由以下公式求解：

$$v=\int_{(x_0,y_0)}^{(x,y)}-\frac{\partial u}{\partial y}\mathrm{d}x+\frac{\partial u}{\partial x}\mathrm{d}y+C,$$

$$u=\int_{(x_0,y_0)}^{(x,y)}\frac{\partial v}{\partial y}\mathrm{d}x-\frac{\partial v}{\partial x}\mathrm{d}y+C,$$

其中$(x_0,y_0)\in D$，C为积分常数. 用上述公式求解下述问题：

(1) 设已知平面调和场的势函数为$u=y^3-x^2y$，求其力函数$v(x,y)$；

(2) 设已知平面调和场的力函数为$v=\arctan\dfrac{y}{x}\ (x>0)$，求其势函数$u(x,y)$.

5.7　设$\boldsymbol{E}=P(x,y)\boldsymbol{i}+Q(x,y)\boldsymbol{j}$是一个平面静电场，如果场内没有带电物体，则$\boldsymbol{E}$是一个平面调和场. 证明：$\boldsymbol{E}$存在势函数$u(x,y)$和力函数$v(x,y)$，使

$$f(z)=u(x,y)+\mathrm{i}v(x,y)$$

是一个解析函数，且

$$\boldsymbol{E}=-\mathrm{i}\overline{f'(z)}.$$

$f(z)$称为静电场的复势.

第 6 章　正交曲线坐标系

讨论数量场和向量场时，直角坐标系是常用的坐标系. 但是在一些具体问题中，有时应用直角坐标系是不方便的，例如，讨论具有轴对称性或球对称性的问题，我们常应用柱面坐标系或球面坐标系. 为了适应物理学和工程技术中某些问题的特殊需要，我们引进正交曲线坐标系. 在正交曲线坐标系下，一些实际问题所联系的方程及其定解条件能够化为比较简单的形式，从而可以方便问题的求解或计算.

6.1　正交曲线坐标系的定义

空间直角坐标系用空间中三个互相垂直的平面族(称为坐标平面)来定义，定义了空间直角坐标系后，空间中的每个点 M，便可以用三个有序实数组成的数组 (x,y,z) 来表示，记为 $M(x,y,z)$.

曲线坐标系的定义与此相类似，设有 x,y,z 的三个单值函数

$$u_1=u_1(x,y,z),\quad u_2=u_2(x,y,z),\quad u_3=u_3(x,y,z), \tag{6.1}$$

其反函数

$$x=x(u_1,u_2,u_3),\quad y=y(u_1,u_2,u_3),\quad z=z(u_1,u_2,u_3) \tag{6.2}$$

也单值，则对于任意数 C_1，C_2，C_3 的不同的值，由方程

$$u_1(x,y,z)=C_1,\quad u_2(x,y,z)=C_2,\quad u_3(x,y,z)=C_3 \tag{6.3}$$

就得到空间中的三个曲面族，它们具有如下性质：

(1) 通过空间中任一点 M，三族曲面中各有一个且只有一个；

(2) 通过点 M 的三个曲面除 M 点外，不再有另外共同的交点.

我们称(6.3)式确定的曲面族为**坐标曲面**，而把由坐标曲面两两相交而成的曲线称为坐标曲线. 在空间中，每一点有三条坐标曲线通过，于是空间中任一点 M 都可以用三条坐标曲线的交点唯一确定，亦即

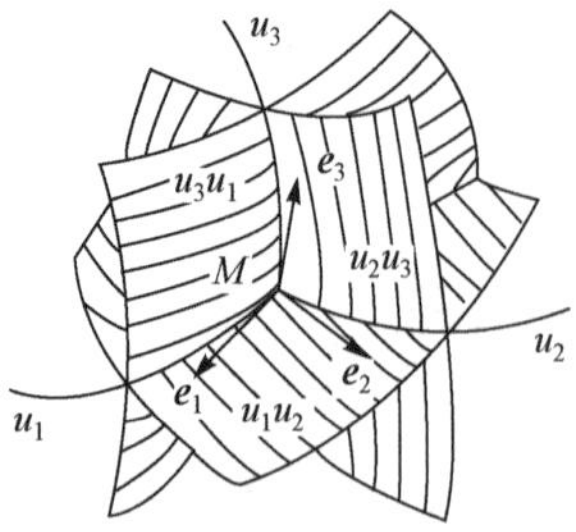

图 6.1

M 可以和有序数组 (u_1,u_2,u_3) 一一对应. 由(6.3)式确定的坐标曲面构成一个坐标系，我们称为**曲线坐标系**(图 6.1).

在曲线坐标系中，坐标曲面和坐标曲线可以根据它们各处的变化参数来命名. 例如在坐标面

$$u_1(x,y,z)=C_1$$

上，u_1 为常数，u_2，u_3 变化，我们称为 u_2u_3 坐标面；在坐标曲线

$$u_1(x,y,z)=C_1,\quad u_2(x,y,z)=C_2$$

上，u_1，u_2 为常数，而 u_3 在变化，我们称为 u_3 坐标曲线或 u_3 轴，等等.

另外，我们用 $\boldsymbol{e}_1$，$\boldsymbol{e}_2$，$\boldsymbol{e}_3$ 依次表示 M 点处坐标曲线 u_1，u_2，u_3 上的单位切线向量，分别指向 u_1，u_2，u_3 增大的方向，并且假设它们构成右手系(图 6.1)，我们称 $\boldsymbol{e}_1$，$\boldsymbol{e}_2$，$\boldsymbol{e}_3$ 为**基向量.**

在曲线坐标系中，基向量的方向，是随点 M 而变化的，仅在直角坐标系中，它们是常向量，通常记为 $\boldsymbol{i}$，$\boldsymbol{j}$，$\boldsymbol{k}$. 如果在空间各点，基向量 $\boldsymbol{e}_1$，$\boldsymbol{e}_2$，$\boldsymbol{e}_3$ 彼此正交，我们称该坐标系为**正交曲线坐标系**. 以后我们主要讨论正交曲线坐标系.

例 6.1　设

$$x=r\cos\theta,\quad y=r\sin\theta,\quad z=z\,, \tag{6.4}$$

则

$$r=\sqrt{x^2+y^2},\quad \theta=\arctan\frac{y}{x},\quad z=z\,, \tag{6.5}$$

其中 $0\leqslant r\leqslant+\infty$，$0\leqslant\theta\leqslant2\pi$，$-\infty\leqslant z\leqslant+\infty$.

令 $r=$ 常数，得

$$x^2+y^2=C_1\,, \tag{6.6}$$

这是以 Oz 轴为轴的圆柱面族；令 $\theta=$ 常数，得

$$y=C_2x\,, \tag{6.7}$$

这是以 Oz 轴为边界的半平面族；令 $z=$ 常数，得

$$z=C_3\,,\tag{6.8}$$

这是平行于 xOy 平面的平面族.

以(6.6)—(6.8)式给出的曲面族为坐标曲面的坐标系即为**柱面坐标系**(图 6.2). 柱面坐标系中的基向量记为 $\boldsymbol{e}_r,\boldsymbol{e}_\theta,\boldsymbol{e}_z$，如图 6.2 中所示. $\boldsymbol{e}_r,\boldsymbol{e}_\theta,\boldsymbol{e}_z$ 随 M 点的不同其方向也不同.

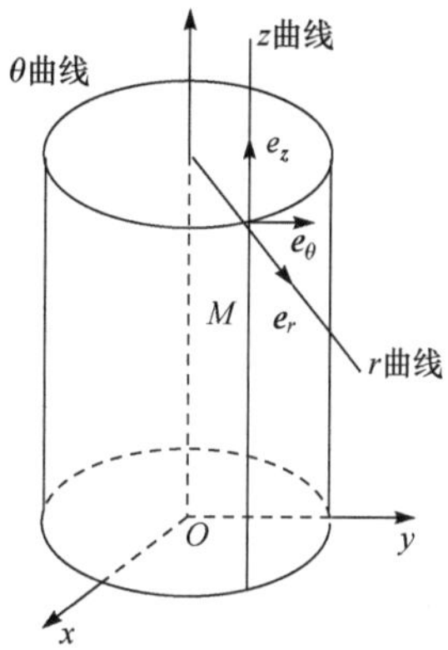

图 6.2

例 6.2　设

$$\begin{aligned}&x=\rho\sin\varphi\cos\theta,\quad y=\rho\sin\varphi\sin\theta,\\&z=\rho\cos\varphi\end{aligned},\tag{6.9}$$

其中 $0\leqslant\rho<+\infty$，$0\leqslant\varphi<\pi$，$0\leqslant\theta<2\pi$，则

$$\begin{cases}\rho=\sqrt{x^2+y^2+z^2},\\ \varphi=\arccos\dfrac{z}{\sqrt{x^2+y^2+z^2}},\\ \theta=\arctan\dfrac{y}{x}.\end{cases}\tag{6.10}$$

令 $\rho=$ 常数，得

$$x^2+y^2+z^2=C_1\,,\tag{6.11}$$

这是以原点为中心的球面族；令 $\varphi=$ 常数，得

$$z^2=C_2\left(x^2+y^2\right),\quad C_2>0\,,\tag{6.12}$$

这是以 Oz 轴为轴的圆锥面族；令 $\theta=$ 常数，得

$$y=C_3x\,,\tag{6.13}$$

这是以 Oz 轴为边界的半平面.

以(6.11)—(6.13)式为坐标曲面的坐标系称为**球面坐标系**，在球面坐标系上，坐标曲面、坐标曲线及基向量如图 6.3 所示. 当点 M 改变时，$\boldsymbol{e}_\rho,\boldsymbol{e}_\theta,\boldsymbol{e}_\phi$ 都要改变.

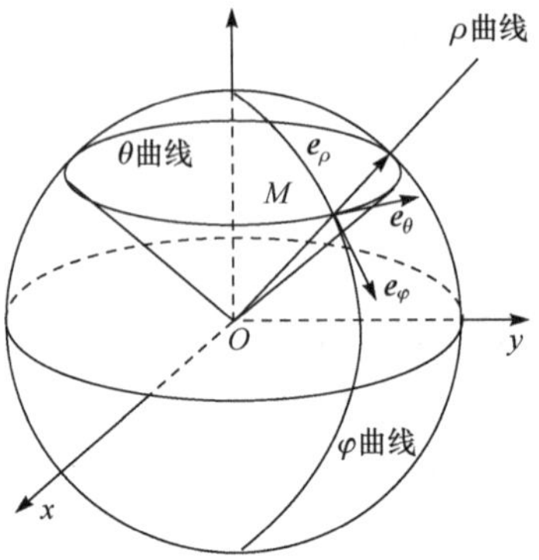

图 6.3

后面我们将证明，柱面坐标系和球面坐标系都是正交曲线坐标系. 常用的正交曲线坐标系，除柱面坐标系和球面坐标系外，还有椭圆柱面坐标系、椭球面坐标系、抛物柱面坐标系、环面坐标系，等等.

6.2　正交曲线坐标系中的基向量

设

$$l:\boldsymbol{r}=x\boldsymbol{i}+y\boldsymbol{j}+z\boldsymbol{k}$$

是空间的一条曲线，其中 x，y，z 都是曲线坐标 u_1，u_2，u_3 的函数，其关系式由(6.2)定义. $M(x,y,z)$ 为曲线上一点，则由导向量的几何意义，知 $\boldsymbol{r}$ 对于 u_i 的导数

$$\frac{\partial \boldsymbol{r}}{\partial u_i}=\frac{\partial x}{\partial u_i}\boldsymbol{i}+\frac{\partial y}{\partial u_i}\boldsymbol{j}+\frac{\partial z}{\partial u_i}\boldsymbol{k},\quad i=1,2,3 \tag{6.14}$$

是 M 点处坐标曲线 u_i 上的切线向量，方向指向 u_i 增大的方向，而 $\boldsymbol{e}_i$ 则为 $\dfrac{\partial \boldsymbol{r}}{\partial u_i}$ 的单位向量. 记

$$H_i=\left|\frac{\partial \boldsymbol{r}}{\partial u_i}\right|=\sqrt{\left(\frac{\partial x}{\partial u_i}\right)^2+\left(\frac{\partial y}{\partial u_i}\right)^2+\left(\frac{\partial z}{\partial u_i}\right)^2},\quad i=1,2,3, \tag{6.15}$$

则有

$$\boldsymbol{e}_i=\frac{1}{H_i}\frac{\partial \boldsymbol{r}}{\partial u_i}=\frac{1}{H_i}\left(\frac{\partial x}{\partial u_i}\boldsymbol{i}+\frac{\partial y}{\partial u_i}\boldsymbol{j}+\frac{\partial z}{\partial u_i}\boldsymbol{k}\right),\quad i=1,2,3\,, \tag{6.16}$$

$H_i\left(i=1,2,3\right)$叫做曲线坐标系的**拉梅系数**.

(6.16)式是曲线坐标系下的基向量在直角坐标系基向量$\boldsymbol{i}$，$\boldsymbol{j}$，$\boldsymbol{k}$下的表示式. 为了求出$\boldsymbol{i}$，$\boldsymbol{j}$，$\boldsymbol{k}$在基向量$\boldsymbol{e}_i\left(i=1,2,3\right)$下的表示式，注意到$\boldsymbol{e}_i$都是单位向量，故(6.16)式中右端的三个系数

$$\alpha_i=\frac{1}{H_i}\frac{\partial x}{\partial u_i},\quad \beta_i=\frac{1}{H_i}\frac{\partial y}{\partial u_i},\quad \gamma_i=\frac{1}{H_i}\frac{\partial z}{\partial u_i},\quad i=1,2,3 \tag{6.17}$$

就是向量$\boldsymbol{e}_i$在直角坐标系中的方向余弦. 于是$\boldsymbol{i}$，$\boldsymbol{j}$，$\boldsymbol{k}$在曲线坐标系中的方向余弦应分别为$\alpha_1,\alpha_2,\alpha_3$；$\beta_1,\beta_2,\beta_3$和$\gamma_1,\gamma_2,\gamma_3$，故$\boldsymbol{i}$，$\boldsymbol{j}$，$\boldsymbol{k}$在曲线坐标系下的表示式为

$$\begin{cases}\boldsymbol{i}=\alpha_1\boldsymbol{e}_1+\alpha_2\boldsymbol{e}_2+\alpha_3\boldsymbol{e}_3,\\ \boldsymbol{j}=\beta_1\boldsymbol{e}_1+\beta_2\boldsymbol{e}_2+\beta_3\boldsymbol{e}_3,\\ \boldsymbol{k}=\gamma_1\boldsymbol{e}_1+\gamma_2\boldsymbol{e}_2+\gamma_3\boldsymbol{e}_3.\end{cases} \tag{6.18}$$

利用(6.16)式和(6.18)式可以将向量在直角坐标系中的表达式转化为曲线坐标系中的表达式，也可以将曲线坐标系中的表达式转化为直角坐标系中的表示式.

例 6.3　求柱面坐标系(6.4)和球面坐标系(6.9)的拉梅系数，基向量，并分别求出直角坐标系的基向量在柱面坐标系和球面坐标系基向量下的表示式，求出向径向量$\boldsymbol{r}=x\boldsymbol{i}+y\boldsymbol{j}+z\boldsymbol{k}$在柱面坐标系和球面坐标系中的表示式.

解　(1)由柱面坐标系(6.4)式，

$$x=r\cos\theta,\quad y=r\sin\theta,\quad z=z$$

求得

$$\frac{\partial x}{\partial r}=\cos\theta,\quad \frac{\partial y}{\partial r}=\sin\theta,\quad \frac{\partial z}{\partial r}=0\,,$$

$$\frac{\partial x}{\partial \theta}=-r\sin\theta,\quad \frac{\partial y}{\partial \theta}=r\cos\theta,\quad \frac{\partial z}{\partial \theta}=0\,,$$

$$\frac{\partial x}{\partial z}=0,\quad \frac{\partial y}{\partial z}=0,\quad \frac{\partial z}{\partial z}=1.$$

故

$$H_r=1,\quad H_\theta=r,\quad H_z=1. \tag{6.19}$$

于是柱面坐标系的基向量为

$$\begin{cases} \boldsymbol{e}_r=\cos\theta\,\boldsymbol{i}+\sin\theta\,\boldsymbol{j}, \\ \boldsymbol{e}_\theta=-\sin\theta\,\boldsymbol{i}+\cos\theta\,\boldsymbol{j}, \\ \boldsymbol{e}_z=\boldsymbol{k}. \end{cases} \tag{6.20}$$

由(6.18)式可以求得

$$\begin{cases} \boldsymbol{i}=\cos\theta\boldsymbol{e}_r-\sin\theta\boldsymbol{e}_\theta, \\ \boldsymbol{j}=\sin\theta\boldsymbol{e}_r+\cos\theta\boldsymbol{e}_\theta, \\ \boldsymbol{k}=\boldsymbol{e}_z. \end{cases} \tag{6.21}$$

向径向量$\boldsymbol{r}$在柱面坐标系中的表示式为

$$\begin{aligned} \boldsymbol{r}&=x\boldsymbol{i}+y\boldsymbol{j}+z\boldsymbol{k} \\ &=\boldsymbol{r}\cos\theta(\cos\theta\boldsymbol{e}_r-\sin\theta\boldsymbol{e}_\theta)+\boldsymbol{r}\sin\theta(\sin\theta\boldsymbol{e}_r+\cos\theta\boldsymbol{e}_\theta)+z\boldsymbol{e}_z \\ &=\boldsymbol{r}\boldsymbol{e}_r+z\boldsymbol{e}_z. \end{aligned} \tag{6.22}$$

(2)对球面坐标系，由

$$x=\rho\sin\varphi\cos\theta,\quad y=\rho\sin\varphi\sin\theta,\quad z=\rho\cos\varphi$$

得

$$\frac{\partial x}{\partial \rho}=\sin\varphi\cos\theta,\quad \frac{\partial y}{\partial \rho}=\sin\varphi\sin\theta,\quad \frac{\partial z}{\partial \rho}=\cos\varphi,$$

$$\frac{\partial x}{\partial \varphi}=\rho\cos\varphi\cos\theta,\quad \frac{\partial y}{\partial \varphi}=\rho\cos\varphi\sin\theta,\quad \frac{\partial z}{\partial \varphi}=-\rho\sin\varphi,$$

$$\frac{\partial x}{\partial \theta}=-\rho\sin\varphi\sin\theta,\quad \frac{\partial y}{\partial \theta}=\rho\sin\varphi\cos\theta,\quad \frac{\partial z}{\partial \theta}=0.$$

计算得到

$$H_\rho=1,\quad H_\varphi=\rho,\quad H_\theta=\rho\sin\varphi. \tag{6.23}$$

于是球面坐标系的基向量为

$$\begin{cases} \boldsymbol{e}_\rho = \sin\varphi\cos\theta\,\boldsymbol{i} + \sin\varphi\sin\theta\,\boldsymbol{j} + \cos\varphi\,\boldsymbol{k}, \\ \boldsymbol{e}_\varphi = \cos\varphi\cos\theta\,\boldsymbol{i} + \cos\varphi\sin\theta\,\boldsymbol{j} - \sin\varphi\,\boldsymbol{k}, \\ \boldsymbol{e}_\theta = -\sin\theta\,\boldsymbol{i} + \cos\theta\,\boldsymbol{j}. \end{cases} \tag{6.24}$$

$\boldsymbol{i}$，$\boldsymbol{j}$，$\boldsymbol{k}$ 在球面坐标系中的表示式为

$$\begin{cases} \boldsymbol{i} = \sin\varphi\cos\theta\boldsymbol{e}_\rho + \cos\varphi\cos\theta\boldsymbol{e}_\varphi - \sin\theta\boldsymbol{e}_\theta, \\ \boldsymbol{j} = \sin\varphi\sin\theta\boldsymbol{e}_\rho + \cos\varphi\sin\theta\boldsymbol{e}_\varphi + \cos\theta\boldsymbol{e}_\theta, \\ \boldsymbol{k} = \cos\varphi\boldsymbol{e}_\rho - \sin\varphi\boldsymbol{e}_\varphi. \end{cases} \tag{6.25}$$

向径向量 $\boldsymbol{r}$ 在球面坐标系中的表示式为

$$\begin{aligned} \boldsymbol{r} &= \rho\sin\varphi\cos\theta\left(\sin\varphi\cos\theta\boldsymbol{e}_\rho + \cos\varphi\cos\theta\boldsymbol{e}_\varphi - \sin\theta\boldsymbol{e}_\theta\right) \\ &\quad + \rho\sin\varphi\sin\theta\left(\sin\varphi\sin\theta\boldsymbol{e}_\rho + \cos\varphi\sin\theta\boldsymbol{e}_\varphi + \cos\theta\boldsymbol{e}_\theta\right) \\ &\quad + \rho\cos\varphi\left(\cos\varphi\boldsymbol{e}_\rho - \sin\varphi\boldsymbol{e}_\varphi\right) \\ &= \rho\boldsymbol{e}_\varphi \end{aligned} \tag{6.26}$$

例 6.4　证明柱面坐标系和球面坐标系都是正交曲线坐标系.

证　由(6.20)式，可得

$$\boldsymbol{e}_r\cdot\boldsymbol{e}_r = 1,\quad \boldsymbol{e}_r\cdot\boldsymbol{e}_\theta = 0,\quad \boldsymbol{e}_r\cdot\boldsymbol{e}_z = 0,$$

$$\boldsymbol{e}_\theta\cdot\boldsymbol{e}_\theta = 1,\quad \boldsymbol{e}_\theta\cdot\boldsymbol{e}_z = 0,\quad \boldsymbol{e}_z\cdot\boldsymbol{e}_z = 1,$$

故柱面坐标系是正交曲线坐标系.

类似地，由(6.24)式，得

$$\boldsymbol{e}_\rho\cdot\boldsymbol{e}_\rho = 1,\quad \boldsymbol{e}_\rho\cdot\boldsymbol{e}_\varphi = 0,\quad \boldsymbol{e}_\rho\cdot\boldsymbol{e}_\theta = 0,$$

$$\boldsymbol{e}_\varphi\cdot\boldsymbol{e}_\varphi = 1,\quad \boldsymbol{e}_\varphi\cdot\boldsymbol{e}_\theta = 0,\quad \boldsymbol{e}_\theta\cdot\boldsymbol{e}_\theta = 1.$$

故球面坐标系也是正交曲线坐标系.

练习 6.1　求向量 $\boldsymbol{a} = yz\boldsymbol{i} + xz\boldsymbol{j} + 2xy\boldsymbol{k}$ 在柱面坐标系中的表示式.

练习 6.2　求常向量 $\boldsymbol{c} = c_1\boldsymbol{i} + c_2\boldsymbol{j} + c_3\boldsymbol{k}$ 在球面坐标系中的表示式.

6.3　正交曲线坐标系中的微分运算

我们知道，在直角坐标系下，有弧微分公式

$$ds^2 = dx^2 + dy^2 + dz^2.$$

在正交曲线坐标系下，有类似的公式.

定理 6.1　设(u_1, u_2, u_3)构成正交曲线坐标系，则有弧微分公式

$$ds^2 = H_1^2 du_1^2 + H_2^2 du_2^2 + H_3^2 du_3^2, \tag{6.27}$$

其中$H_i\,(i=1,2,3)$为曲线坐标系的拉梅系数.

证　设

$$s: \boldsymbol{r} = x\boldsymbol{i} + y\boldsymbol{j} + z\boldsymbol{k}$$

是空间的一条曲线，x, y, z都是曲线坐标u_1，u_2，u_3的函数，

$$x = x(u_1, u_2, u_3),\quad y = y(u_1, u_2, u_3),\quad z = z(u_1, u_2, u_3),$$

则有

$$dx = \frac{\partial x}{\partial u_1}du_1 + \frac{\partial x}{\partial u_2}du_2 + \frac{\partial x}{\partial u_3}du_3,$$

$$dy = \frac{\partial y}{\partial u_1}du_1 + \frac{\partial y}{\partial u_2}du_2 + \frac{\partial y}{\partial u_3}du_3,$$

$$dz = \frac{\partial z}{\partial u_1}du_1 + \frac{\partial z}{\partial u_2}du_2 + \frac{\partial z}{\partial u_3}du_3.$$

于是，

$$\begin{aligned} ds^2 &= dx^2 + dy^2 + dz^2 \\ &= \left(\frac{\partial x}{\partial u_1}du_1 + \frac{\partial x}{\partial u_2}du_2 + \frac{\partial x}{\partial u_3}du_3\right)^2 + \left(\frac{\partial y}{\partial u_1}du_1 + \frac{\partial y}{\partial u_2}du_2 + \frac{\partial y}{\partial u_3}du_3\right)^2 \\ &\quad + \left(\frac{\partial z}{\partial u_1}du_1 + \frac{\partial z}{\partial u_2}du_2 + \frac{\partial z}{\partial u_3}du_3\right)^2 \\ &= H_1^2 du_1^2 + H_2^2 du_2^2 + H_3^2 du_3^2 + 2\frac{\partial \boldsymbol{r}}{\partial u_1}\cdot\frac{\partial \boldsymbol{r}}{\partial u_2}du_1 du_2 \\ &\quad + 2\frac{\partial \boldsymbol{r}}{\partial u_1}\cdot\frac{\partial \boldsymbol{r}}{\partial u_3}du_1 du_3 + 2\frac{\partial \boldsymbol{r}}{\partial u_2}\cdot\frac{\partial \boldsymbol{r}}{\partial u_3}du_2 du_3. \end{aligned}$$

由于(u_1, u_2, u_3)是正交坐标系，故

$$\frac{\partial \boldsymbol{r}}{\partial u_1}\cdot\frac{\partial \boldsymbol{r}}{\partial u_2}=H_1H_2\boldsymbol{e}_1\cdot\boldsymbol{e}_2=0,$$

$$\frac{\partial \boldsymbol{r}}{\partial u_1}\cdot\frac{\partial \boldsymbol{r}}{\partial u_3}=H_1H_3\boldsymbol{e}_1\cdot\boldsymbol{e}_3=0,$$

$$\frac{\partial \boldsymbol{r}}{\partial u_2}\cdot\frac{\partial \boldsymbol{r}}{\partial u_3}=H_2H_3\boldsymbol{e}_2\cdot\boldsymbol{e}_3=0.$$

于是

$$\mathrm{d}s^2=H_1^2\mathrm{d}u_1^2+H_2^2\mathrm{d}u_2^2+H_3^2\mathrm{d}u_3^2.$$

当 s 是坐标曲线 u_1 时，因为只有 u_1 在变化，而 u_2,u_3 为常数，故 $\mathrm{d}u_2=\mathrm{d}u_3=0$. 于是若以 $\mathrm{d}s_1$ 记坐标曲线 u_1 的弧微分，由(6.27)式，便有

$$\mathrm{d}s_1=\pm H_1\mathrm{d}u_1.$$

一般取坐标曲线弧长增加的方向与对应曲线坐标增加时坐标曲线的走向一致，这样 $\mathrm{d}s_1$ 与 $\mathrm{d}u_1$ 有相同的符号，从而有

$$\mathrm{d}s_1=H_1\mathrm{d}u_1. \tag{6.28}$$

类似地，以 $\mathrm{d}s_2$，$\mathrm{d}s_3$ 分别记坐标曲线 u_2,u_3 的弧微分，也有

$$\mathrm{d}s_2=H_2\mathrm{d}u_2,\quad \mathrm{d}s_3=H_3\mathrm{d}u_3. \tag{6.29}$$

于是在正交曲线坐标系下，有向曲线微元可以表示为

$$\begin{aligned}\mathrm{d}\boldsymbol{l}&=\mathrm{d}s_1\boldsymbol{e}_1+\mathrm{d}s_2\boldsymbol{e}_2+\mathrm{d}s_3\boldsymbol{e}_3\\&=H_1\mathrm{d}u_1\boldsymbol{e}_1+H_2\mathrm{d}u_2\boldsymbol{e}_2+H_3\mathrm{d}u_3\boldsymbol{e}_3.\end{aligned} \tag{6.30}$$

同时，(6.27)式也可以写为

$$\mathrm{d}s^2=\mathrm{d}s_1^2+\mathrm{d}s_2^2+\mathrm{d}s_3^2. \tag{6.31}$$

这与直角坐标系下的弧微分的表达式一致.

在正交曲线坐标系下，在一点 $M(u_1,u_2,u_3)$ 处由三对坐标曲面围成的微小体积 ΔV，可以近似看作是由 $\Delta s_1,\Delta s_2,\Delta s_3$ 为棱长的立方体(图 6.4). 从而正交曲线坐标系中的体积元素可以表示为

$$\mathrm{d}v=\mathrm{d}s_1\mathrm{d}s_2\mathrm{d}s_3=H_1H_2H_3\mathrm{d}u_1\mathrm{d}u_2\mathrm{d}u_3. \tag{6.32}$$

同理，通过点 M 的三块坐标曲面，在点 M 的面积元素分别为

$$\mathrm{d}S_{u_1}=\mathrm{d}s_2\mathrm{d}s_3=H_2H_3\mathrm{d}u_2\mathrm{d}u_3,$$

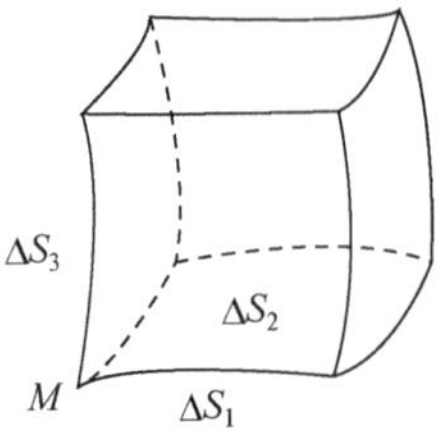

图 6.4

$$dS_{u_2} = ds_1 ds_3 = H_1 H_3 du_1 du_3,$$

$$dS_{u_3} = ds_1 ds_2 = H_1 H_2 du_1 du_2.$$

于是，有向曲面微元为

$$\begin{aligned} d\boldsymbol{S} &= dS_{u_1}\boldsymbol{e}_1 + dS_{u_2}\boldsymbol{e}_2 + dS_{u_3}\boldsymbol{e}_3 \\ &= H_2H_3 du_2 du_3 \boldsymbol{e}_1 + H_1H_3 du_1 du_3 \boldsymbol{e}_2 \\ &\quad + H_1H_2 du_1 du_2 \boldsymbol{e}_3. \end{aligned} \tag{6.33}$$

例 6.5　由(5.19)式在柱面坐标系中，体积微元、有向曲面微元与有向曲线微元分别为

$$\begin{cases} dv = r dr d\theta dz, \\ d\boldsymbol{S} = r d\theta dz \boldsymbol{e}_r + dr dz \boldsymbol{e}_\theta + r dr d\theta \boldsymbol{e}_z, \\ d\boldsymbol{l} = dr \boldsymbol{e}_r + r d\theta \boldsymbol{e}_\theta + dz \boldsymbol{e}_z, \end{cases} \tag{6.34}$$

而在球面坐标系下，由(5.23)式，体积微元、有向曲面微元与有向曲线微元则分别为

$$\begin{cases} dv = \rho^2 \sin\varphi d\rho d\varphi d\theta, \\ d\boldsymbol{S} = \rho^2 \sin\varphi d\varphi d\theta \boldsymbol{e}_\rho + \rho\sin\varphi d\rho d\theta \boldsymbol{e}_\varphi + \rho d\rho d\varphi \boldsymbol{e}_\theta, \\ d\boldsymbol{l} = d\rho \boldsymbol{e}_\rho + \rho d\varphi \boldsymbol{e}_\varphi + \rho\sin\varphi \boldsymbol{e}_\theta. \end{cases} \tag{6.35}$$

6.4　梯度、散度、旋度和调和量在正交曲线坐标系中的表示式

6.4.1　梯度

我们首先讨论坐标函数u_1，u_2，u_3的梯度. 由(6.1)式知，它们都是x, y, z的函数. 因为∇u_1的方向和等值面$u_1 = C$（此即u_2u_3坐标面）的法线向量同向，且沿u_1增大的方向，故∇u_1和$\boldsymbol{e}_1$同向. 又$|\nabla u_1|$等于u_1沿$\boldsymbol{e}_1$的方向导数$\dfrac{\partial u_1}{\partial \boldsymbol{e}_1}$，故

$$\nabla u_1 = \frac{\partial u_1}{\partial \boldsymbol{e}_1}\boldsymbol{e}_1.$$

设 $\boldsymbol{e}_1$ 和 x, y, z 轴的夹角为 α, β, γ，则

$$\frac{\partial u_1}{\partial \boldsymbol{e}_1}=\frac{\partial u_1}{\partial x}\cos\alpha+\frac{\partial u_1}{\partial y}\cos\beta+\frac{\partial u_1}{\partial z}\cos\gamma. \tag{6.36}$$

由于 $\boldsymbol{e}_1$ 是坐标曲线 u_1 的单位切线向量，设 s_1 表示坐标曲线 u_1 上点的弧长，其增加的方向即为 $\boldsymbol{e}_1$ 的正向，故有

$$\cos\alpha=\frac{\mathrm{d}x}{\mathrm{d}s_1},\quad \cos\beta=\frac{\mathrm{d}y}{\mathrm{d}s_1},\quad \cos\gamma=\frac{\mathrm{d}z}{\mathrm{d}s_1},$$

从而

$$\frac{\partial u_1}{\partial \boldsymbol{e}_1}=\frac{\partial u_1}{\partial x}\frac{\mathrm{d}x}{\mathrm{d}s_1}+\frac{\partial u_1}{\partial y}\frac{\mathrm{d}y}{\mathrm{d}s_1}+\frac{\partial u_1}{\partial z}\frac{\mathrm{d}z}{\mathrm{d}s_1}=\frac{\mathrm{d}u_1}{\mathrm{d}s_1}.$$

由 (6.28) 式

$$\frac{\mathrm{d}u_1}{\mathrm{d}s_1}=\frac{1}{H_1}. \tag{6.37}$$

从而得到

$$\nabla u_1=\frac{1}{H_1}\boldsymbol{e}_1. \tag{6.38}$$

类似地，可以得到

$$\nabla u_2=\frac{1}{H_2}\boldsymbol{e}_2,\quad \nabla u_3=\frac{1}{H_3}\boldsymbol{e}_3. \tag{6.39}$$

对于一般的数量函数 $u=u(u_1,u_2,u_3)$，利用 (6.38)，(6.39) 式，有

$$\begin{aligned}\nabla u&=\frac{\partial u}{\partial u_1}\nabla u_1+\frac{\partial u}{\partial u_2}\nabla u_2+\frac{\partial u}{\partial u_3}\nabla u_3\\&=\frac{\partial u}{\partial u_1}\frac{1}{H_1}\boldsymbol{e}_1+\frac{\partial u}{\partial u_2}\frac{1}{H_2}\boldsymbol{e}_2+\frac{\partial u}{\partial u_3}\frac{1}{H_3}\boldsymbol{e}_3.\end{aligned} \tag{6.40}$$

(6.40) 式为梯度在正交曲线坐标系下的表示式.

由 (6.40) 式可得哈密顿算子 ∇ 的表示式

$$\nabla=\boldsymbol{e}_1\frac{1}{H_1}\frac{\partial}{\partial u_1}+\boldsymbol{e}_2\frac{1}{H_2}\frac{\partial}{\partial u_2}+\boldsymbol{e}_3\frac{1}{H_3}\frac{\partial}{\partial u_3}. \tag{6.41}$$

例 6.6　求 $u=xyz$ 的梯度 ∇u 在柱面坐标系下的表示式.

解 在柱面坐标系下

$$u = xyz = zr^2 \cos\theta \sin\theta = \frac{1}{2} zr^2 \sin 2\theta,$$

由(6.19)式，$H_r = 1$，$H_\theta = r$，$H_z = 1$，又

$$\frac{\partial u}{\partial r} = zr \sin 2\theta, \quad \frac{\partial u}{\partial \theta} = zr^2 \cos 2\theta, \quad \frac{\partial u}{\partial z} = \frac{1}{2} r^2 \sin 2\theta,$$

故

$$\nabla u = zr \sin 2\theta \boldsymbol{e}_r + zr^2 \cos 2\theta \boldsymbol{e}_\theta + \frac{1}{2} r^2 \sin 2\theta \boldsymbol{e}_z.$$

6.4.2 散度

设有向量函数

$$\boldsymbol{F}(u_1,u_2,u_3) = P(u_1,u_2,u_3)\boldsymbol{e}_1 + Q(u_1,u_2,u_3)\boldsymbol{e}_2 + R(u_1,u_2,u_3)\boldsymbol{e}_3,$$

计算 $\boldsymbol{F}$ 的散度，可以由

$$\nabla \cdot \boldsymbol{F} = \left(\boldsymbol{e}_1 \frac{1}{H_1} \frac{\partial}{\partial u_1} + \boldsymbol{e}_2 \frac{1}{H_2} \frac{\partial}{\partial u_2} + \boldsymbol{e}_3 \frac{1}{H_3} \frac{\partial}{\partial u_3} \right) \cdot \left(P\boldsymbol{e}_1 + Q\boldsymbol{e}_2 + R\boldsymbol{e}_3 \right)$$

求出. 但是因为 $\boldsymbol{e}_1$，$\boldsymbol{e}_2$，$\boldsymbol{e}_3$ 也是 u_1，u_2，u_3 的函数，故需要计算 $\boldsymbol{e}_1$，$\boldsymbol{e}_2$，$\boldsymbol{e}_3$ 对 u_1，u_2，u_3 的偏导数，计算比较复杂. 为了避免繁琐的计算，我们利用哈密顿算子的运算性质，采用下面的方法.

首先，由于 $\boldsymbol{e}_1$，$\boldsymbol{e}_2$，$\boldsymbol{e}_3$ 相互正交且成右手系，故函数 $\boldsymbol{F}$ 可以表示为(利用(6.38)式和(6.39)式)

$$\begin{aligned}
\boldsymbol{F} &= P\boldsymbol{e}_1 + Q\boldsymbol{e}_2 + R\boldsymbol{e}_3 \\
&= P\boldsymbol{e}_2 \times \boldsymbol{e}_3 + Q\boldsymbol{e}_3 \times \boldsymbol{e}_1 + R\boldsymbol{e}_1 \times \boldsymbol{e}_2 \\
&= PH_2H_3 \nabla u_2 \times \nabla u_3 + QH_3H_1 \nabla u_3 \times \nabla u_1 + RH_1H_2 \nabla u_1 \times \nabla u_2.
\end{aligned}$$

因为

$$\nabla \cdot \left(PH_2H_3 \nabla u_2 \times \nabla u_3 \right) = PH_2H_3 \nabla \cdot \left(\nabla u_2 \times \nabla u_3 \right) + \left(\nabla u_2 \times \nabla u_3 \right) \cdot \nabla \left(PH_2H_3 \right),$$

由(3.33)式和定理 3.6 得

$$\nabla \cdot \left(\nabla u_2 \times \nabla u_3 \right) = \nabla u_3 \cdot \left(\nabla \times \nabla u_2 \right) - \nabla u_2 \cdot \left(\nabla \times \nabla u_3 \right) = 0,$$

又由(2.25)式得

$$\nabla\left(PH_2H_3\right)=\frac{\partial\left(PH_2H_3\right)}{\partial u_1}\nabla u_1+\frac{\partial\left(PH_2H_3\right)}{\partial u_2}\nabla u_2+\frac{\partial\left(PH_2H_3\right)}{\partial u_3}\nabla u_3$$

故

$$\begin{aligned}\nabla\cdot\left(PH_2H_3\nabla u_2\times\nabla u_3\right)&=\frac{\partial\left(PH_2H_3\right)}{\partial u_1}\left(\nabla u_2\times\nabla u_3\right)\cdot\nabla u_1\\&=\frac{1}{H_1H_2H_3}\frac{\partial\left(PH_2H_3\right)}{\partial u_1}.\end{aligned}$$

同理

$$\nabla\cdot\left(QH_3H_1\nabla u_3\times\nabla u_1\right)=\frac{1}{H_1H_2H_3}\frac{\partial\left(QH_3H_1\right)}{\partial u_2},$$

$$\nabla\cdot\left(RH_1H_2\nabla u_1\times\nabla u_2\right)=\frac{1}{H_1H_2H_3}\frac{\partial\left(RH_1H_2\right)}{\partial u_3}.$$

于是 $\boldsymbol{F}$ 的散度为

$$\nabla\cdot\boldsymbol{F}=\frac{1}{H_1H_2H_3}\left[\frac{\partial\left(PH_2H_3\right)}{\partial u_1}+\frac{\partial\left(QH_3H_1\right)}{\partial u_2}+\frac{\partial\left(RH_1H_2\right)}{\partial u_3}\right].\quad(6.42)$$

将哈密顿算子 ∇ 替代(6.42)式中的 $\boldsymbol{F}$，可得拉普拉斯算子

$$\begin{aligned}\Delta=\nabla\cdot\nabla=\nabla\cdot&\left(\boldsymbol{e}_1\frac{1}{H_1}\frac{\partial}{\partial u_1}+\boldsymbol{e}_2\frac{1}{H_2}\frac{\partial}{\partial u_2}+\boldsymbol{e}_3\frac{1}{H_3}\frac{\partial}{\partial u_3}\right)\\=\frac{1}{H_1H_2H_3}&\left[\frac{\partial}{\partial u_1}\left(\frac{H_2H_3}{H_1}\frac{\partial}{\partial u_1}\right)+\frac{\partial}{\partial u_2}\left(\frac{H_3H_1}{H_2}\frac{\partial}{\partial u_2}\right)+\frac{\partial}{\partial u_3}\left(\frac{H_1H_2}{H_3}\frac{\partial}{\partial u_3}\right)\right].\end{aligned}\quad(6.43)$$

练习 6.3　计算向径向量 $\boldsymbol{r}=x\boldsymbol{i}+y\boldsymbol{j}+z\boldsymbol{k}$ 在柱面坐标系下的散度.

练习 6.4　计算练习 6.1 的向量 $\boldsymbol{a}$ 在柱面坐标系下的散度.

6.4.3　旋度

设向量函数

$$\begin{aligned}\boldsymbol{F}\left(u_1,u_2,u_3\right)&=P\left(u_1,u_2,u_3\right)\boldsymbol{e}_1+Q\left(u_1,u_2,u_3\right)\boldsymbol{e}_2+R\left(u_1,u_2,u_3\right)\boldsymbol{e}_3\\&=PH_1\nabla u_1+QH_2\nabla u_2+RH_3\nabla u_3,\end{aligned}$$

则 $\boldsymbol{F}$ 的旋度为

$$\nabla\times\boldsymbol{F}=\nabla\times\left(PH_1\nabla u_1\right)+\nabla\times\left(QH_2\nabla u_2\right)+\nabla\times\left(RH_3\nabla u_3\right).$$

上式右端第一项，由(3.30)式和定理 3.6，有

$$\begin{aligned}\nabla\times\left(PH_1\nabla u_1\right)&=\nabla\left(PH_1\right)\times\nabla u_1+PH_1\nabla\times\left(\nabla u_1\right)\\&=\nabla\left(PH_1\right)\times\nabla u_1\\&=\left(\sum_{i=1}^{3}\frac{\partial\left(PH_1\right)}{\partial u_i}\nabla u_i\right)\times\nabla u_1\\&=\frac{\partial\left(PH_1\right)}{\partial u_2}\nabla u_2\times\nabla u_1+\frac{\partial\left(PH_1\right)}{\partial u_3}\nabla u_3\times\nabla u_1\\&=\frac{1}{H_1H_2}\frac{\partial\left(PH_1\right)}{\partial u_2}\boldsymbol{e}_2\times\boldsymbol{e}_1+\frac{1}{H_3H_1}\frac{\partial\left(PH_1\right)}{\partial u_3}\boldsymbol{e}_3\times\boldsymbol{e}_1\\&=-\frac{1}{H_1H_2}\frac{\partial\left(PH_1\right)}{\partial u_2}\boldsymbol{e}_3+\frac{1}{H_3H_1}\frac{\partial\left(PH_1\right)}{\partial u_3}\boldsymbol{e}_2\\&=\frac{1}{H_1H_2H_3}\left[\frac{\partial\left(PH_1\right)}{\partial u_3}H_2\boldsymbol{e}_2-\frac{\partial\left(PH_1\right)}{\partial u_2}H_3\boldsymbol{e}_3\right].\end{aligned}$$

类似推导，可得

$$\nabla\times\left(QH_2\nabla u_2\right)=\frac{1}{H_1H_2H_3}\left[\frac{\partial\left(QH_2\right)}{\partial u_1}H_3\boldsymbol{e}_3-\frac{\partial\left(QH_2\right)}{\partial u_3}H_1\boldsymbol{e}_1\right],$$

$$\nabla\times\left(RH_3\nabla u_3\right)=\frac{1}{H_1H_2H_3}\left[\frac{\partial\left(RH_3\right)}{\partial u_2}H_1\boldsymbol{e}_1-\frac{\partial\left(RH_3\right)}{\partial u_1}H_2\boldsymbol{e}_2\right].$$

于是得 $\boldsymbol{F}$ 的旋度为

$$\begin{aligned}\nabla\times\boldsymbol{F}=\frac{1}{H_1H_2H_3}&\left\{\left[\frac{\partial\left(RH_3\right)}{\partial u_2}-\frac{\partial\left(QH_2\right)}{\partial u_3}\right]H_1\boldsymbol{e}_1+\left[\frac{\partial\left(PH_1\right)}{\partial u_3}-\frac{\partial\left(RH_3\right)}{\partial u_1}\right]H_2\boldsymbol{e}_2\right.\\&\left.+\left[\frac{\partial\left(QH_2\right)}{\partial u_1}-\frac{\partial\left(PH_1\right)}{\partial u_2}\right]H_3\boldsymbol{e}_3\right\}.\end{aligned}$$

为便于记忆，也把上式写作

$$\nabla\times\boldsymbol{F}=\frac{1}{H_1H_2H_3}\begin{vmatrix}H_1\boldsymbol{e}_1 & H_2\boldsymbol{e}_2 & H_3\boldsymbol{e}_3\\ \dfrac{\partial}{\partial u_1} & \dfrac{\partial}{\partial u_2} & \dfrac{\partial}{\partial u_3}\\ PH_1 & QH_2 & RH_3\end{vmatrix}. \tag{6.44}$$

6.4.4 梯度、散度、旋度及调和量在柱面坐标系和球面坐标系中的表示式

将柱面坐标系和球面坐标系的拉梅系数分别代入上面得到的公式(6.40)、(6.42)、(6.43)和(6.44)中，可以得到梯度、散度、拉普拉斯算子和旋度在柱面坐标系和球面坐标系中的表示式.

1. 柱面坐标系

$$\nabla u=\frac{\partial u}{\partial r}\boldsymbol{e}_r+\frac{1}{r}\frac{\partial u}{\partial\theta}\boldsymbol{e}_\theta+\frac{\partial u}{\partial z}\boldsymbol{e}_z,$$

$$\nabla\cdot\boldsymbol{F}=\frac{1}{r}\left[\frac{\partial(rP)}{\partial r}+\frac{\partial Q}{\partial\theta}+\frac{\partial(rR)}{\partial z}\right],$$

$$\Delta u=\frac{1}{r}\left[\frac{\partial}{\partial r}\left(r\frac{\partial u}{\partial r}\right)+\frac{\partial}{\partial\theta}\left(\frac{1}{r}\frac{\partial u}{\partial\theta}\right)+\frac{\partial}{\partial z}\left(r\frac{\partial u}{\partial z}\right)\right],$$

$$\nabla\times\boldsymbol{F}=\frac{1}{r}\begin{vmatrix}\boldsymbol{e}_r & r\boldsymbol{e}_\theta & \boldsymbol{e}_z\\ \dfrac{\partial}{\partial r} & \dfrac{\partial}{\partial\theta} & \dfrac{\partial}{\partial z}\\ P & rQ & R\end{vmatrix}$$

$$=\left(\frac{1}{r}\frac{\partial R}{\partial\theta}-\frac{\partial Q}{\partial z}\right)\boldsymbol{e}_r+\left(\frac{\partial P}{\partial z}-\frac{\partial R}{\partial r}\right)\boldsymbol{e}_\theta+\frac{1}{r}\left[\frac{\partial(rQ)}{\partial r}-\frac{\partial P}{\partial\theta}\right]\boldsymbol{e}_z.$$

2. 球面坐标系

$$\nabla u=\frac{\partial u}{\partial\rho}\boldsymbol{e}_\rho+\frac{1}{\rho}\frac{\partial u}{\partial\varphi}\boldsymbol{e}_\varphi+\frac{1}{\rho\sin\varphi}\frac{\partial u}{\partial\theta}\boldsymbol{e}_\theta,$$

$$\nabla\cdot\boldsymbol{F}=\frac{1}{\rho^2\sin\varphi}\left[\frac{\partial\left(P\rho^2\sin\varphi\right)}{\partial\rho}+\frac{\partial\left(Q\rho\sin\varphi\right)}{\partial\varphi}+\frac{\partial\left(\rho R\right)}{\partial\theta}\right]$$

$$=\frac{1}{\rho^2\sin\varphi}\left[\sin\varphi\frac{\partial\left(P\rho^2\right)}{\partial\rho}+\rho\frac{\partial\left(Q\sin\varphi\right)}{\partial\varphi}+\rho\frac{\partial R}{\partial\theta}\right],$$

$$\Delta u=\frac{1}{\rho^2\sin\varphi}\left[\sin\varphi\frac{\partial}{\partial\rho}\left(\rho^2\frac{\partial u}{\partial\rho}\right)+\frac{\partial u}{\partial\varphi}\left(\sin\varphi\frac{\partial u}{\partial\varphi}\right)+\frac{1}{\sin\varphi}\frac{\partial u}{\partial\theta}\right].$$

$$\nabla\times\boldsymbol{F}=\frac{1}{\rho^2\sin\varphi}\begin{vmatrix}\boldsymbol{e}_\rho & \rho\boldsymbol{e}_\varphi & \rho\sin\varphi\boldsymbol{e}_\theta\\ \dfrac{\partial}{\partial\rho} & \dfrac{\partial}{\partial\varphi} & \dfrac{\partial}{\partial\theta}\\ P & \rho Q & \rho\sin\varphi R\end{vmatrix}$$

$$=\frac{1}{\rho\sin\varphi}\left[\frac{\partial\left(R\sin\varphi\right)}{\partial\varphi}-\frac{\partial Q}{\partial\theta}\right]\boldsymbol{e}_\rho+\frac{1}{\rho}\left[\frac{1}{\sin\varphi}\frac{\partial P}{\partial\theta}-\frac{\partial\left(\rho R\right)}{\partial\varphi}\right]\boldsymbol{e}_\varphi$$

$$+\frac{1}{\rho}\left[\frac{\partial\left(\rho Q\right)}{\partial\rho}-\frac{\partial P}{\partial\varphi}\right]\boldsymbol{e}_\theta.$$

习　题　6

6.1　设$u_1=x$，$u_2=-x+y$，$u_3=-y+z$，

(1)求$\dfrac{\partial\boldsymbol{r}}{\partial u_1}$，$\dfrac{\partial\boldsymbol{r}}{\partial u_2}$，$\dfrac{\partial\boldsymbol{r}}{\partial u_3}$；

(2)求H_1，H_2，H_3；

(3)求各坐标轴之间的夹角，问u_1，u_2，u_3是否正交坐标系？

(4)求向径向量$\boldsymbol{r}=x\boldsymbol{i}+y\boldsymbol{j}+z\boldsymbol{k}$在坐标系$(u_1,u_2,u_3)$中的表示式.

6.2　已知$u(\rho,\varphi,\theta)=2\rho\sin\theta+\rho^2\cos\varphi$，求$\nabla u$，$\Delta u$.

6.3　设$\boldsymbol{r}=x\boldsymbol{i}+y\boldsymbol{j}+z\boldsymbol{k}$，在柱面坐标系和球面坐标系下，证明$\nabla\cdot\boldsymbol{r}=3$.

6.4　已知$\boldsymbol{F}(M)=r\cos^2\theta\boldsymbol{e}_r+r\sin\theta\boldsymbol{e}_\theta+z^2\boldsymbol{e}_z$，求$\mathrm{div}\boldsymbol{F}$，$\mathrm{rot}\boldsymbol{F}$.

6.5　设$\boldsymbol{F}(r,\theta,z)=-r\cos\theta\boldsymbol{e}_r+r\sin\theta\boldsymbol{e}_\theta+z\cos\theta\boldsymbol{e}_z$，证明：

(1) $\mathrm{div}\boldsymbol{F}(r,\theta,z)=0$；

(2) 当$\theta=0$时，$\mathrm{rot}\boldsymbol{F}=\boldsymbol{0}$.

6.6　证明向量场$\boldsymbol{F}(r,\theta,z)=\left(1+\dfrac{1}{r^2}\right)\cos\theta\boldsymbol{e}_r-\left(1-\dfrac{1}{r^2}\right)\sin\theta\boldsymbol{e}_\theta+\boldsymbol{e}_z$为调和场，其中$r=\sqrt{x^2+y^2+z^2}$.

6.7　已知$\theta=\dfrac{\pi}{2}$时，$u(r,\theta,z)=z$，又$\dfrac{\partial u}{\partial z}=1$，求函数$u$，使向量

$$\boldsymbol{F}=r\cos\theta\boldsymbol{e}_r+u\boldsymbol{e}_\theta$$

满足条件$\mathrm{div}\boldsymbol{F}=0$.

6.8　在球面坐标系中，证明$\boldsymbol{F}=\dfrac{1}{\rho^2}\boldsymbol{e}_\rho$为有势场，并求其势函数.

6.9　设有接地导体球置于均匀外电场E_0中，导体球半径为R，置入后球内电势为

$$U=-E_0\rho\cos\theta\sin\varphi+\frac{1}{\rho^2}E_0R^3\sin\theta\cos\varphi,$$

其中$0\leqslant\rho\leqslant R$，$0\leqslant\theta\leqslant 2\pi$，$0\leqslant\varphi\leqslant\pi$.求导体球内的电场强度.

6.10　电流I均匀分布于半径为a的无穷长直导线内，在$r<a$的区域内，由I激发的磁场磁感应强度为

$$\boldsymbol{B}=\frac{\mu_0 I}{2\pi a^2}r\boldsymbol{e}_\theta.$$

求$\nabla\cdot\boldsymbol{B}$和$\nabla\times\boldsymbol{B}$.

练习题和习题参考答案

第 1 章

练习题

练习 1.1 $\boldsymbol{a}=3\boldsymbol{i}-2\boldsymbol{j}+3\boldsymbol{k}$，$|\boldsymbol{a}|=\sqrt{22}$，方向余弦为 $\cos\alpha=\dfrac{3}{\sqrt{22}}$，$\cos\beta=-\dfrac{2}{\sqrt{22}}$，$\cos\gamma=\dfrac{3}{\sqrt{22}}$，$\boldsymbol{a}^0=\dfrac{1}{\sqrt{22}}(3\boldsymbol{i}-2\boldsymbol{j}+3\boldsymbol{k})$.

练习 1.2 (1) $3\boldsymbol{a}-\boldsymbol{b}=5\boldsymbol{i}-4\boldsymbol{j}-8\boldsymbol{k}$， $\boldsymbol{a}\cdot\boldsymbol{b}=4$， $\boldsymbol{a}\times\boldsymbol{b}=4\boldsymbol{i}-\boldsymbol{j}+3\boldsymbol{k}$；(2) $(\boldsymbol{a}\times\boldsymbol{b})\cdot\boldsymbol{c}=0$.

练习 1.3 证明 $\boldsymbol{a}\cdot\boldsymbol{b}=0$.

练习 1.4 证明 $\boldsymbol{a}\times\boldsymbol{b}=\boldsymbol{0}$.

练习 1.5 摆线的向量方程为 $\boldsymbol{r}=a(t-\sin t)\boldsymbol{i}+a(1-\cos t)\boldsymbol{j}$.

练习 1.6 $\lim\limits_{t\to 2}\boldsymbol{F}(t)=8\boldsymbol{i}+4\boldsymbol{j}+6\boldsymbol{k}$.

练习 1.7 $\dfrac{\mathrm{d}\boldsymbol{F}(t)}{\mathrm{d}t}=(2-3t^2)\boldsymbol{i}+6t\boldsymbol{j}+2(1+t)\boldsymbol{k}$.

练习 1.8 $a\boldsymbol{i}-\dfrac{\sqrt{2}}{2}a\boldsymbol{k}$.

练习 1.9 (1) $\displaystyle\int\boldsymbol{F}(t)\mathrm{d}t=\left(t^2-\frac{1}{4}t^4\right)\boldsymbol{i}+t^3\boldsymbol{j}+\left(t^2+\frac{1}{4}t^4\right)\boldsymbol{k}+\boldsymbol{C}$. 其中 $\boldsymbol{C}=c_1\boldsymbol{i}+c_2\boldsymbol{j}+c_3\boldsymbol{k}$ 是任意常向量，c_1,c_2,c_3 是任意常数.

(2) $\int_0^1 \boldsymbol{F}(t)\mathrm{d}t=\frac{3}{4}\boldsymbol{i}+\boldsymbol{j}+\frac{5}{4}\boldsymbol{k}$.

练习 1.10 $\int \varphi^2\boldsymbol{e}(\varphi)\mathrm{d}\varphi=2\varphi\boldsymbol{e}(\varphi)+(2-\varphi^2)\boldsymbol{e}_1(\varphi)+\boldsymbol{C}$. $\boldsymbol{C}$ 是任意常向量.

习题 1

1.1 $\boldsymbol{v}=-\omega y\boldsymbol{i}+\omega x\boldsymbol{j}$, $\omega=|\omega\boldsymbol{k}|$. $\theta=\frac{\pi}{4}$ 时, $\boldsymbol{v}=-\frac{\sqrt{2}}{2}\omega\boldsymbol{i}+\frac{\sqrt{2}}{2}\omega\boldsymbol{j}$, $|\boldsymbol{v}|=\omega$.

1.2 $\boldsymbol{r}=3\sin t\boldsymbol{i}+4\sin t\boldsymbol{j}+3\cos t\boldsymbol{k}$,其图形是平面 $4x-3y=0$ 与圆柱面 $x^2+z^2=3^2$ 的交线，是一个椭圆.

1.3 $\boldsymbol{\tau}=\frac{\boldsymbol{i}+2t\boldsymbol{j}+2t^2\boldsymbol{k}}{1+2t^2}$.

1.5 $\frac{\mathrm{d}\boldsymbol{F}}{\mathrm{d}t}=2t\boldsymbol{i}-t\boldsymbol{j}+2\boldsymbol{k}$, $\frac{\mathrm{d}^2\boldsymbol{F}}{\mathrm{d}t^2}=2\boldsymbol{i}-\boldsymbol{j}$. $t=0$ 时, $\left.\frac{\mathrm{d}\boldsymbol{F}}{\mathrm{d}t}\right|_{t=0}=2\boldsymbol{k}$, $\left.\frac{\mathrm{d}^2\boldsymbol{F}}{\mathrm{d}t^2}\right|_{t=0}=2\boldsymbol{i}-\boldsymbol{j}$, $\left.\left|\frac{\mathrm{d}\boldsymbol{F}}{\mathrm{d}t}\right|\right|_{t=0}=2$, $\left.\left|\frac{\mathrm{d}^2\boldsymbol{F}}{\mathrm{d}t^2}\right|\right|_{t=0}=\sqrt{5}$.

1.6 所求点为 $P_1(-1,1,-1)$ 和 $P_2\left(-\frac{1}{3},\frac{1}{9},-\frac{1}{27}\right)$.

1.7 (1) $\boldsymbol{v}=\mathrm{e}^t\boldsymbol{i}-6\sin 3t\boldsymbol{j}+3\cos 3t\boldsymbol{k}$, $\boldsymbol{a}=\mathrm{e}^t\boldsymbol{i}-18\cos 3t\boldsymbol{j}-9\sin 3t\boldsymbol{k}$;

(2) $\boldsymbol{v}=\boldsymbol{i}+3\boldsymbol{k}$, $\boldsymbol{a}=\boldsymbol{i}-18\boldsymbol{j}$.

1.8 $\boldsymbol{v}=\boldsymbol{r}'=R\omega\boldsymbol{e}_1(\omega t)$, $\boldsymbol{a}=\boldsymbol{r}''=-R\omega^2\boldsymbol{e}(\omega t)$, $|\boldsymbol{r}|=R$ 为常数, $\boldsymbol{v}$ 与 $\boldsymbol{r}$ 互相垂直. 又由 $\boldsymbol{a}=-\omega^2\boldsymbol{r}$, 知 $\boldsymbol{a}$ 与 $\boldsymbol{r}$ 平行，但方向相反.

1.10 (1) $\frac{\mathrm{d}}{\mathrm{d}t}[\boldsymbol{A}\cdot(\boldsymbol{B}\times\boldsymbol{C})]=\frac{\mathrm{d}\boldsymbol{A}}{\mathrm{d}t}\cdot(\boldsymbol{B}\times\boldsymbol{C})+\boldsymbol{A}\cdot\left(\frac{\mathrm{d}\boldsymbol{B}}{\mathrm{d}t}\times\boldsymbol{C}\right)+\boldsymbol{A}\cdot\left(\boldsymbol{B}\times\frac{\mathrm{d}\boldsymbol{C}}{\mathrm{d}t}\right)$;

(2) $\frac{\mathrm{d}}{\mathrm{d}t}[\boldsymbol{A}\times(\boldsymbol{B}\times\boldsymbol{C})]=\frac{\mathrm{d}\boldsymbol{A}}{\mathrm{d}t}\times(\boldsymbol{B}\times\boldsymbol{C})+\boldsymbol{A}\times\left(\frac{\mathrm{d}\boldsymbol{B}}{\mathrm{d}t}\times\boldsymbol{C}\right)+\boldsymbol{A}\times\left(\boldsymbol{B}\times\frac{\mathrm{d}\boldsymbol{C}}{\mathrm{d}t}\right)$.

1.11 $\int \boldsymbol{F}\cdot\boldsymbol{G}'\mathrm{d}t=(t-1)\mathrm{e}^t-2(t\sin t+\cos t)+3t(1-\ln t)+C$.

1.12 $\int \boldsymbol{F}(t)\times \boldsymbol{G}'(t)\mathrm{d}t=\boldsymbol{F}\times \boldsymbol{G}+\boldsymbol{C}$.

第 2 章

练习题

练习 2.1　(1) $x^2+y^2+z^2=c^2$；(2) $z=c\sqrt{x^2+y^2}$.

练习 2.3　等值面 $x^2+y^2-4z=0$，法线 $\boldsymbol{n}=[1,-2,-1]^{\mathrm{T}}$，切平面方程 $x-2y-z=5$.

练习 2.4　$\dfrac{52}{7}$.

练习 2.5　$\dfrac{60}{\sqrt{17}}$.

练习 2.6　$\dfrac{11}{7}$.

练习 2.7　$\nabla u(O)=3\boldsymbol{i}-2\boldsymbol{j}-6\boldsymbol{k}$，$\nabla u(M)=6\boldsymbol{i}+\boldsymbol{j}$.

练习 2.8　$\nabla u=-3\boldsymbol{i}+3\boldsymbol{j}$，$\dfrac{\partial u(M)}{\partial \boldsymbol{l}}=-\dfrac{3}{\sqrt{5}}$.

练习 2.9　(1) $\nabla u=(2xz+y^2z\cos xz)\boldsymbol{i}+2y\sin xz\boldsymbol{j}+(x^2+y^2x\cos xz)\boldsymbol{k}$；

(2) $\nabla u=3\boldsymbol{i}+12\boldsymbol{j}+16\boldsymbol{k}$；(3) $\nabla u=11\boldsymbol{i}+9\boldsymbol{j}+5\boldsymbol{k}$.

练习 2.10　(1) 应用 $\nabla(uv)=v\nabla u+u\nabla v$，有 $\nabla\left(\dfrac{z}{r}\right)=z\nabla\left(\dfrac{1}{r}\right)+\dfrac{1}{r}\nabla z=-\dfrac{z}{r^3}\boldsymbol{r}+\dfrac{1}{r}[0,0,1]^{\mathrm{T}}$；

(2) 应用 $\nabla f(u)=f'(u)\nabla u$，有 $\nabla\ln r=\dfrac{1}{r}\nabla r=\dfrac{\boldsymbol{r}}{r^2}$；

(3) 应用 $\nabla(uv)=v\nabla u+u\nabla v$，有 $\nabla[(ax+by+cz)r]=(ax+by+cz)\nabla r+r\nabla(ax+by+cz)=\dfrac{ax+by+cz}{r}\boldsymbol{r}+(a\boldsymbol{i}+b\boldsymbol{j}+c\boldsymbol{k})r$.

练习 2.11　梯度为 $\nabla u=3(x^2-yz)\boldsymbol{i}+3(y^2-xz)\boldsymbol{j}+3(z^2-xy)\boldsymbol{k}$，

(1) 当 $z^2=xy$ 时，梯度向量 ∇u 垂直于 Oz 轴；

(2) 当 $x^2 = yz$ ， $y^2 = xz$ 时，梯度向量 ∇u 平行于 Oz 轴；

(3) 当 $x = y = z$ 时，梯度向量 ∇u 等于零.

习题 2

2.1 (1) $\dfrac{1}{ax+by+cz+d} = c_1$ ，即 $ax+by+cz+d-\dfrac{1}{c_1}=0$ ， $c_1 \neq 0$ ；

(2) u 过点 $M(1,2,1)$ 的等值面为 $x^2+y^2+z^2=6$.

2.2 数量场的等值面为 $\dfrac{4(x^2+y^2)}{C^2-256}+\dfrac{4z^2}{C^2}=1\ (C \geqslant 16)$ ，过点 $M(9,12,28)$ 的等值面的方程为 $\dfrac{x^2+y^2}{960}+\dfrac{z^2}{1024}=1$.

2.3 所求方向导数为 $\dfrac{27}{\sqrt{17}}$.

2.4 $\text{grad}u(M)=[-4,-4,12]^{\mathrm{T}}$. u 在点 $M(2,1,-1)$ 处沿 $\text{grad}u(M)=[-4,-4,12]^{\mathrm{T}}$ 的方向导数最大，方向导数的最大值是 $|\text{grad}u(M)|=\sqrt{(-4)^2+(-4)^2+12^2}=\sqrt{176}=4\sqrt{11}$.

2.6 $u=f(x,y)$ 在 $M(1,2)$ 处 $\dfrac{\partial u}{\partial x}=2$ ， $\dfrac{\partial u}{\partial y}=-1$ ，在 $M(1,2)$ 处 $\nabla u=[2,-1]^{\mathrm{T}}$ ，沿 $\boldsymbol{l}=[3,4]^{\mathrm{T}}$ 的方向导数为 $\dfrac{2}{5}$.

2.7 $u=f(x,y)$ 在 M 处 $\dfrac{\partial u}{\partial x}=\dfrac{\partial u}{\partial y}=\dfrac{1}{\sqrt{2}}$ ， $\boldsymbol{l}=\left[\dfrac{3}{5},\dfrac{4}{5}\right]^{\mathrm{T}}$ 或 $\boldsymbol{l}=\left[\dfrac{4}{5},\dfrac{3}{5}\right]^{\mathrm{T}}$.

2.8 对 $(x,y)\neq(0,0)$ 的点，函数值增加最快的方向为 $\nabla f=\left[\dfrac{2x}{a^2},\dfrac{2y}{b^2}\right]^{\mathrm{T}}$ ，在原点 $(0,0)$ 处，有

$$f(x,y)-f(0,0)=\frac{x^2}{a^2}+\frac{y^2}{b^2}=\frac{1}{b^2}(x^2+y^2)-\left(\frac{1}{b^2}-\frac{1}{a^2}\right)x^2,$$

当 $x=0$ 时，即沿 y 轴的方向，函数值增加最快.

2.11 $\nabla(\boldsymbol{a}\cdot\boldsymbol{r})=\nabla(a_1x+a_2y+a_3z)=\boldsymbol{a}$.

2.12 提示：必要条件可由偏积分法得到.

2.13 提示：M^0 为 u 的极大值点的必要条件为 $\frac{\partial u(M^0)}{\partial x}=\frac{\partial u(M^0)}{\partial y}=\frac{\partial u(M^0)}{\partial z}=0$.

第 3 章

练习题

练习 3.2 $x=C_1\cos\theta, y=C_1\sin\theta, z=h\theta+C_2$.

练习 3.3 $x^2-y^2=C_1^2, z=C_2x$.

练习 3.4 曲面 S 在 xOy 面上的投影区域为

$$\sigma_{xy}=\left\{(x,y)\middle|x^2+y^2\leqslant h\right\},$$

故

$$\varPhi=\iint_S(x+y+z)\mathrm{d}x\mathrm{d}y=-\iint_{\sigma_{xy}}(x+y+x^2+y^2)\mathrm{d}x\mathrm{d}y=-\frac{1}{2}\pi h^2.$$

练习 3.5 （1）$3(x^2+y^2+z^2)$；（2）$-x\sin y+\cos x$；（3）$2(x+y+z)$.

练习 3.6 $\nabla\cdot(u\boldsymbol{a})=6x+40y-30z$.

练习 3.7 （1）$\nabla\cdot(r\boldsymbol{C})=\nabla r\cdot\boldsymbol{C}=\frac{\boldsymbol{r}}{r}\cdot\boldsymbol{C}$；

（2）$\nabla\cdot(r^n\boldsymbol{C})=\nabla r^n\cdot\boldsymbol{C}=nr^{n-2}\boldsymbol{r}\cdot\boldsymbol{C}$；

（3）$\nabla\cdot(\boldsymbol{r}\times\boldsymbol{C})=\boldsymbol{C}\cdot\left(\nabla\times\boldsymbol{r}\right)=0$.

练习 3.8 由 $\mathrm{div}[\mathrm{grad}\, f(r)]=0$ 得 $f''(r)+\frac{2}{r}f'(r)=0$，解此方程，得 $f(r)=\frac{C_1}{r}+C_2$.

练习 3.9 （1）$\varPhi=\oiint_S\boldsymbol{F}\cdot\mathrm{d}\boldsymbol{S}=\iiint_V\mathrm{div}\boldsymbol{F}\mathrm{d}V=\iiint_V(2+x^2-2xz)\mathrm{d}x\mathrm{d}y\mathrm{d}z=a^3\left(2-\frac{1}{6}a^2\right)$；

(2) $\Phi = \oiint\limits_S \boldsymbol{F}\cdot \mathrm{d}\boldsymbol{S} = \iiint\limits_V \mathrm{div}\boldsymbol{F}\mathrm{d}V = 3\iiint\limits_V (x^2+y^2+z^2)\mathrm{d}x\mathrm{d}y\mathrm{d}z = \frac{12}{5}\pi R^5$.

(用球坐标计算此三重积分)

练习 3.10 $\frac{3}{\sqrt{6}}$.

练习 3.11 $\frac{1}{\sqrt{5}}$.

练习 3.12 (1) $4y\boldsymbol{k}$；(2) $-2\boldsymbol{k}$；(3) $\boldsymbol{0}$.

练习 3.13 **0.**

练习 3.14 (1) $\nabla\cdot\boldsymbol{F} = 6xy+2y+2x^2y$，$\nabla\times\boldsymbol{F} = 2xz(1+x)\boldsymbol{i} + 2z(1-2xy)\boldsymbol{j} - (z^2+3x^2)\boldsymbol{k}$；

(2) $\nabla\cdot\boldsymbol{F} = 0$，$\nabla\times\boldsymbol{F} = x(2y-x)\boldsymbol{i} + y(2z-y)\boldsymbol{j} + z(2x-z)\boldsymbol{k}$；

(3) $\nabla\cdot\boldsymbol{F} = P'(x)+Q'(y)+R'(z)$，$\nabla\times\boldsymbol{F} = \boldsymbol{0}$.

练习 3.15 $\boldsymbol{F}(M)\times\boldsymbol{G}(M) = -8z^2\boldsymbol{i} + (x^3y+12y)\boldsymbol{j} - 2x^2z^2\boldsymbol{k}$，$\nabla\times[\boldsymbol{F}(M)\times\boldsymbol{G}(M)] = 4z(xz-4)\boldsymbol{j} + 3x^2y\boldsymbol{k}$.

练习 3.16 (1) $\nabla\times\boldsymbol{a} = \nabla\times\boldsymbol{r} = \boldsymbol{0}$，由定理 3.8，$\nabla\cdot(\boldsymbol{a}\times\boldsymbol{r}) = \boldsymbol{r}\cdot(\nabla\times\boldsymbol{a}) - \boldsymbol{a}\cdot(\nabla\times\boldsymbol{r}) = 0$；

(2)参照例 3.20；

(3) $\nabla\times[(\boldsymbol{r}\cdot\boldsymbol{a})\boldsymbol{b}] = (\boldsymbol{r}\cdot\boldsymbol{a})(\nabla\times\boldsymbol{b}) + \nabla(\boldsymbol{r}\cdot\boldsymbol{a})\times\boldsymbol{b} = \boldsymbol{a}\times\boldsymbol{b}$，这里显然 $\nabla\times\boldsymbol{b} = \boldsymbol{0}$，可以证得 $\nabla(\boldsymbol{r}\cdot\boldsymbol{a}) = \boldsymbol{a}$.

习题 3

3.1 向量线满足的微分方程为 $\frac{\mathrm{d}x}{z-y} = \frac{\mathrm{d}y}{z} = \frac{\mathrm{d}z}{y}$，由 $\frac{\mathrm{d}y}{z} = \frac{\mathrm{d}z}{y}$ 得 $y\mathrm{d}y = z\mathrm{d}z$，解得 $y^2 - z^2 = C_1$；又由 $\frac{\mathrm{d}x}{z-y} = \frac{\mathrm{d}z}{y}$ 得 $y\mathrm{d}x = (z-y)\mathrm{d}z$，由上一步 $y\mathrm{d}y = z\mathrm{d}z$，故有 $y\mathrm{d}x = y\mathrm{d}y - y\mathrm{d}z$，即

$$\mathrm{d}x = \mathrm{d}y - \mathrm{d}z,$$

解得 $x = y - z + C_2$，从而向量线方程为 $y^2 - z^2 = C_1$，$x = y - z + C_2$.

3.2 向量线满足的微分方程为

$$\frac{\mathrm{d}x}{a_2z-a_3y}=\frac{\mathrm{d}y}{a_3x-a_1z}=\frac{\mathrm{d}z}{a_1y-a_2x},$$

设三个分式的值为λ，由此推出

$$\begin{cases}\mathrm{d}x=\lambda(a_2z-a_3y),\\ \mathrm{d}y=\lambda(a_3x-a_1z),\\ \mathrm{d}z=\lambda(a_1y-a_2x),\end{cases}$$

即有

$$\begin{cases}a_1\mathrm{d}x+a_2\mathrm{d}y+a_3\mathrm{d}z=0,\\ x\mathrm{d}x+y\mathrm{d}y+z\mathrm{d}z=0,\end{cases}$$

解之，得向量线方程为

$$\begin{cases}a_1x+a_2y+a_3z=C_1,\\ x^2+y^2+z^2=C_2.\end{cases}$$

3.3　$\frac{3}{8}\pi$.

3.4　曲面S在xOy面上的投影区域为

$$\sigma_{xy}=\{(x,y)\,|\,0\leqslant x\leqslant 1,0\leqslant y\leqslant 1-x\},$$

故

$$\iint_S(z+\cos x)\mathrm{d}x\mathrm{d}y=\iint_{\sigma_{xy}}(1-x-y+\cos x)\mathrm{d}x\mathrm{d}y=\frac{7}{6}-\cos 1.$$

由对称性，得$\Phi=\frac{21}{6}-3\cos 1$.

3.5　添加顶盖$S_0:z=h$，由高斯定理求出穿出闭曲面$S+S_0$的流量为$\frac{1}{2}\pi h^2$，向上穿出S_0的流量为πh^2，故所求流量为$\Phi=\frac{1}{2}\pi h^2-\pi h^2=-\frac{1}{2}\pi h^2$.

3.6　应用高斯定理，$\boldsymbol{a}$是常向量，$\nabla\cdot\boldsymbol{a}=0$，对任何光滑闭曲面$S$，有

$$\Phi = \oiint_S \boldsymbol{a} \cdot \mathrm{d}\boldsymbol{S} = \iiint_V \nabla \cdot \boldsymbol{a} = 0 .$$

3.7 (1) $\nabla \cdot \boldsymbol{F}(M) = y^2 + x^2 + z^2 - a^2$,故曲面 $S: x^2 + y^2 + z^2 = a^2$,

$$\Phi = \oiint_S \boldsymbol{F} \cdot \mathrm{d}\boldsymbol{S} = \iiint_V (x^2 + y^2 + z^2 - a^2)\mathrm{d}x\mathrm{d}y\mathrm{d}z = -\frac{8}{15}\pi a^5;$$

(2) $\nabla(\nabla \cdot \boldsymbol{F}) = 2x\boldsymbol{i} + 2y\boldsymbol{j} + 2z\boldsymbol{k}$, $\nabla(\nabla \cdot \boldsymbol{F})\big|_M = 4\boldsymbol{i} - 4\boldsymbol{j} - 2\boldsymbol{k}$, 最大变化率为 6.

3.8 由题意可设函数 $u(x, y, z) = u(r)$, 又由 $\nabla \cdot \nabla u = 0$ 知

$$\nabla \cdot \nabla u = \nabla \cdot \left(u'(r)\frac{\boldsymbol{r}}{r} \right) = u''(r) + \frac{2}{r}u'(r) = 0 ,$$

解得 $u(r) = \frac{k}{r} + k_1$, k, k_1 是积分常数.

3.9 $\Phi = \oiint_S \boldsymbol{F} \cdot \mathrm{d}\boldsymbol{S} = \iiint_V \mathrm{div}\boldsymbol{F}\mathrm{d}x\mathrm{d}y\mathrm{d}z = 3\iiint_V \mathrm{d}x\mathrm{d}y\mathrm{d}z = 3 \times \frac{4}{3}\pi abc = 4\pi abc$.

3.10 $W = \oint_l \boldsymbol{F}(M) \cdot \mathrm{d}\boldsymbol{l} = \oint_l -x\mathrm{d}x + y\mathrm{d}y + z\mathrm{d}z$

$$= \int_0^{2\pi} (a^2 \cos t \sin t + a^2 \cos t \sin t + b^2 t)\mathrm{d}t$$

$$= a^2 \int_0^{2\pi} \sin 2t\mathrm{d}t + b^2 \int_0^{2\pi} t\mathrm{d}t = 2\pi^2 b^2 .$$

3.11 (1) $2\pi R^2$; (2) $2\pi R^2$.

3.12 $\nabla \times \boldsymbol{F}(M) = \begin{vmatrix} \boldsymbol{i} & \boldsymbol{j} & \boldsymbol{k} \\ \frac{\partial}{\partial x} & \frac{\partial}{\partial y} & \frac{\partial}{\partial z} \\ ay & bz & cx \end{vmatrix} = -(b\boldsymbol{i} + c\boldsymbol{j} + a\boldsymbol{k})$, $\boldsymbol{n}^0 = \left[\frac{1}{\sqrt{3}}, \frac{1}{\sqrt{3}}, \frac{1}{\sqrt{3}} \right]^{\mathrm{T}}$, 由斯托克斯定理知

$$\Gamma = \oint_l \boldsymbol{F}(M) \cdot \mathrm{d}\boldsymbol{l} = \iint_S \mathrm{rot}\boldsymbol{F}(M) \cdot \boldsymbol{n}^0 \mathrm{d}S$$

$$=-\frac{1}{\sqrt{3}}(a+b+c)\iint_S \mathrm{d}S=-\frac{\pi R^2}{\sqrt{3}}(a+b+c).$$

3.13　xOy 面内的闭曲线 l 是 S 的边界线，l 由 xOy 面上的四条直线 $x=0,y=0,x=3,y=2$ 组成，由斯托克斯定理得 $\iint_S(\nabla\times\boldsymbol{F})\cdot\mathrm{d}\boldsymbol{S}=\oint_l \boldsymbol{F}\cdot\mathrm{d}\boldsymbol{l}=-6$.

3.14　等值面方程为 $6x+3y^2+z^2+xy-6xz=2$，在点 M 处沿 x 轴正向的变化率为 -1.

3.15　应用高斯定理，注意 $\nabla r^2=2x\boldsymbol{i}+2y\boldsymbol{j}+2z\boldsymbol{k}$，$\nabla\cdot\left(\nabla r^2\right)=6$.

3.16　应用斯托克斯定理，注意 $\nabla\times(\boldsymbol{a}\times\boldsymbol{r})=2\boldsymbol{a}$.

第 4 章

练习题

练习 4.1　(1) 是；(2) 不是；(3) 是.

练习 4.2　(1) $x^2+yz+xz^2+C$；(2) $u=-\cos z+\sin xy+C$.

练习 4.3　(1) $u=3x^2y+xz^3-yz$，$\int_l \boldsymbol{F}(M)\cdot\mathrm{d}\boldsymbol{l}=7$；

(2) $u=x^2z+y^2z^2-z$，$\int_l \boldsymbol{F}(M)\cdot\mathrm{d}\boldsymbol{l}=73$.

练习 4.4　(1) $x^2\mathrm{e}^{-y}+y\cos z=C$；(2) $x^2+2y^2+xy+2yz-\frac{1}{2}z^2=C$.

练习 4.6　$(x^4y^2z^3-x^2y^2z^3)\boldsymbol{i}-(2x^2y^3z^4+\frac{2}{3}x^3yz^3)\boldsymbol{j}+C\boldsymbol{k}$.

练习 4.7　(1) 势函数 $u=x+x^2+2y^2-5xy+7yz-3z^2$，向量势 $\boldsymbol{G}=\left(4yz-5xz+\frac{7}{2}z^2\right)\boldsymbol{i}+(7xy-z-2xz+5yz)\boldsymbol{j}+C\boldsymbol{k}$；

(2) 势函数 $u=xyz$；向量势 $\boldsymbol{G}=\frac{1}{2}xz^2\boldsymbol{i}+(\frac{1}{2}x^2y-\ \frac{1}{2}yz^2)\boldsymbol{j}+C\boldsymbol{k}$.

练习 4.8 $\Delta u=\Delta\left(\dfrac{m}{r}\right)=\nabla\cdot\nabla\left(\dfrac{m}{r}\right)=m\nabla\cdot\left(-\dfrac{1}{r^2}\dfrac{\boldsymbol{r}}{r}\right)=-m\nabla\cdot\left(r^{-3}\boldsymbol{r}\right)$，

$\nabla\cdot(r^{-3}\boldsymbol{r})=\nabla(r^{-3})\cdot\boldsymbol{r}+r^{-3}\nabla\cdot\boldsymbol{r}=-3r^{-4}(\nabla r)\cdot\boldsymbol{r}+3r^{-3}=-3r^{-4}\left(\dfrac{\boldsymbol{r}}{r}\right)\cdot\boldsymbol{r}+3r^{-3}=$

$-3r^{-5}(\boldsymbol{r}\cdot\boldsymbol{r})+3r^{-3}=-3r^{-5}r^2+3r^{-3}=0$，故 $\Delta u=0$，$u=\dfrac{m}{r}$ 是调和函数.

练习 4.9 （1）$\nabla\ln r=\dfrac{1}{r}\nabla r=\dfrac{1}{r^2}\boldsymbol{r}$，所以有

$\Delta\ln r=\nabla\cdot\nabla\ln r=\nabla\cdot\left(\dfrac{1}{r^2}\boldsymbol{r}\right)=\nabla\left(\dfrac{1}{r^2}\right)\cdot\boldsymbol{r}+\dfrac{1}{r^2}\nabla\cdot\boldsymbol{r}=-\dfrac{2}{r^3}\dfrac{\boldsymbol{r}}{r}\cdot\boldsymbol{r}+\dfrac{3}{r^2}=\dfrac{1}{r^2}$；

（2）$\nabla r^n=nr^{n-1}\nabla r=\dfrac{nr^{n-1}}{r}\boldsymbol{r}=nr^{n-2}\boldsymbol{r}$，所以有

$$\Delta r^n=\nabla\cdot\nabla r^n=\nabla\cdot\left(nr^{n-2}\boldsymbol{r}\right)=n(n-2)r^{n-3}\frac{\boldsymbol{r}}{r}\cdot\boldsymbol{r}+3nr^{n-2}=n(n+1)\,r^{n-2}.$$

习题 4

4.1 $\nabla\times\boldsymbol{F}(M)=2x(1-\lambda)\boldsymbol{i}+y(1-\lambda)\boldsymbol{j}+(5-3z)(1-\lambda)\boldsymbol{k}$，当 $\lambda=1$ 时，$\boldsymbol{F}(M)$ 是保守场.

4.2 $u=\displaystyle\int_{x_0}^{x}\varphi(x)\mathrm{d}x+\int_{y_0}^{y}\psi(y)\mathrm{d}y+\int_{z_0}^{z}\chi(z)\mathrm{d}z$.

4.3 （1）6；（2）$\pi+\dfrac{5}{3}$.

4.4 $y^2\cos x+x^2\cos y+\dfrac{z^2}{2}=C$.

4.5 取定点为坐标原点，可设该力为

$$\boldsymbol{F}(r)=-f(r)\frac{1}{r}\boldsymbol{r}=g(r)\boldsymbol{r},$$

由 $\nabla\times\boldsymbol{F}(r)=\boldsymbol{0}$，知 $\boldsymbol{F}(r)$ 是保守场.

4.6 （1）不存在，$\nabla\cdot\boldsymbol{F}=2\neq0$；（2）存在，$\nabla\cdot\boldsymbol{F}=0$，$\boldsymbol{G}(M)=\dfrac{1}{3}z^3\boldsymbol{i}+$

$\left(\frac{1}{3}x^3 - y^2 z\right)\boldsymbol{j} + C\boldsymbol{k}$.

4.7　$a = 2, b = -1, c = -2$.

4.8　$R = 3xy^2$, $\boldsymbol{F}(M)$不是管形场.

4.9　$\Delta u = 6z + 24xy - 2z^3 - 6y^2 z$.

4.10　由$\Delta u = 0$，知$\nabla \cdot \nabla u = 0$，而由定理 3.6 知$\nabla \times \nabla u = 0$，故$u$的梯度场$\nabla u = \mathrm{grad}u$为调和场.

4.11　$\oiint_S \frac{\partial u}{\partial \boldsymbol{n}} \mathrm{d}S = \oiint_S \mathrm{grad}u \cdot \boldsymbol{n} \mathrm{d}S = \oiint_S \mathrm{grad}u \cdot \mathrm{d}\boldsymbol{S}$，由高斯定理，有

$$\oiint_S \frac{\partial u}{\partial \boldsymbol{n}} \mathrm{d}S = \iiint_V \mathrm{div}(\mathrm{grad}u) \mathrm{d}V = \iiint_V \Delta u \mathrm{d}V.$$

又由积分中值定理，存在$M^* \in V$，使$\oiint_S \frac{\partial u}{\partial \boldsymbol{n}} \mathrm{d}S = \iiint_V \Delta u \mathrm{d}V = \Delta u\big|_{M^*} V$，故有

$$\lim_{V \to M} \frac{\oiint_S \frac{\partial u}{\partial \boldsymbol{n}} \mathrm{d}S}{V} = \lim_{V \to M} \frac{\Delta u\big|_{M^*} V}{V} = \lim_{V \to M} \Delta u\big|_{M^*} = \Delta u\big|_M.$$

第 5 章

练习题

练习 5.1（1）$\frac{1}{2}\pi R^4$；（2）$\frac{1}{4}\pi R^4$.

练习 5.2　0.

练习 5.3　$\Delta u = 0$，$\Delta v = 0$，$\frac{\partial u}{\partial x} = \frac{\partial v}{\partial y}$，$\frac{\partial u}{\partial y} = -\frac{\partial v}{\partial x}$，故$v$是$u$的共轭调和函数；因$\frac{\partial v}{\partial x} = 2y$，$\frac{\partial u}{\partial y} = -2y$，$\frac{\partial v}{\partial y} = 2x$，$\frac{\partial u}{\partial x} = 2x$，故$u$不是$v$的共轭调和函数. 容易看到，$-u$是$v$的共轭调和函数.

练习 5.4 $u=\frac{1}{2}\left(x^2-y^2\right)-2xy+C$，$\boldsymbol{F}(M)=(x-2y)\boldsymbol{i}-(2x+y)\boldsymbol{j}$.

练习 5.6 $v=y^2-x^2+2x+C$，复势 $f(z)=2xy-2y+\mathrm{i}(y^2-x^2+2x+C_1)=-\mathrm{i}(z^2-2z)+C$. 由 $f(2)=-\mathrm{i}$ 得 $C=-\mathrm{i}$，故 $f(z)=-\mathrm{i}(z^2-2z+1)$.

练习 5.7 (1) 流速 $\boldsymbol{F}(M)=2x\boldsymbol{i}-(2y+1)\boldsymbol{j}$，流线 $x(y+1)=C_1$，等势线 $x^2-(y+1)^2=C_2$.

(2) 流速 $\boldsymbol{F}(M)=3\left(x^2-y^2\right)\boldsymbol{i}-6xy\boldsymbol{j}$，流线为 $x^3-3xy^2=C_1$，等势线 $3x^2y-y^3=C_2$.

(3) $\boldsymbol{F}(M)=\left(1-\frac{x^2-y^2}{\left(x^2+y^2\right)^2}\right)\boldsymbol{i}-\frac{2xy}{\left(x^2+y^2\right)^2}\boldsymbol{j}$. 流线为 $y-\frac{y}{x^2+y^2}=C_1$，等势线 $x+\frac{x}{x^2+y^2}=C_2$.

习题 5

5.1 等值线 $y^2-x=C$，梯度 $\nabla u=-\boldsymbol{i}+2y\boldsymbol{j}$. ∇u 沿 C 的环量 $\Gamma=\int_C -\mathrm{d}x+2y\mathrm{d}y=0$，沿 C 外侧法线方向穿过 C 的通量为 $\Phi=\int_C -2y\mathrm{d}x-\mathrm{d}y=2\iint_{x^2+y^2\leqslant 1}\mathrm{d}x\mathrm{d}y=2\pi^2$.

5.2 (1) 0;　　(2) 2π.

5.3 势函数 $u=\frac{1}{3}x^3+\frac{1}{2}x^2-xy^2-\frac{y^2}{2}$，力函数 $v=x^2y-\frac{1}{2}y^2+\ xy$.

5.4 $v=3x^2y+3xy^2-y^3-x^3+C$，$f(z)=(1-i)z^3+C$.

5.5 只要证 P,Q 满足 $\Delta P=0,\Delta Q=0$.

5.6 (1) $v(x,y)=\int_{(0,0)}^{(x,y)}\left(-3y^2+x^2\right)\mathrm{d}x-2xy\mathrm{d}y=\frac{1}{3}x^3-xy^2$；

(2) $u(x,y)=\int_{(1,0)}^{(x,y)}\frac{x}{x^2+y^2}\mathrm{d}x-\frac{y}{x^2+y^2}\mathrm{d}y=\int_1^x\frac{1}{x}\mathrm{d}x+\int_0^y\frac{y}{x^2+y^2}\mathrm{d}y=$

$\ln\sqrt{x^2+y^2}+C$.

第 6 章

练习题

练习 6.1　$\boldsymbol{a}=rz\sin 2\theta\boldsymbol{e}_r+rz\cos 2\theta\boldsymbol{e}_\theta+r^2\sin 2\theta\boldsymbol{e}_z$.

练习 6.2　$\boldsymbol{C}=(C_1\sin\varphi\cos\theta+C_2\sin\varphi\sin\theta+C_3\cos\varphi)\boldsymbol{e}_\rho+(C_1\cos\varphi\cos\theta+C_2\cos\varphi\sin\theta-C_3\sin\varphi)\boldsymbol{e}_\varphi+(C_2\cos\varphi-C_1\sin\varphi)\boldsymbol{e}_\theta$.

练习 6.3　在柱面坐标系，$\boldsymbol{r}=r\boldsymbol{e}_r+z\boldsymbol{e}_z$，故

$$\nabla\cdot\boldsymbol{r}=\frac{1}{r}\left(\frac{\partial r^2}{\partial r}+\frac{\partial(rz)}{\partial z}\right)=3.$$

练习 6.4　$\nabla\cdot\boldsymbol{a}=\dfrac{1}{r}\left[\dfrac{\partial(r^2z\sin 2\theta)}{\partial r}+\dfrac{\partial(rz\cos 2\theta)}{\partial\theta}+\dfrac{\partial(r^3\sin 2\theta)}{\partial z}\right]=0$.

习题 6

6.1　$x=u_1$，$y=u_1+u_2$，$z=u_1+u_2+u_3$，故得

(1) $\dfrac{\partial\boldsymbol{r}}{\partial u_1}=\boldsymbol{i}+\boldsymbol{j}+\boldsymbol{k}$，$\dfrac{\partial\boldsymbol{r}}{\partial u_2}=\boldsymbol{j}+\boldsymbol{k}$，$\dfrac{\partial\boldsymbol{r}}{\partial u_3}=\boldsymbol{k}$；

(2) $H_1=\sqrt{3}$，$H_2=\sqrt{2}$，$H_3=1$；

(3) $(\boldsymbol{e}_1,\boldsymbol{e}_2)=\arccos\dfrac{\sqrt{6}}{3}$，$(\boldsymbol{e}_2,\boldsymbol{e}_3)=\arccos\dfrac{\sqrt{2}}{2}$，$(\boldsymbol{e}_3,\boldsymbol{e}_1)=\arccos\dfrac{\sqrt{3}}{3}$，故为非正交坐标系；

(4) $\boldsymbol{r}=\sqrt{3}u_1\boldsymbol{e}_1+\sqrt{2}u_2\boldsymbol{e}_2+u_3\boldsymbol{e}_3$.

6.2　$\nabla u=(2\sin\theta+2\rho\cos\varphi)\boldsymbol{e}_\rho-\rho\sin\varphi\boldsymbol{e}_\varphi+\dfrac{2\cos\theta}{\sin\theta}\boldsymbol{e}_\theta$；

$$\Delta u=\frac{4}{\rho}\sin\theta+4\cos\varphi-\frac{2\sin\theta}{\rho\sin^2\varphi}.$$

6.3　在球面坐标系下，$\boldsymbol{r}=\rho\boldsymbol{e}_\rho$，故

$$\nabla \cdot \boldsymbol{r} = \frac{1}{\rho^2 \sin\varphi}\left[\sin\varphi \frac{\partial(\rho^3)}{\partial \rho}\right] = 3.$$

6.4 $\mathrm{div}\boldsymbol{F} = \frac{1}{r}\left[\frac{\partial(r^2\cos^2\theta)}{\partial r} + \frac{\partial(r\sin\theta)}{\partial\theta} + \frac{\partial(rz^2)}{\partial z}\right] = 2\cos^2\theta + \cos\theta + 2z$.

$$\mathrm{rot}\boldsymbol{F} = \frac{1}{r}\begin{vmatrix} \boldsymbol{e}_r & r\boldsymbol{e}_\theta & \boldsymbol{e}_z \\ \frac{\partial}{\partial r} & \frac{\partial}{\partial \theta} & \frac{\partial}{\partial z} \\ r\cos^2\theta & r^2\sin\theta & z^2 \end{vmatrix} = (2\sin\theta - \sin 2\theta)\boldsymbol{e}_z.$$

6.7 由 $\mathrm{div}\boldsymbol{F} = 0$，得 u 满足的微分方程为

$$\frac{\partial u}{\partial \theta} + 2r\cos\theta = 0 \Rightarrow u = -2r\sin\theta + \varphi(r,z).$$

由 $\frac{\partial u}{\partial z} = 1 \Rightarrow \varphi(r,z) = z + \psi(r)$. 由 $\theta = \frac{\pi}{2}$ 时，$u = z$，得 $\psi(r) = 2r$，故

$$u = 2r(1-\sin\theta) + z.$$

6.8 在球面坐标系中，$\boldsymbol{F} = \frac{1}{\rho^2}\boldsymbol{e}_\rho \Rightarrow \nabla\times\boldsymbol{F} = 0$，故 $\boldsymbol{F}$ 为有势场. 令 $\nabla u = \boldsymbol{F}$，得 u 满足的方程为

$$\frac{\partial u}{\partial \rho} = \frac{1}{\rho^2}.$$

解得 $u = -\frac{1}{\rho} + C.$

6.9 $\boldsymbol{E} = -\nabla U = \left(E_0\cos\theta\sin\varphi + \frac{2E_0}{\rho^3}R^3\sin\theta\cos\varphi\right)\boldsymbol{e}_\rho - (E_0\sin\theta\sin\varphi + \frac{E_0}{\rho^3}R^3\cos\theta\cos\varphi)\boldsymbol{e}_\varphi + \left(E_0\cos\theta\cos\varphi + \frac{E_0}{\rho^3}R^3\sin\varphi\right)\boldsymbol{e}_\theta.$

6.10 $\nabla\cdot\boldsymbol{B} = 0, \nabla\times\boldsymbol{B} = -\frac{\partial B_\varphi}{\partial z}\boldsymbol{e}_r + \frac{1}{r}\frac{\partial}{\partial r}(\rho B_\varphi)\boldsymbol{e}_z = \frac{1}{r}\frac{\partial}{\partial r}\left(\frac{\mu_0 I}{2\pi a^2}r^2\right)\boldsymbol{e}_z = \frac{\mu_0 I}{\pi a^2}\boldsymbol{e}_z$，$B_\varphi = \frac{\mu_0 I r}{2\pi a^2}$.

参 考 文 献

同济大学应用数学系. 2000. 微积分(下册)[M]. 北京：高等教育出版社.

谢树艺. 2005. 矢量分析与场论学习辅导与习题全解[M]. 3 版. 北京：高等教育出版社.

谢树艺. 2005.矢量分析与场论[M]. 3 版. 北京：高等教育出版社.

徐永权. 1996. 工程数学[M]. 天津：天津科学技术出版社.

杨国琛. 1991. 场论[M]. 天津：南开大学出版社.

杨永发. 1997. 向量分析与场论[M]. 天津：南开大学出版社.

杨永发，徐勇. 2006. 向量分析与场论[M]. 2 版. 天津：南开大学出版社.

附录　哈密顿算子

哈密顿引进了一个兼具有向量和微分双重性质的向量型微分符号

$$\nabla=\frac{\partial}{\partial x}\boldsymbol{i}+\frac{\partial}{\partial y}\boldsymbol{j}+\frac{\partial}{\partial z}\boldsymbol{k}=\left[\frac{\partial}{\partial x},\frac{\partial}{\partial y},\frac{\partial}{\partial z}\right]^{\mathrm{T}},$$

称为**哈密顿算子**或**∇算子**，它是一种微分运算符号，同时又被看作向量. 运用哈密顿算子可以方便的表示某些概念和进行一些运算，相关内容总结如下：

哈密顿算子∇作用到数量函数$u=u(x,y,z)$上，有

$$\nabla u=\frac{\partial u}{\partial x}\boldsymbol{i}+\frac{\partial u}{\partial y}\boldsymbol{j}+\frac{\partial u}{\partial z}\boldsymbol{k}.$$

哈密顿算子∇作用到向量函数

$$\boldsymbol{F}=P(x,y,z)\boldsymbol{i}+Q(x,y,z)\boldsymbol{j}+R(x,y,z)\boldsymbol{k}$$

上，有数量积和向量积两种运算，分别是

$$\begin{aligned}\nabla\cdot\boldsymbol{F}&=\left(\frac{\partial}{\partial x}\boldsymbol{i}+\frac{\partial}{\partial y}\boldsymbol{j}+\frac{\partial}{\partial z}\boldsymbol{k}\right)\cdot\left(P\boldsymbol{i}+Q\boldsymbol{j}+R\boldsymbol{k}\right)\\&=\frac{\partial P}{\partial x}+\frac{\partial Q}{\partial y}+\frac{\partial R}{\partial z},\end{aligned}$$

$$\begin{aligned}\nabla\times\boldsymbol{F}&=\left(\frac{\partial}{\partial x}\boldsymbol{i}+\frac{\partial}{\partial y}\boldsymbol{j}+\frac{\partial}{\partial z}\boldsymbol{k}\right)\times\left(P\boldsymbol{i}+Q\boldsymbol{j}+R\boldsymbol{k}\right)\\&=\begin{vmatrix}\boldsymbol{i}&\boldsymbol{j}&\boldsymbol{k}\\\frac{\partial}{\partial x}&\frac{\partial}{\partial y}&\frac{\partial}{\partial z}\\P&Q&R\end{vmatrix}.\end{aligned}$$

显然 $\mathrm{grad}u=\nabla u$ ，$\mathrm{div}\boldsymbol{F}=\nabla\cdot\boldsymbol{F}$，$\mathrm{rot}\boldsymbol{F}=\nabla\times\boldsymbol{F}$.

注意到∇算子的向量性质，$\nabla\cdot u$，$\nabla\times u$，$\nabla \boldsymbol{F}$等记号都是没有意义的，同样$\nabla(\nabla u)$，$\nabla\cdot(\nabla\cdot\boldsymbol{F})$，$\nabla\times(\nabla\cdot\boldsymbol{F})$也都是没有意义的.

另外，由于∇算子和一般的向量不同，所以∇u，$\nabla\cdot\boldsymbol{F}$，$\nabla\times\boldsymbol{F}$分别与$u\nabla$，$\boldsymbol{F}\cdot\nabla$，$\boldsymbol{F}\times\nabla$均不相同，有

$$u\nabla = u\frac{\partial}{\partial x}\boldsymbol{i}+u\frac{\partial}{\partial y}\boldsymbol{j}+u\frac{\partial}{\partial z}\boldsymbol{k},$$

$$\boldsymbol{F}\cdot\nabla = P\frac{\partial}{\partial x}+Q\frac{\partial}{\partial y}+R\frac{\partial}{\partial z},$$

$$\boldsymbol{F}\times\nabla=\begin{vmatrix}\boldsymbol{i} & \boldsymbol{j} & \boldsymbol{k}\\ P & Q & R\\ \frac{\partial}{\partial x} & \frac{\partial}{\partial y} & \frac{\partial}{\partial z}\end{vmatrix}$$

$$=\left(Q\frac{\partial}{\partial z}-R\frac{\partial}{\partial y}\right)\boldsymbol{i}+\left(R\frac{\partial}{\partial x}-P\frac{\partial}{\partial z}\right)\boldsymbol{j}+\left(P\frac{\partial}{\partial y}-Q\frac{\partial}{\partial x}\right)\boldsymbol{k},$$

可以看到，u和$\boldsymbol{F}$放在∇的左边时，仍是一个微分算子，仍然可以作用到数量函数或向量函数上.

下面是和∇算子相关的几组常用的性质，其中$\boldsymbol{F},\boldsymbol{G}$是向量函数，$u,v$是数量函数，$\boldsymbol{C}$是常向量，$a,b$是常数.

一、线性性质

(1) $\nabla(au+bv)=a\nabla u+b\nabla v$；

(2) $\nabla\cdot(a\boldsymbol{F}+b\boldsymbol{G})=a\nabla\cdot\boldsymbol{F}+b\nabla\cdot\boldsymbol{G}$；

(3) $\nabla\times(a\boldsymbol{F}+b\boldsymbol{G})=a\nabla\times\boldsymbol{F}+b\nabla\times\boldsymbol{G}$.

二、乘积性质

(1) $\nabla(uv)=v\nabla u+u\nabla v$；

(2) $\nabla\cdot(u\boldsymbol{F})=\nabla u\cdot\boldsymbol{F}+u\nabla\cdot\boldsymbol{F}$；

(3) $\nabla\times(u\boldsymbol{F})=\nabla u\times\boldsymbol{F}+u\nabla\times\boldsymbol{F}$；

(4) $\nabla(\boldsymbol{F}\cdot\boldsymbol{G})=\boldsymbol{G}\times(\nabla\times\boldsymbol{F})+(\boldsymbol{G}\cdot\nabla)\boldsymbol{F}+\boldsymbol{F}\times(\nabla\times\boldsymbol{G})+(\boldsymbol{F}\cdot\nabla)\boldsymbol{G}$；

(5) $\nabla\cdot(\boldsymbol{F}\times\boldsymbol{G})=\boldsymbol{G}\cdot(\nabla\times\boldsymbol{F})-\boldsymbol{F}\cdot(\nabla\times\boldsymbol{G})$;

(6) $\nabla\times(\boldsymbol{F}\times\boldsymbol{G})=\boldsymbol{F}(\nabla\cdot\boldsymbol{G})-\boldsymbol{G}(\nabla\cdot\boldsymbol{F})+(\boldsymbol{G}\cdot\nabla)\boldsymbol{F}-(\boldsymbol{F}\cdot\nabla)\boldsymbol{G}$.

设 $\boldsymbol{G}=U\boldsymbol{i}+V\boldsymbol{j}+W\boldsymbol{k}$， $\boldsymbol{F}=P\boldsymbol{i}+Q\boldsymbol{j}+R\boldsymbol{k}$,则在(4)和(6)中,

$$\boldsymbol{G}\cdot\nabla=U\frac{\partial}{\partial x}+V\frac{\partial}{\partial y}+W\frac{\partial}{\partial z},$$

故 $(\boldsymbol{G}\cdot\nabla)\boldsymbol{F}$ 的含义为

$$(\boldsymbol{G}\cdot\nabla)\boldsymbol{F}=U\frac{\partial\boldsymbol{F}}{\partial x}+V\frac{\partial\boldsymbol{F}}{\partial y}+W\frac{\partial\boldsymbol{F}}{\partial z}=U\begin{bmatrix}\dfrac{\partial P}{\partial x}\\\dfrac{\partial Q}{\partial x}\\\dfrac{\partial R}{\partial x}\end{bmatrix}+V\begin{bmatrix}\dfrac{\partial P}{\partial y}\\\dfrac{\partial Q}{\partial y}\\\dfrac{\partial R}{\partial y}\end{bmatrix}+W\begin{bmatrix}\dfrac{\partial P}{\partial z}\\\dfrac{\partial Q}{\partial z}\\\dfrac{\partial R}{\partial z}\end{bmatrix},$$

其中

$$\frac{\partial\boldsymbol{F}}{\partial x}=\left[\frac{\partial P}{\partial x},\frac{\partial Q}{\partial y},\frac{\partial R}{\partial z}\right]^{\mathrm{T}},$$

$\dfrac{\partial\boldsymbol{F}}{\partial y},\dfrac{\partial\boldsymbol{F}}{\partial z}$ 的意义与此类似. 类似地可解释 $(\boldsymbol{F}\cdot\nabla)\boldsymbol{G}$ 的含义.

三、双重 ∇ 运算性质

(1) $\nabla\cdot(\nabla u)=\Delta u$;

(2) $\nabla\times(\nabla u)=\boldsymbol{0}$;

(3) $\nabla\cdot(\nabla\times\boldsymbol{F})=0$.

其中符号 Δ 称为**拉普拉斯算子**，定义为

$$\Delta=\nabla\cdot\nabla=\frac{\partial^2}{\partial x^2}+\frac{\partial^2}{\partial y^2}+\frac{\partial^2}{\partial z^2}.$$

这是一个数量型微分算子，其运算作用为

$$\Delta u=\frac{\partial^2 u}{\partial x^2}+\frac{\partial^2 u}{\partial y^2}+\frac{\partial^2 u}{\partial z^2}.$$

四、几个常见的公式（设 $\boldsymbol{r}=x\boldsymbol{i}+y\boldsymbol{j}+z\boldsymbol{k}$ ， $r=|\boldsymbol{r}|$ ）

(1) $\nabla r=\dfrac{\boldsymbol{r}}{r}$;

(2) $\nabla\cdot\boldsymbol{r}=3$;

(3) $\nabla\times\boldsymbol{r}=\mathbf{0}$;

(4) $\nabla f(u)=f'(u)\nabla u$;

(5) $\nabla f(r)=\dfrac{f'(r)}{r}\boldsymbol{r}$;

(6) $\nabla f(u,v)=\dfrac{\partial f}{\partial u}\nabla u+\dfrac{\partial f}{\partial v}\nabla v$;

(7) $\nabla\times\left[f(r)\boldsymbol{r}\right]=\mathbf{0}$;

(8) 高斯定理：$\oiint\limits_S \boldsymbol{F}(M)\cdot \mathrm{d}\boldsymbol{S}=\iiint\limits_V \nabla\cdot\boldsymbol{F}(M)\mathrm{d}V$ ，其中 S 是闭合曲面，V 是 S 所包围的区域；

(9) 斯托克斯定理：$\oint\limits_l \boldsymbol{F}(M)\cdot \mathrm{d}\boldsymbol{l}=\iint\limits_S \nabla\times\boldsymbol{F}(M)\cdot \mathrm{d}\boldsymbol{S}$ ，其中闭曲线 l 是曲面 S 的边界曲线，l 的正向与 S 的法线向量成右手系.